SIXTH EDITION

CAHIER D'EXERCICES

DEUX MONDES

A COMMUNICATIVE APPROACH

Tracy D. Terrell
Late, University of California, San Diego

Betsy J. Kerr
University of Minnesota, Minneapolis

Mary B. Rogers

Françoise Santore
University of California, San Diego

Sanford Schane
University of California, San Diego

McGraw-Hill
Higher Education

Boston   Burr Ridge, IL   Dubuque, IA   New York   San Francisco   St. Louis
Bangkok   Bogotá   Caracas   Kuala Lumpur   Lisbon   London   Madrid   Mexico City
Milan   Montreal   New Delhi   Santiago   Seoul   Singapore   Sydney   Taipei   Toronto

McGraw-Hill
Higher Education

2 3 4 5 6 7 8 9 0 QWD/QWD 0 9

ISBN: 978-0-07-332698-6
MHID: 0-07-332698-4

Editor in chief: *Michael Ryan*
Publisher: *William R. Glass*
Sponsoring editor: *Katherine Crouch*
Marketing manager: *Jorge Arbujas*
Director of development: *Susan Blatty*
Developmental editors: *Connie Anderson, Susan Coleman*
Production editor: *Amanda Peabody*
Illustrator: *David Bohn*
Production supervisor: *Louis Swaim*
Composition: *10/12 Palatino by Aptara, Inc.*
Printing: *50# Skyland, Quebecor, Dubuque*

Grateful acknowledgement is given for use of the following:
Page 38 "La fourmi." Excerpt from *Chantefables et Chantefleurs: Contes et poèmes de toujours* by Robert Desnos, © Éditions Gründ, Paris; **p. 44** © *Le Figaro* 1993 by Météo France; **p. 55** *Paris Match*; **p. 76** *Francoscopie*; **p. 77** "La Seine" by Flavien Monod and Guy Lafarge; **p. 129** Text: *L'Événement du Jeudi.* Illustration: Serge Block; **p. 151** *Femme Actuelle*, no. 836, Christine Drouard; **p. 155** *INSEE*; **p. 180** *Strasbourg Magazine*; **p. 181** From "Légende africaine" by Tchicaya U Tam'si, in *Légendes Africaines*, © Seghers, 1996; **p. 191** *Francoscopie 1991*, Gérard Mermet (Paris: Librairie Larousse, 1991); **p. 223** From *Le salaire* by Birago Diop (Paris: Présence Africaine, 1965); **p. 234** From Skype Technologies, SA; **p. 277** Text: *L'Événement du Jeudi.* Illustration: Serge Block; **p. 299** From *Climbié* by Bernard Dadié (Paris: Seghers, 1953).

www.mhhe.com

Contents

Preface
    To the Instructor   *v*
    To the Student   *vii*

Première étape: Premières rencontres   *1*

Deuxième étape: Le monde étudiant   *13*

Chapitre 1:   Ma famille et moi   *25*
    L'alphabet   *40*
    Verbs ending in **-er**   *41*

Chapitre 2:   La vie quotidienne et les loisirs   *43*
    Silent letters   *59*
    (final consonants, plural endings, final silent **e**, feminine forms with a change in pronunciation, identifying singular vs. plural, liaison)
    Spelling changes in **-er** verbs   *61*
    (acheter, espérer, s'appeler, payer, envoyer, commencer, manger)

Chapitre 3:   En ville   *65*
    Consonants   *79*
    (c, qu, g, gn, s, x, r, h, w)
    The verb **aller** and some irregular verbs ending in **-ir** and **-re** (verbs like **dormir** and **sortir; être, avoir, faire)**   *81*

Chapitre 4:   La maison et le quartier   *85*
    Nasal vowels   *100*
    Regular verbs ending in **-ir** and **-re** (verbs like **finir, attendre**); verbs like **ouvrir**   *102*

Chapitre 5:   Dans le passé   *105*
    More about liaison (common contexts)   *123*
    The **passé composé**   *124*
    (regular and irregular past participles)

Chapitre 6:   L'enfance et la jeunesse   *127*
    Vowel combinations   *143*
    (ou; au, eau; eu, œu; oi, oin; ai, ei; il, ill, ille; i, u, ou as vowels and parts of diphthongs)
    The imperfect tense   *145*

Chapitre 7:   À table!   *149*
    E instable   *167*
    Review of some irregular **-re** verbs (present tense) **(écrire, lire, dire, mettre, connaître)**   *168*

Chapitre 8:   Parlons de la Terre!   *171*
    More on consonants **(h aspiré,** dentals: **d, l, n, t)**   *184*
    More on irregular verbs (present tense) **(pouvoir, vouloir, devoir, recevoir, boire, venir, voir, croire, savoir, prendre)**   *185*

Chapitre 9:   L'enseignement, les carrières et l'avenir   *189*
    Masculine and feminine adjectives   *203*
    The future tense   *204*

Chapitre 10:   Les voyages   *209*
    Accentuation, rhythm, and intonation   *226*
    The subjunctive (regular forms)   *228*

Chapitre 11:   Les moyens de communication   *231*
    Review of liaison (obligatory, prohibited, and optional liaisons)   *244*
    The imperative   *245*
    The conditional   *246*

Chapitre 12:   La santé et les urgences   *249*
    Summary of French accent marks **(accent aigu, accent grave, accent circonflexe, tréma)**   *266*
    The present participle   *267*

Chapitre 13:   La famille et les valeurs en société   *269*
    Numbers (0–20) and liaison   *283*
    Irregular subjunctives   *285*

Chapitre 14:   Les enjeux du présent et de l'avenir   *289*
    More on numbers (20–1,000) and liaison   *302*
    The French perfect tenses **(plus-que-parfait,** past conditional)   *303*

Rendez-vous cinéma   *305*

Answer Key   *A-1*

Preface

To the Instructor

The purpose of the *Cahier d'exercices* to accompany *Deux mondes* is to give students opportunities to interact with French in meaningful ways outside of class. Its structure mirrors that of the main text: two preliminary chapters **(Première étape; Deuxième étape),** followed by fourteen regular chapters **(Chapitres 1–14).** Additionally, within each *Cahier* chapter, the individual sections of **Thèmes et grammaire** correspond exactly to those of **Activités et lectures** (the "white pages") in the main text. The *Cahier d'exercices* is a rich and easy-to-use resource that will greatly speed your students' progress in French.

A complete set of audio CDs to be used with the *Cahier* is available in both student and institutional versions. The complete Audio Program is also available on the *Deux mondes* Online Learning Center at **www.mhhe.com/deuxmondes6.**

The new **Rendez-vous cinéma** activities located in the *Cahier* after **Chapitre 14** and before the Answer Key accompany the film, *Le Chemin du retour,* which has been integrated into the Sixth Edition of *Deux mondes.* Answers to these activities may be found in the Answer Key. Each episode corresponds to an odd-numbered chapter in *Deux mondes,* starting with **Chapitre 1.**

Activités de compréhension

The listening comprehension activities in the *Cahier* consist of dialogues, advertisements, telephone conversations, and other types of passages. Their topics reflect those of the corresponding sections in the main text; they do not contain grammar drills. The purpose of these activities is to simulate real listening comprehension experiences. Since comprehension depends on the ability to infer meaning based on context, we have not edited out unknown words and new grammar.

The scripts for the listening comprehension activities appear in the Audioscript, available to instructors in the Instructor Edition of the Online Learning Center. In the *Cahier,* students work with three different elements for each listening comprehension activity: (1) a short introduction or context, to set the stage for the listening experience; (2) a list of new key words for each passage; and (3) a brief follow-up activity, allowing students to confirm their understanding of the main ideas.

Listening comprehension activities are intended primarily as homework assignments. However, you may wish to cover several of these activities in class before you assign them as homework. By guiding your students through several activities and by stressing the importance of listening for overall meaning rather than isolated details, you will help your students become confident and capable listeners.

Be aware that some students may find the rate of speech too fast, particularly given the lack of visual cues. Again, remind students that they need not understand every word in a passage, and urge students to listen to each passage at least twice: the first time, to acquaint themselves with the general meaning; and subsequently, to listen for the specific information they need to complete the follow-up activity.

Remember that there is a close correlation between a low affective filter and successful language acquisition. Students should not be made to feel that listening comprehension activities are a "test" administered outside of class, but rather they are a means of providing students with additional targeted input. Help your students find the strategies that work best for them, and remind them that becoming effective listeners will do the most to speed their progress in learning French.

Activités écrites

The written activities in the *Cahier* are designed to help students write French creatively, but within the natural limitations of what they know at a given point. There is a general progression within each set of written activities. First come exercises focusing on key vocabulary for a given **Thème.** These are followed by activities focusing on specific grammatical structures, with more open-ended and communicative activities—personalized questions, brief compositions, or other creative projects—wrapping up each sequence.

Intégration

The purpose of the **Intégration** section is to review and integrate the vocabulary, structures, and language functions students have worked with in each chapter.

Rencontres is the final listening passage in each chapter. This feature is a continuing story that appears in every chapter, with listening activities printed in the *Cahier*. The plot includes mystery, adventure, and romance. A pre-listening *Cahier* activity helps students to recall the preceding episode. Each recorded episode ends with a brief preview designed to entice the listener and to lay the groundwork for comprehending the next episode. The script is available to the instructor in the *Deux mondes* Audioscript. **Rencontres** enriches students' listening experience and adds an exciting dimension to the *Deux mondes* program.

The other sections of **Intégration, À l'écoute!** and **À vos stylos!**, continue the process of enrichment and integration. **À l'écoute!** features a recorded poem, short story, or folktale from France or the French-speaking world. It includes a brief follow-up activity so that you or the students can check understanding. **À vos stylos!** is a guided writing activity "working" the vocabulary, structures, and language functions of each chapter in the form of a personalized, creative project, such as a recipe, letter, or web page.

La prononciation et l'orthographe

The final sections of each *Cahier* chapter offer more focused practice with the "nuts and bolts" of the French language, for those instructors and students who find such work useful. **La prononciation et l'orthographe** presents the basic principles of French phonetics and spelling through concise rules, tips, and repetition exercises. We recommend that students use this section as a reference and that they not be required to memorize the rules it illustrates: in our experience, students acquire good speaking habits by becoming good listeners. However, many students and instructors find isolated work on certain problematic sounds to be very helpful, and **La prononciation et l'orthographe** is a particularly valuable resource for such users. A brief **Dictée**, incorporating vocabulary, structures, and verb forms from current and previous chapters, wraps up each pronunciation section and gives students practice in both comprehension and the mechanics of writing.

Le verbe français

This section begins in **Chapitre 1** and follows a sequence similar to that of the main text. It reviews and extends the coverage of verb forms in the text, offering helpful mnemonic devices, study hints, and focused pronunciation practice. Again, we do not recommend that students be required to memorize the information in this section, but rather that they make use of it as a reference according to their own particular needs and interests. The **Intégration des verbes** is a culminating activity to this section.

Rendez-vous cinéma

These new activities are located after **Chapitre 14,** right before the Answer Key. The **Rendez-vous cinéma** activities accompany the film *Le Chemin du retour,* which has been integrated into the Sixth Edition of the *Cahier.* The film has been divided into seven episodes of approximately 10–14 minutes in length, to be shown after **Chapitres 1, 3, 5, 7, 9, 11,** and **13** of *Deux mondes.* Beginning with the second episode, each episode has been divided into 2–3 parts, which gives the instructor the option of showing a shorter segment after each chapter, if they wish.

Each segment of the film has **Rendez-vous cinéma** activities in the *Cahier* that contain the following sections. First, **En résumé** provides a brief summary of the plot thus far and a short preview of the next episode. **La boîte à mots** is a list of key words and expressions used in the episode or film segment, with their English translations and presented in the order of their use. The **Autres mots utiles** section of this list presents new vocabulary that students will need to know to complete the activities. The **Vous avez compris?** activities test students' comprehension of basic plot developments, using true-false, multiple-choice formats, and open-ended questions. Finally, **Zoom sur la culture** focuses students' attention on an interesting cultural issue that comes up in the film segment and asks students to compare their own culture with the target culture.

Additional activities for use with the film, as well as the filmscript and general tips for teaching with the film can be found in the Instructor's Manual, located in the Instructor Edition of the Online Learning Center, at **www.mhhe.com/deuxmondes6.**

Answer Key

The Answer Key appears after **Chapitre 14.** It contains answers for all the listening comprehension activities and for single-response written activities. Representative answers to personalized questions or more open-ended questions for which answers will vary are also provided.

Additional information on teaching listening, reading, writing, and grammar is available in the Instructor's Manual to accompany *Deux mondes* located in the Instructor Edition of the Online Learning Center, at **www.mhhe.com/deux mondes6**. You may obtain more information on other components of the *Deux mondes* program and on additional teaching resources in the McGraw-Hill Professional Series by visiting the McGraw-Hill Web site: **www.mhhe.com**.

To the Student

Each chapter in your *Cahier d'exercices* consists of four main sections:

- **Thèmes et grammaire**
- **Intégration**
- **La prononciation et l'orthographe**
- **Le verbe français**

Certain activities throughout the *Cahier* (highlighted with the 🎧 symbol) are designed to be used with a set of audio CDs. You will also find the complete Audio Program in the Online Learning Center at **www.mhhe.com/deuxmondes6**.

Activities to accompany the film *Le Chemin du retour* are located at the back of the *Cahier* before the Answer Key, in the section entitled **Rendez-vous cinéma**. They correspond to the **Rendez-vous cinéma** box in **Chapitres 1, 3, 5, 7, 9, 11,** and **13** of the *Deux mondes* textbook.

Thèmes et grammaire

The **Thèmes et grammaire** section of the *Cahier* contains recorded and written activities coordinated with the individual **Thèmes** in each chapter of the main text. Here are some tips for getting the most out of these activities:

- Before doing the recorded activities, take a moment to **look over the title, introduction, any visuals, and new vocabulary.** Doing so will give you a real head start in listening effectively.
- **Make logical guesses** about any unfamiliar expressions you hear. More often than not, your instincts will be right.
- Remember that **you do not need to understand every word** in a passage to do an activity successfully. In fact, learning to focus on essential information while ignoring extraneous details will greatly speed your progress in French.
- Even if you are able to complete the follow-up activity the first time around, **listen to each passage at least twice.** This will help you gain lasting confidence and mastery in French.
- Follow your instructor's suggestions, of course, but we suggest you **do the written activities in the order in which they appear.** They are arranged to help you become familiar with key vocabulary first, then important grammatical structures. Generally speaking, the last activities in each sequence invite you to use French in more creative and personalized ways.
- Do your best to **think in French** and to **avoid English.** And **don't rely on a dictionary.** You really can do every activity in the *Cahier* using words and structures with which you are already familiar. Though useful at more advanced levels, a dictionary can actually impede your progress in the early stages of language learning.
- After you complete each written activity, **take a few moments to check for accents, spelling, and punctuation.**

Intégration

As its title implies, the purpose of the **Intégration** section is to help you "put it all together": that is, to help you work with chapter themes, vocabulary, and structures in an integrated manner. Here are some hints to help you obtain optimum benefits from these activities:

- The **À l'écoute!** activity consists of a poem, short story, or folktale recorded as part of your audio program. **Listen to these several times just for pleasure.** There is a brief follow-up activity for each passage, but this feature will help you most if you just **relax and enjoy** the beautiful, imaginative use of the French language.

- The **À vos stylos!** writing activity offers specific strategies for brainstorming, organizing your ideas, and preparing drafts. **Follow these helpful steps** to get the most out of these personalized, "real-life" writing projects.

- The **Rencontres** section features a continuing story recorded as part of your audio program. The plot includes mystery, adventure, and romance. The segments are accompanied by pre- and post-listening activities to help you understand each episode.

La prononciation et l'orthographe

Your instructor will advise you on how and when to work with this section, which covers the basic rules of French pronunciation and spelling. A few tips:

- Remember that you will learn to speak French more quickly by **listening carefully, participating in class, and focusing on** *what* **you're saying,** not on *how* you're saying it. The rules and focused exercises in **La prononciation et l'orthographe** will help to reinforce the work you do in class, but they cannot take its place.

- As a beginner, you are not likely to pronounce French perfectly from day one, and you will not speed your progress by attempting to memorize "rules." As you listen to your instructor in class and to the Audio Program recordings, **concentrate on developing a "feel" for good pronunciation.** Though the details may elude you at first, you *will* master them in time.

- By using **La prononciation et l'orthographe** as **a tool for reference and review,** you will be sure to make steady and appreciable progress in French pronunciation.

- The **Dictée** at the end of each section allows you to **monitor your spelling and listening skills.** Try not to think of it as a test to be "passed" or "failed" but simply as a tool for learning about your own areas of strength and weakness.

Le verbe français

Again, your instructor will give you specific instructions for working with this section of the *Cahier.* Here are our suggestions:

- Since **Le verbe français** covers conjugation patterns in more detail than the main text, **make use of it for reference and review.** It is very helpful for those verb forms you may find troublesome or for conjugations your instructor has singled out as particularly important.

- **Le verbe français** is also useful for **additional, focused pronunciation practice.**

- The **Vérifions!** and **Intégration des verbes** activities at the end of each section can serve as **brief, efficient self-tests** for you.

Rendez-vous cinéma

Your instructor will give you specific instructions for how to do the activities in this section. They accompany the new film, *Le Chemin du retour,* which has been integrated into the Sixth Edition of the *Deux mondes* program. For each of the seven film episodes, you will find a corresponding **Rendez-vous cinéma** box in the *Deux mondes* textbook **(Chapitres 1, 3, 5, 7, 9, 11, 13),** as well as comprehension and cultural activities in the *Cahier.*

- **Watch each film episode at least three times:** the first time, to get a general feel for the content; the second time, to watch and listen for answers to the comprehension and cultural questions of the accompanying activities in this *Cahier,* and the third time, to check your work.

- The film is meant to be challenging; again, remember that **you don't have to understand every word.**

- We recommend that you watch the film episodes with French subtitles the first time around, as that will help you to really concentrate on the language.

Et maintenant, allez-y! Bon boulot!

Premières rencontres

PREMIÈRE ÉTAPE

La communication en classe

Activités de compréhension

NOTE: The  *symbol indicates a listening comprehension activity recorded on the audio CDs available at your language laboratory or in your personal set. Your instructor will advise you how and when to do these activities.*

Les instructions. *You will hear Professor Martin giving commands to her French class as part of a "Total Physical Response" (TPR) activity. Professor Martin's commands to the class are listed out of sequence. Number the commands from 1 to 8 in the order that you hear them.*

NOUVEAU VOCABULAIRE

| Vous êtes prêts? | *Are you ready?* | «Frère Jacques» | *"Brother John"* |
| maintenant | *now* | | *(children's song)* |

_____ dansez

_____ chantez «Frère Jacques»

_____ asseyez-vous

_____ dites «Bonjour»

_____ levez-vous

_1_ ouvrez les livres

_____ lisez

_____ écrivez votre nom

Activités écrites

★ **Attention! Étudier Grammaire A.1.**

NOTE: **Attention!** *notes like the one above will appear throughout the* **Activités écrites** *in* **Thèmes et grammaire** *to indicate grammar topics that you may want to review before you do a particular group of exercises. You may also need to turn to these sections for help from time to time while you are working.*

Les activités en classe. *Look at the drawings and then write the command(s) you think Professor Martin gave her students. Sometimes she gave more than one.*

Écrivez.	Prenez un livre.
Lisez.	Prenez un stylo.
Ouvrez le livre.	Regardez.
Parlez.	

1. _____

2. _____

3. _____

4. _____

5. _____

Qui est-ce? Les camarades de classe

Activités de compréhension

 Qui est-ce? *It's Louis's first day in French class, and he is trying to meet new people. Match the answers in column B with the questions in column A, according to the information in the dialogue.*

NOUVEAU VOCABULAIRE

tes amis	*your friends*	la prof de français	*French professor*
Très bien, merci.	*Very good (well), thanks.*		(*fam.*)

A

1. _____ Je m'appelle Louis, et toi?

2. _____ Comment s'appellent tes amis?

3. _____ Et Madame Martin, qui est-ce?

B

a. C'est la prof de français!

b. Moi, je m'appelle Barbara.

c. Elle s'appelle Denise et lui, il s'appelle Albert.

Activités écrites

★ **Attention! Étudier Grammaire A.2.**

Les camarades. *Use the drawings and the phrases provided to complete the following sentences.*

Je m'appelle   Il s'appelle   Elle s'appelle

1. _____ Madame Martin.   2. Bonjour. _____ Raoul.

3. —Est-ce que c'est Louis?

—Non. _____ Albert.

Comment sont-ils? La description des personnes

Activités de compréhension

 Des personnes différentes. *You will hear four descriptions of people. Listen for the name of each person. Write the name of the person under each drawing.*

1. _____ 2. _____ 3. _____ 4. _____

Activités écrites

★ **Attention! Étudier Grammaire A.3. et A.4.**

Stars de cinéma. *Use the following list of adjectives to describe what these movie stars look like. Write as many adjectives as you can.*

blond(e)	grand(e)	petit(e)
brun(e)	jeune	vieux/vieille
fort(e)	mince	

1. Jack Nickolson

   Il est _____.

   Il n'est pas _____.

2. Nicole Kidman

   Elle est _____.

   Elle n'est pas _____.

3. Judi Dench

   Elle est _____.

   Elle n'est pas _____.

Nom _____ Date _____ Cours _____

Les vêtements et les couleurs

Activités de compréhension

 A. La description de Barbara. *Madame Martin is describing one of her students, Barbara. Check the drawing that fits the description that you hear.*

NOUVEAU VOCABULAIRE

des cheveux mi-longs   *shoulder-length hair*

1. _____   2. _____

B. Qu'est-ce qu'ils portent? *Jacqueline and Louis are talking about the clothes that the students and the instructor are wearing today. Louis has trouble distinguishing colors. Listen to the conversation and then indicate whether the following statements are true or false (**vrai ou faux**). Mark **V** or **F**.*

NOUVEAU VOCABULAIRE

joli(e)   *pretty*   C'est vrai.   *That's right.*
il va bien   *it goes well, looks good*

Vrai (**V**) ou faux (**F**)?

1. _____ Denise porte un chemisier rose.

2. _____ Barbara porte un chemisier rouge et un pantalon blanc.

3. _____ Albert porte un pantalon marron et une chemise violette.

4. _____ Daniel porte un blouson gris.

5. _____ La robe de Mme Martin n'est pas très jolie.

Activités écrites

★ **Attention! Étudier Grammaire A.5.**

La description. *Complete each of the following statements with the correct form of the logical adjective.*

blanc(he)	marron	rouge
bleu(e)	noir(e)	vert(e)
jaune	orange	

1. Le chapeau  élégant est _____.

2. La mer  est _____ et les nuages (*m.*) sont _____.

3. Les feuilles (*f.*) 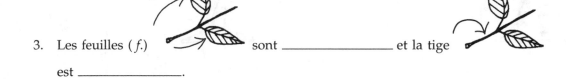 sont _____ et la tige est _____.

4. La pomme  est _____ et l'orange est _____.

5. Le soleil 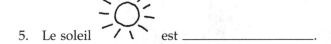 est _____.

6. La fumée  est _____ et le bonhomme de neige 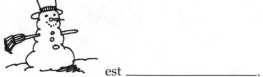 est _____.

Les nombres (0–34)

Activités de compréhension

Qu'est-ce que c'est? *Madame Martin is doing a dot-to-dot exercise with her class. Listen and do the exercise with them.*

NOUVEAU VOCABULAIRE

Vous pouvez répéter?   *Can you repeat?*   je répète   *I repeat*

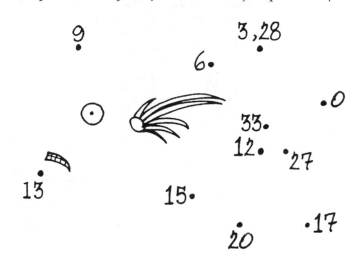

Qu'est-ce que c'est?*

Activités écrites

A. Les nombres. *Complete the numbers.*

1. C I _N_ Q
2. D ____ ____ Z E
3. S ____ P ____
4. T R ____ N T ____
5. S ____ ____ Z E

6. ____ I N G ____
7. Q ____ I N ____ E
8. D ____ ____ X
9. V I N ____ ____ E T ____ N
10. H ____ ____ T

B. Les maths. *Write out the answer to each problem.*

1. 3 + 4 = ____*sept*____
2. 1 + 4 = _____
3. 3 + 5 = _____
4. 6 + 6 = _____
5. 1 + 1 = _____

6. 10 + 5 = _____
7. 10 + 11 = _____
8. 14 + 2 = _____
9. 12 + 8 = _____
10. 15 + 15 = _____

*C'est un poisson.

Rencontres

Activités de compréhension

 A. Qui parle? *Listen to the following questions and answers. Write* **tu** *if the speakers are using an informal form of address. Write* **vous** *if the form of address is formal.*

1. _____ 3. _____ 5. _____

2. _____ 4. _____ 6. _____

 B. Les salutations. *You will hear three conversations involving greetings. For each conversation, choose the most likely relationship between the speakers.*

NOUVEAU VOCABULAIRE

un voisin (une voisine) *neighbor* même *same*

CONVERSATION 1

Les deux personnes qui parlent sont…
a. deux étudiants de la classe de Mme Martin.
b. deux voisins.
c. deux membres de la même famille.

CONVERSATION 2

Les deux personnes qui parlent sont…
a. deux étudiants de la classe de Mme Martin.
b. deux voisins.
c. deux membres de la même famille.

CONVERSATION 3

Les deux personnes qui parlent sont…
a. deux étudiants de la classe de Mme Martin.
b. deux voisins.
c. deux membres de la même famille.

Activités écrites

✳ Attention! Étudier Grammaire A.6.

Conversations. *Complete the conversations, choosing from the following list.*

Au revoir.   Enchanté(e).
Comment allez-vous?   Je suis un peu fatigué(e).
Comment ça va?

(continued)

5.

Intégration

NOTE: **Intégration** *is a special end-of-chapter section that integrates what you have learned in each chapter. Here in the* **Première étape,** *we offer a puzzle to get you started. Have fun learning French!*

Jeu

Soupe de lettres: Les vêtements. *You'll find the names of the following items of clothing hidden in this puzzle. They may be written horizontally, vertically, diagonally, and even backwards! Circle each word.*

bottes	chemise	costume	manteau	robe
chapeau	chemisier	jupe	pantalon	veste

```
J   A   W   R   P   G   D   D   V   Q   H
L   O   Y   C   H   A   P   E   A   U   R
G   M   N   H   H   F   S   W   T   W   D
O   O   I   E   Z   T   I   P   Q   S   F
E   S   I   M   E   H   C   H   K   P   I
K   E   T   I   C   O   S   T   U   M   E
A   R   S   S   V   C   E   D   F   P   O
E   U   S   I   B   Q   N   Z   U   A   O
O   S   L   E   O   D   O   J   A   N   E
J   S   N   R   T   F   S   T   E   T   A
Z   U   V   U   T   S   U   U   T   A   A
M   A   P   B   E   B   O   R   N   L   V
M   H   L   E   S   R   L   H   A   O   T
L   C   Y   B   O   I   B   L   M   N   S
```

La prononciation et l'orthographe

NOTE: *This is the first of a series of lessons designed to help you improve your pronunciation and spelling in French. These lessons give you hints on how letters are pronounced in French and allow you to practice the particular sounds. Keep in mind that becoming a good* listener *is the most important thing you can do to improve your pronunciation. These explanations will help you only if you listen carefully to the way your instructor and the speakers in these exercises pronounce French.*

English and French

English and French share a good deal of vocabulary. For example, the English word *pullover* is now thoroughly French, and the French word **croissant** is a recent importation into English. As you work with *Deux mondes*, you will notice many words that are spelled identically in the two languages. Generally, however, such words are pronounced quite differently.

The following are some French words and phrases that have been incorporated into English but still retain aspects of their original French pronunciation. As you listen to these words being pronounced in French, pay particular attention to the boldface letters. Notice also that French uses accent marks in its spelling system.

Écoutez et répétez: façade / fiancé / ma**ch**ine / prestige / **ch**â**t**eau / **rou**ge / ball**et** / rend**ez-vou**s / aut**o** / m**ou**sse / souffl**é** / caf**é au lait**

Vowels

1. **The letter *a*.** The letter **a** is pronounced like the vowel sound in the English words *spa* and *father*. We will use the following symbol, [a], to represent this sound. Listen carefully and repeat each of the following words or phrases, paying attention to the [a] sound.

    Écoutez et répétez: Ça va / camarade / madame / la classe / la cravate / la salle / la table

2. **The letter *i*.** The letter **i** is pronounced like the vowel sound of the word *machine*. We will use the following symbol, [i], to represent this sound. Listen carefully and repeat each of the following words or phrases, paying attention to the [i] sound.

    Écoutez et répétez: midi / timide / chimie / gris / livre / difficile / facile / actrice / il va mal

3. **The letter *u*.** The pronunciation of the letter **u** in French is not like any English vowel sound. Try the following exercise to get yourself used to it: round your lips tightly (as though saying the vowel in the word *group*), then say the vowel sound [i], keeping your lips tightly rounded all the while. Listen to the speaker, then practice the sound a few times yourself. We will use the [ü] symbol to represent this sound. Listen carefully and repeat each of the following words, paying attention to the [ü] sound.

    Écoutez et répétez: tu / sur / vue / utile / pupitre

4. **The letter *o*.** The letter **o** corresponds to two different sounds.

    It is pronounced like the final vowel sound of the word *auto*,

    *   when it occurs at the end of a word, as in the word **stylo**.
    *   when it has a circumflex accent written over it (ô), as in the words **côte** and **hôtel**.
    *   when it is followed by the letter **s** pronounced as [z], as in the words **rose** and **chose**.

    We will use the following symbol, [ó], to represent this sound. Listen carefully and repeat each of the following words, paying attention to the [ó] sound.

Écoutez et répétez: stylo / photo / radio / rose

- Before a pronounced consonant other than [z], the letter **o** is pronounced with the mouth somewhat open, similar to the way some Americans pronounce the vowels in the words *off* and *caught*. We will represent this sound with the symbol [ò]. The following words contain the [ò] sound. Listen carefully and repeat each one, paying attention to the [ò] sound.

Écoutez et répétez: robe / bottes / porte / fort / costume

We will continue our discussion of French vowels in subsequent chapters.

CHAPITRE
1

Ma famille et moi

Thèmes et grammaire

La famille

Activités de compréhension

La famille de Jean-Yves. Jean-Yves est au téléphone avec son amie Agnès. Il lui annonce que sa mère va arriver à Paris à la fin du mois et il commence à parler de sa famille en général. Écoutez et complétez l'arbre généalogique de Jean-Yves avec les noms et les âges qui manquent. Écoutez plusieurs fois si nécessaire.

NOUVEAU VOCABULAIRE

mort(e)   *deceased*   Bordeaux   *city in southwestern France*

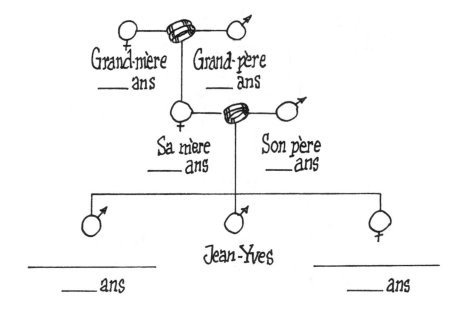

Maintenant, choisissez la réponse appropriée.

La mère de Jean-Yves

1. Elle est…   a. blonde et grande.   b. brune, de taille moyenne.

2. De caractère, elle est…   a. trop curieuse.   b. très sérieuse.

Son père

3. Il est…   a. fort.   b. grand et beau.

Son frère

4. Il a…   a. les cheveux blonds.   b. les cheveux bruns.

5. De caractère, il est…   a. amusant.   b. indépendant.

Sa sœur

6. Elle est…   a. grande et mince.   b. petite et jolie.

Activités écrites

A. Vocabulaire: La famille de Charles Colin. Complétez la description de la famille de Charles Colin avec les mots suivants. Indiquez aussi l'âge de chaque personne.

la fille	le grand-père	la petite-fille
le fils	la mère	le petit-fils
le frère	le père	la sœur
la grand-mère		

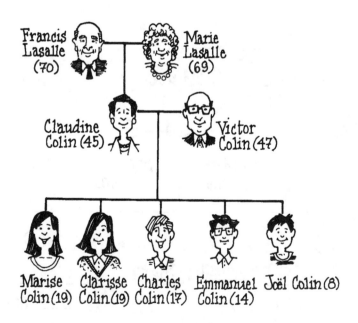

MODÈLE: Le petit *frère* de Charles s'appelle Joël. Il a *huit* ans.

1. _____ de Charles s'appelle Francis Lasalle. Il a _____ ans.

2. Marie Lasalle est _____ de Charles. Elle a _____ ans.

3. _____ de Charles s'appelle Claudine. Claudine Colin a

_____ ans. C'est _____ de Francis et Marie Lasalle.

4. Charles est _____ aîné de Claudine. Il a deux _____,

Emmanuel, _____ ans, et Joël, _____ ans.

5. Les deux _____ de Charles s'appellent Marise et Clarisse. Elles ont

_____ ans. Ce sont des _____ jumelles.

6. Francis et Marie Lasalle sont le _____ et la _____ de

Charles. _____ de Charles s'appelle Victor Colin. Il a

_____ ans.

★ **Attention! Étudier Grammaire 1.1.**

B. **Qui est-ce?** Identifiez les membres de la famille. Utilisez des adjectifs possessifs et **c'est (ce sont).**

1. Quelle est la relation entre Claudine Colin et les personnes suivantes? (son/sa/ses)

MODÈLE: Marie Lasalle → C'est sa mère.

a. Francis Lasalle _____

b. Joël, Emmanuel et Charles _____

c. Marise _____

2. Quelle est la relation entre Marise et Clarisse Colin et ces personnes? (leur/leurs)

MODÈLE: Claudine Colin → C'est leur mère.

a. Victor Colin _____

b. Emmanuel et Charles _____

c. Marie Lasalle _____

3. Et dans votre famille, qui sont ces personnes? (mon/ma/mes)

MODÈLE: les frères de votre père → Ce sont mes oncles.

a. le père de votre mère _____

b. les fils de vos parents _____

c. la fille de vos parents _____

d. la fille de votre grand-père _____

e. le fils de vos grands-parents _____

f. les parents de votre mère _____

C. **Ma famille.** Écrivez une description de votre famille. Suivez le modèle et utilisez une autre feuille de papier si nécessaire.

MODÈLE: Dans ma famille, nous sommes quatre personnes. Il y a mon père, ma mère, mon frère et moi. Nous avons un chien et deux chats. Mon père a quarante-neuf ans. Il est grand, brun et très beau. Il est très intelligent et raisonnable. Ma mère...

_____

_____

_____

_____

Goûts personnels

Activités de compréhension

A. **Publicité radio pour Récré-parc.** Bernard Lasalle est dans sa voiture et il entend cette publicité pour Récré-parc à la radio. Écoutez et indiquez si les phrases suivantes sont vraies ou fausses.

NOUVEAU VOCABULAIRE

| une publicité | *advertisement* | tous les goûts | *every taste* |
| les arbres (*m.*) | *trees* | | |

Vrai (**V**) ou faux (**F**)?

1. _____ Récré-parc est un centre seulement pour les jeunes couples.

2. _____ À Récré-parc, il y a des activités pour les personnes âgées.

3. _____ On peut faire beaucoup de sports différents.

4. _____ On peut faire du jogging dans un grand parc.

5. _____ Il n'y a pas de restaurants à Récré-parc.

B. **Allô, Récré-parc... ?** Bernard est intéressé par la publicité qu'il vient d'entendre à la radio et il décide de téléphoner pour avoir plus de renseignements. Écoutez et cochez (✓) les activités possibles à Récré-parc.

NOUVEAU VOCABULAIRE

il vient d'entendre	*he has just heard*	bien entendu	*of course*
des renseignements (*m.*)	*information*	savoir	*to know*
on peut	*one can*	un choix	*choice*

1. _____ On peut jouer au football.

2. _____ On peut faire du camping.

3. _____ On peut nager.

4. _____ On peut jouer au tennis.

5. _____ On peut faire du ski.

6. _____ On peut faire des promenades.

Activités écrites

A. **Vocabulaire: Quand?** Aimez-vous faire les activités suivantes? Quand aimez-vous les faire?

l'après-midi	le vendredi soir
le dimanche	le week-end
le matin	?
pendant les vacances	

MODÈLE: lire le journal → J'aime lire le journal le matin. (Je n'aime pas lire le journal.)

1. cuisiner _____

2. dormir tard _____

3. jouer aux jeux vidéo _____

4. aller au cinéma _____

5. voyager _____

6. sortir avec des amis _____

7. faire une promenade dans le parc _____

8. faire des courses _____

★ **Attention! Étudier Grammaire 1.2.**

B. **Couples.** Voici une description de quatre couples. Donnez deux activités qu'ils aiment faire ensemble et une activité qu'ils n'aiment pas faire. Utilisez **aimer** + un infinitif.

aller à la montagne	faire les courses	regarder la télé
aller au concert	faire la fête	rester à la maison
danser	faire du ski	voyager
dîner au restaurant	regarder des documentaires	?
écouter la radio		

MODÈLE: Patrick est sportif et énergique et Brigitte est très dynamique et sociable. →
Ils aiment faire la fête et jouer au tennis. Ils n'aiment pas rester à la maison et regarder la télévision.

1. Yasmine est réservée et intellectuelle et son copain Hassan est une personne sérieuse qui aime lire et écouter des discussions sur la politique et l'économie.

_____

_____

_____

2. Jean-François aime la nature et Dominique est étudiante en sciences.

_____

_____

_____

3. Françoise est étudiante en art et en histoire ancienne. Jacques est passionné de musique classique, de théâtre et de ballet.

_____

_____

_____

4. Vincent est étudiant en musique. Il aime jouer de la guitare et du saxophone. Caroline aime sortir, parler et inviter ses amis.

_____

_____

_____

C. **Les goûts de votre famille.** Qu'est-ce que vous et les autres membres de votre famille aimez faire? Avez-vous les mêmes goûts, ou aimez-vous faire des activités différentes?

MODÈLE: Dans ma famille, nous aimons nager et jouer au tennis. Ma mère aime jouer aux cartes, mais mon père déteste…

_____

_____

_____

_____

_____

_____

Origines et renseignements personnels

Activités de compréhension

Sarah Thomas connaît (*knows*) beaucoup d'étudiants à Paris. Sarah Thomas, une étudiante américaine, est à une fête chez son ami Jean-Yves Lescart. Jean-Yves la présente aux autres étudiants. Indiquez le lieu d'origine de chaque étudiant.

NOUVEAU VOCABULAIRE

je te présente   *I'd like you to meet*

1. _____ David Fontaine
2. _____ Sarah Thomas
3. _____ Olivier Petit
4. _____ Séverine Duval
5. _____ Luzolo Bondo

a. Montréal
b. Dakar
c. le Wisconsin
d. Bruxelles
e. Genève

Activités écrites

A. Vocabulaire: Les nationalités et les langues. Consultez le tableau et écrivez la nationalité de chaque personne et la langue (les langues) qu'elle parle.

MODÈLE: Hassan Hamzi vient d'Algérie. → Il est algérien et il parle *arabe* et *français*.

NATIONALITÉ	LANGUE
allemand, allemande	l'allemand
américain, américaine	l'anglais
algérien, algérienne	l'arabe, le français
canadien, canadienne	l'anglais, le français
chinois, chinoise	le chinois
espagnol, espagnole	l'espagnol
japonais, japonaise	le japonais

1. Felipe Gonzalez vient d'Espagne. Il est _____ et il parle _____.

2. Heidi Spielmann vient d'Allemagne. Elle est _____ et elle parle

   _____.

3. Tsung Fen vient de Chine. Il est _____ et il parle _____.

4. Yukio Matsamuri vient du Japon. Il est _____ et il parle _____.

5. Chantal Picard vient de Montréal, Canada. Elle est _____ et elle parle

   _____.

6. Alice Jefferson vient des États-Unis. Elle est _____ et elle parle

   _____.

✱ **Attention! Étudier Grammaire 1.3 et 1.4.**

   B. Les numéros de téléphone et les adresses. La compagnie MICRO SYSTÈMES a beaucoup de magasins dans la région parisienne. Écrivez les renseignements demandés.

   MODÈLES: Quel est le numéro de téléphone du magasin dans la rue de Chabrol? →
   C'est le zéro un, quarante-deux, quarante-sept, zéro neuf, quarante-deux.

   Quel est son code postal? → C'est le soixante-quinze, zéro dix.

1. Quel est le numéro de téléphone du magasin dans la rue Lafayette?

   _____

2. Quel est le code postal du magasin dans la rue Marx-Dormoy?

   _____

3. Quel est le numéro de fax du magasin dans la rue du Faubourg Saint-Antoine?

   _____

4. Quel est le numéro de téléphone du magasin à Pontoise?

   _____

5. Quel est le numéro de fax du magasin dans la rue de Turin?

   _____

6. Quel est le code postal à Levallois-Perret?

   _____

C. **Origines.** Complétez chaque phrase avec la forme correcte du verbe **venir.**

   MODÈLE: Ivan *vient* de Moscou. Il est russe.

   1. Antonio _____ de Madrid. Il est espagnol.

   2. Marie-France et Dominique _____ de Paris. Elles sont françaises.

   3. Raoul, tu es canadien? Est-ce que tu _____ de Montréal?

   4. Mes parents et moi, nous _____ de Chicago. Nous sommes américains.

   5. —Albert, tu es de Baton Rouge? —Non, je _____ de La Nouvelle-Orléans.

   6. Et vous, de quelle ville est-ce que vous _____?

D. **Qui êtes-vous?** Lisez cette description de Sarah Thomas. Ensuite, écrivez un paragraphe sur vous-même. Dites d'où vous venez, où vous habitez (chez vos parents, à la cité universitaire [*university residential complex*],…), comment vous êtes et quels sont vos intérêts.

   MODÈLE: Je m'appelle Sarah Thomas. J'habite avec mes parents aux États-Unis. Je viens d'Eau Claire, Wisconsin. Je ne suis pas très grande, mais je ne suis pas petite. J'ai les cheveux bruns et les yeux bleus. J'ai 20 ans. Je suis énergique, dynamique et très sociable. Je suis étudiante en civilisation et culture françaises à la Sorbonne cette année. À Paris, j'habite dans un appartement avec mon amie Agnès Rouet. J'aime parler français et sortir avec mes amis. J'aime aussi les sports et le cinéma.

Je m'appelle _____

_____

_____

_____

_____

_____

La vie de famille

Activités de compréhension

A. La rédaction (composition) de Joël. Joël Colin (8 ans) lit à son père Victor sa rédaction où il parle de leur famille. Écoutez et écrivez les mots qui manquent.

NOUVEAU VOCABULAIRE

les assurances (*f.*)	*insurance*	faire des blagues (*f.*)	*to make jokes*
faire du patin à roulettes	*to rollerskate*	les bonbons (*m.*)	*candy*

1. Le père de Joël _____ pour une compagnie d'assurances.

2. Sa mère est professeur d'_____.

3. Joël a deux _____ jumelles et _____ frères.

4. Joël est très _____ et il aime beaucoup _____ avec ses copains.

5. Dans sa famille, la personne préférée de Joël est sa _____. Elle lui donne des

   conseils et des _____.

6. Le moment préféré de Joël, c'est le mois d'_____, où la famille passe des

   vacances super au bord de _____.

B. Quoi de neuf? Victor est en train d'écouter la rédaction de Joël quand le téléphone sonne. C'est son vieil ami Michel Dupont. Écoutez et identifiez les personnes qui aiment faire les activités suivantes. (Il y a une personne qui aime faire deux des activités indiquées.)

NOUVEAU VOCABULAIRE

Quoi de neuf?	*What's new?*	discuter	*to discuss*
Ça fait tellement longtemps.	*It's been so long.*	aller à la pêche	*to go fishing*
Incroyable.	*Unbelievable.*		
Comme le temps passe!	*How time flies!*		

1. _____ faire des courses
2. _____ aller à la pêche
3. _____ faire des blagues
4. _____ discuter avec ses amis
5. _____ jouer aux cartes

a. Marise et Clarisse
b. Charles
c. Emmanuel
d. Joël

Activités écrites

A. Vocabulaire: La famille de Francis et Marie Lasalle. Écrivez les liens familiaux dans la famille de Francis et Marie Lasalle.

le beau-frère / la belle-sœur   le mari / la femme
le beau-père / la belle-mère   le neveu / la nièce
la belle-fille / le beau-fils   l'oncle / la tante
le cousin / la cousine

MODÈLE: Joël est *le cousin* de Nathalie.

1. Le _____ de Claudine s'appelle Victor et la _____ de Bernard s'appelle Christine.

2. Christine est _____ de Claudine.

3. Francis est _____ de Christine et Victor. Marie est leur _____.

4. Charles est _____ de Bernard et Christine.

5. Nathalie, Marie-Christine et Camille sont _____ de Claudine et Victor.

6. Victor est _____ de Marie et Francis et Christine est leur _____.

★ **Attention! Étudier Grammaire 1.5 et 1.6.**

B. Une conversation. Complétez les phrases avec la forme correcte de chaque verbe.

MODÈLE: (jouer) Je *joue* souvent au foot.

BARBARA: Jacqueline, où est-ce que tu _____¹ (habiter)?

JACQUELINE: J'_____² (habiter) chez mes parents.

BARBARA: Qu'est-ce que vous _____³ (aimer) faire dans votre famille?

JACQUELINE: Nous _____⁴ (aimer) aller au restaurant. Mes parents _____⁵ (jouer) au bridge le week-end. Mon père _____⁶ (adorer) faire des promenades à la campagne.

BARBARA: Et toi, tu _____⁷ (regarder) souvent la télévision?

JACQUELINE: Je _____⁸ (regarder) un peu la télé, mais j'_____⁹ (adorer) lire. Le week-end, je _____¹⁰ (rester) à la maison avec un bon livre.

C. Qui est-ce? Complétez les définitions avec **de la, du, de l'** ou **des**.

MODÈLE: Le père est le mari *de la* mère.

1. L'oncle est le père _____ cousins.

2. Le neveu est le fils _____ oncle et _____ tante.

3. La belle-fille est la femme _____ fils.

4. Le beau-père est le père _____ belle-fille ou _____ beau-fils.

5. La tante est la femme _____ oncle.

6. Les grands-parents sont les parents _____ parents.

D. Les activités en famille. Parmi les membres de votre famille, qui fait ces activités?

MODÈLE: jouer aux cartes →
Mes parents jouent aux cartes. (Personne [*Nobody*] dans ma famille ne joue aux cartes.)

1. jouer au golf _____

2. inviter des amis _____

3. dîner souvent au restaurant _____

4. regarder beaucoup la télé _____

5. écouter de la musique rock _____

6. parler beaucoup all téléphone _____

7. rigoler avec des copains _____

8. manger de la pizza _____

E. Composition: Un dimanche typique. Qu'est-ce que vous faites, d'habitude? Écrivez un paragraphe où vous expliquez vos activités du dimanche avec votre famille ou avec vos amis.

VOCABULAIRE UTILE

le dimanche matin   l'après-midi

à midi   le soir

MODÈLE: Le dimanche matin, d'habitude, j'aime dormir tard. À midi, je mange avec ma famille chez ma tante Julie…

_____

_____

_____

_____

_____

_____

_____

_____

Intégration

NOTE: *In chapters 1–14,* **Intégration** *features a recorded poem or story, a guided writing activity, and a continuing recorded story with listening activities.*

À l'écoute!

NOTE: **À l'écoute!** *gives you the opportunity to read along as you listen to a poem, story, or folktale from the French-speaking world. We encourage you to listen several times just for fun. There is also a brief follow-up activity so that you can confirm your understanding.*

La Fourmi°
Poème de Robert Desnos

Ant

Une fourmi de dix-huit mètres
Avec un chapeau sur la tête,
Ça n'existe pas, ça n'existe pas.
Une fourmi traînant un char°
Plein de° pingouins et de canards,°
Ça n'existe pas, ça n'existe pas.
Une fourmi parlant français,
Parlant latin et javanais,°
Ça n'existe pas, ça n'existe pas.
    Eh! Pourquoi pas?

traînant... pulling a cart
Plein... Full of / ducks

a kind of French slang

Cochez (✓) les actions possibles de la fourmi imaginaire.

    _____ porter un chapeau   _____ faire un pique-nique

    _____ manger un sandwich   _____ parler français et latin

    _____ traîner un char   _____ conduire une voiture

À vos stylos!

NOTE: **À vos stylos!** *is a guided writing activity that invites you to use the vocabulary and structures you have studied in each chapter in a "real-life" writing assignment. Be sure to read through all parts of the activity before you get started. Write a rough draft using the suggested steps in* **Méthode,** *then check your work. Are there any additional details or personal "twists" you can provide? Before you prepare your final draft, verify your spelling and any forms of which you're not sure.* **Au boulot!** *(Let's get to work!)*

Situation: Aujourd'hui, Gilles, votre correspondant sur Internet, pose des questions sur votre famille.

Intention: Vous désirez écrire un portrait intéressant dans votre e-mail.

Méthode: (1) Décidez de quels membres de votre famille vous voudriez parler.
            (2) Ensuite, écrivez la description de chaque personne, son âge, ses intérêts et ses activités préférées.
            (3) Composez la réponse à Gilles.
            (4) Lisez votre réponse et corrigez les fautes.
            (5) Envoyez la réponse à votre professeur (Gilles est imaginaire...).

MODÈLE: Cher Gilles,
            Voici le portrait de ma famille. Ma mère, Marilena, a 41 ans. Elle aime beaucoup danser et lire...

_____

_____

_____

🎧 *Rencontres*

Bienvenue à **Rencontres,** le feuilleton[1] du programme d'écoute de *Deux mondes.*

Prologue:

Steve McCullan, 28 ans, New-Yorkais, est en train de passer[2] six mois à Toulouse, une ville du sud-ouest de la France. Steve est ingénieur dans l'industrie aéronautique. Maintenant, Steve fait un stage[3] dans une compagnie aéronautique française à Toulouse: Air International.

Steve habite chez l'un des ingénieurs de la compagnie, Jean-Claude Lefèvre, et sa femme Annick. Jean-Claude a 48 ans et Annick a 44 ans. Jean-Claude travaille pour Air International depuis[4] vingt ans. Sa femme Annick est entraîneuse[5] d'une équipe[6] féminine de basket; c'est une personne très active.

Jean-Claude et Annick ont deux enfants: Raphaël, 15 ans et Christelle, 18 ans. Christelle prépare son baccalauréat[7] cette année. Raphaël étudie au collège[8] et il aime faire beaucoup d'activités avec ses amis. La famille Lefèvre a aussi un chien: un très joli cocker brun qui s'appelle Fido. Fido adore passer du temps[9] dans le grand jardin de la maison des Lefèvre. Annick emmène[10] souvent Fido se promener au jardin des Plantes. Une autre personne, Isabelle, la cousine de Raphaël et Christelle, passe aussi beaucoup de temps avec la famille.

[1]*mini-series* [2]*est... is currently spending* [3]*internship* [4]*for* [5]*coach* [6]*team* [7]*high school exit exam* [8]*junior high school* [9]*passer... to spend time* [10]*takes*

Épisode 1: Qui sommes-nous?

Situation: Dans ce premier épisode, vous allez faire la connaissance des personnages de notre histoire qui vont se présenter à vous.

NOUVEAU VOCABULAIRE

faire la connaissance de	*to meet (make the acquaintance of)*
deuxième	*second*
ne comprend pas toujours	*doesn't always understand*
aider	*to help*
des endroits (*m.*)	*places*
pas trop	*not too much*
un invité	*guest*
fidèle	*faithful*
ça suffit	*that's enough*
Amusez-vous bien!	*Have fun!*

Après l'écoute. Indiquez si les phrases suivantes sont vraies (**V**) ou fausses (**F**).

1. _____ Steve habite maintenant avec une famille française.

2. _____ Jean-Claude Lefèvre travaille avec Steve.

3. _____ Annick Lefèvre est une personne très sportive.

4. _____ Christelle est distante avec Steve.

5. _____ Christelle prépare un examen important cette année.

6. _____ Raphaël aime beaucoup rester à la maison.

7. _____ Isabelle trouve que Steve est fascinant.

8. _____ Isabelle est une personne indépendante.

9. _____ Fido aime beaucoup les promenades.

🎧 La prononciation et l'orthographe

L'alphabet

In this lesson, you will review the French names for the letters of the alphabet.

French, Spanish, Portuguese, Catalan, Italian, Romanian, and several other languages belong to the Romance language family, so called because they are descended from Latin, the language of ancient Rome. (Though about a third of English words are derived from French, English in fact belongs to the Germanic language family.) The alphabet used in English and in many Western languages is an important legacy of the Romans.

French and English use the same alphabet of twenty-six letters. The following is a phonetic transcription of the French names for the letters of the alphabet.*

A. Les lettres. Listen to and repeat the French names for the letters.

a	[a]	h	[aš]	o	[ó]	u	[ü]
b	[bé]	i	[i]	p	[pé]	v	[vé]
c	[sé]	j	[ji]	q	[kü]	w	[dublə vé]
d	[dé]	k	[ka]	r	[èr]	x	[iks]
e	[ə]	l	[èl]	s	[ès]	y	[i grèk]
f	[èf]	m	[èm]	t	[té]	z	[zèd]
g	[jé]	n	[èn]				

B. L'orthographe. Now just listen as the following words are spelled.

1. anglais
2. ici
3. chien
4. livre
5. jardin
6. russe
7. crayon
8. plage
9. cahier

---

*You are not responsible for learning the phonetic symbols used throughout the *Cahier*. Make *listening carefully* your first priority. By and by, you will become familiar with many of the phonetic symbols, and they will provide you with a convenient reference.

C. Écrivez! Listen and write the words as you hear them spelled.

1. _____   6. _____

2. _____   7. _____

3. _____   8. _____

4. _____   9. _____

5. _____   10. _____

Dictée

Christine Charlier se présente. You will hear a short paragraph in French read three times. The first time, listen carefully. The second time, write (in French) what you hear. The third time, listen to check what you have written.

_____

_____

_____

_____

_____

_____

Le verbe français

Verbs ending in -er

NOTE: *The purpose of this section, which will appear in the remaining chapters of the* Cahier, *is to give you hints that will make learning French verb forms easier. The forms of French verbs are presented in more detail here than in your textbook.*

As you know from the grammar sections of *Deux mondes,* French verb forms that end in **-er, -ir,** or **-re** are called *infinitives.* These infinitive endings are used to classify regular verbs into one of three *conjugations.*

first conjugation: **-er**   **parler** (*to speak*)

second conjugation: **-ir**   **finir** (*to finish*)

third conjugation: **-re**   **attendre** (*to wait for*)

The preceding three verbs are considered regular. Any verb that deviates from the pattern of formation of **parler, finir,** or **attendre** is considered irregular. However, not all irregular verbs are difficult, and in many cases the "irregularity" is easy to remember.

You can find the *stem* of a regular verb by removing the infinitive ending. The stem of **parler,** then, is **parl-.**

Parler. Listen to and repeat the present tense forms of the verb **parler.**

parler			
je	parle	nous	parl**ons**
tu	parl**es**	vous	parl**ez**
il/elle	parle	ils/elles	parl**ent**

Note that only the **-ons** and **-ez** endings are pronounced. All the singular forms and the third-person plural form are pronounced identically: **parle, parles, parle, parlent.** Note the line around these four forms in the chart: we refer to these four forms as the L-forms. Because the four L-forms are pronounced alike, in order to spell them correctly you always need to determine the subject of the sentence from the context, then write the corresponding verb form.

Vérifions!

Cover the preceding information with a sheet of paper, then write the missing verb forms in the chart. Review **Grammaire 1.5** in your text if you are unsure of any forms.

	parler	discuter	travailler
je			
vous	*parlez*		
Barbara et Denise			*travaillent*
nous			
Raoul		*discute*	
tu			

Intégration des verbes

Les vacances de Joël. Joël raconte ses vacances au bord de la mer. Écrivez la forme correcte de chaque verbe.

Le matin, je _____[1] (rester) au lit jusqu'à 9 h. Après un bon croissant,

j'_____[2] (aimer) aller à la plage avec Marise et Clarisse. Là, je _____[3]

(retrouver) mes copains et nous _____[4] (jouer) et _____[5] (nager)

ensemble. Nous _____[6] (chercher) aussi de beaux coquillages (*shells*). Mes sœurs

_____[7] (dessiner) des personnages amusants dans le sable.

Nous _____[8] (rentrer) à la maison vers 1 h et toute la famille

_____[9] (déjeuner) ensemble. Maman ou Papa _____[10] (cuisiner) et il

y a toujours un bon dessert. J'_____[11] (adorer) les tartes de ma grand-mère!

CHAPITRE 5

Dans le passé

Thèmes et grammaire

La vie quotidienne

Activités de compréhension

A. Dîner familial. C'est le soir et les Colin se retrouvent à table pour le dîner. Chacun parle de sa journée. Indiquez si les phrases sont vraies ou fausses.

NOUVEAU VOCABULAIRE

un(e) collègue	*colleague*	silencieux/silencieuse	*quiet*
une note	*grade*	ça ne se voit même pas	*you can't even see it*
c'est promis	*it's promised*		

Vrai (**V**) ou faux (**F**)?

1. _____ Claudine a dîné avec une collègue.

2. _____ Charles a rendu un devoir de chimie.

3. _____ Joël va finir ses devoirs après le dîner.

4. _____ Marise a pris l'autobus pour aller à la fac.

5. _____ Clarisse n'a pas eu de chance ce jour-là.

B. Une journée horrible. Après le dîner, Clarisse va dans la chambre de sa sœur Marise pour lui raconter son horrible journée en détail. Cochez (✓) les phrases qui indiquent les raisons pour lesquelles Clarisse est malheureuse.

NOUVEAU VOCABULAIRE

une fête   *party, celebration*   j'en ai marre   *I'm fed up with it all*

1. _____ Elle n'a pas réussi à son examen.

2. _____ Ses parents ne sont pas contents d'elle.

3. _____ La voiture ne marche pas (*isn't working*) maintenant.

4. _____ Sa sœur a pris son sac préféré.

5. _____ Elle est tombée dans l'escalier.

6. _____ Elle n'a pas la permission d'aller à la fête d'Alain.

Activités écrites

A. Vocabulaire: Ça veut dire quoi? Écrivez à côté de l'expression de temps la lettre correspondante à sa définition.

1. _____ hier
2. _____ la semaine dernière
3. _____ pendant un mois
4. _____ tous les deux mois
5. _____ la semaine prochaine

a. durant 30 jours
b. tous les 60 jours
c. la semaine après cette semaine
d. la semaine avant cette semaine
e. le jour avant aujourd'hui

Maintenant, testez votre connaissance des verbes. Choisissez la bonne réponse.

1. sécher un cours → On (va / ne va pas) à son cours.

2. rencontrer des copains → On (va / ne va pas) voir ses copains.

3. attendre le professeur → On arrive (avant / après) le professeur.

4. assister à une conférence → On (va / ne va pas) aller à ce cours.

5. rendre un devoir → On (donne / ne donne pas) son devoir au professeur.

★ **Attention! Étudier Grammaire 5.1.**

B. Qu'avez-vous fait? Est-ce que vous avez fait les activités suivantes la semaine dernière?

MODÈLES: travailler → Oui, j'ai travaillé lundi et mercredi.

rendre tous mes devoirs → Non, je n'ai pas rendu tous mes devoirs.

1. étudier à la bibliothèque _____

   _____

2. dîner (déjeuner) au restaurant avec des amis _____

   _____

3. répondre à une lettre _____

   _____

4. finir un devoir important _____

   _____

5. attendre quelqu'un (qui?) _____

   _____

6. ranger ma chambre _____

   _____

7. sécher un cours _____

   _____

8. choisir un cadeau pour quelqu'un _____

   _____

9. acheter un vêtement _____

   _____

10. regarder la télé _____

    _____

C.   La vie en France. Ce tableau montre les tendances récentes des activités des Français. Complétez les phrases en employant le passé composé.

Proportion de Français ayant pratiqué l'activité suivante en 2004:	
• regarder la télévision tous les jours ou presque	87 %
• danser au moins 5 ou 6 fois par an	34 %
• écouter la radio tous les jours ou presque	82 %
• jouer aux cartes ou à d'autres jeux de société chaque semaine ou presque	12 %
• jouer de la musique régulièrement ou presque	6 %
• jardiner tous les jours ou presque à la belle saison	17 %
• assister à un spectacle au moins 5 fois par an	53 %

MODÈLE: Six pour cent des Français… → ont joué de la musique tous les jours ou presque.

1. Quatre-vingt-sept pour cent des Français _____

   _____

2. Quatre-vingt-deux pour cent des Français _____

   _____

3. Cinquante-trois pour cent des Français _____

_____

4. Trente-quatre pour cent des Français _____

_____

5. Dix-sept pour cent des Français _____

_____

6. Douze pour cent des Français _____

_____

D. Les habitudes. Maintenant dites avec quelle fréquence au cours de l'année dernière, vos parents et leurs amis ont fait les activités de l'exercice C.

MODÈLE: Ils ont dansé de temps en temps. (Ils n'ont pas dansé.)

1. _____

2. _____

3. _____

4. _____

5. _____

6. _____

Les expériences

Activités de compréhension

A. Jean-Yves et sa mère. Après les cours, Jean-Yves et Agnès discutent au café de la visite de la mère de Jean-Yves à Paris. Indiquez si les phrases suivantes sont vraies ou fausses.

NOUVEAU VOCABULAIRE

heureusement que	*it's fortunate that*	un interrogatoire	*cross-examination*
surtout	*especially*	n'a pas arrêté	*didn't stop*

Vrai (**V**) ou faux (**F**)?

1. _____ La mère de Jean-Yves a aidé Jean-Yves à nettoyer son studio.

2. _____ Elle a voulu visiter les monuments de Paris.

3. _____ Avec Jean-Yves, elle est montée en haut de l'Arc de Triomphe.

4. _____ Elle a rencontré les amis de Jean-Yves.

5. _____ Selon Jean-Yves, elle n'a pas arrêté de lui poser des questions.

6. _____ Jean-Yves l'a invitée à revenir à Paris le mois prochain.

B. Les vacances d'Adrienne. Adrienne Petit passe ses vacances en Corse cette année. La fin de ses vacances approche et elle écrit une carte postale à son amie Florence. Indiquez si les phrases sont vraies ou fausses.

NOUVEAU VOCABULAIRE

bronzé(e) *suntanned*   un moniteur *instructor*   faire la grasse matinée   *to sleep in*

Vrai (**V**) ou faux (**F**)?

SELON SA CARTE POSTALE,...

1. _____ Adrienne est contente de ses vacances.

2. _____ elle a bien profité des magasins.

3. _____ il a fait beau pendant ses vacances.

4. _____ elle est experte en planche à voile.

5. _____ elle s'est levée tôt tous les matins.

6. _____ elle a acheté quelque chose pour Florence.

Activités écrites

A. Vocabulaire: Un matin difficile. Complétez le paragraphe à la page suivante en choisissant les participes passés logiques.

appris	couru	entendu	mis	ouvert
bu	dû	eu	offert	voulu

Hier matin, j'ai _____[1] des ennuis. D'abord, j'ai _____[2] la pluie sur le toit et je n'ai pas _____[3] me lever. Puis mon chien Médor a _____[4] dans ma chambre, les pattes couvertes de boue (*mud*)! J'ai _____[5] nettoyer la boue avant de me doucher. Enfin, j'ai _____[6] mes vêtements et j'ai _____[7] un bon café au lait. Mais au moment de partir, j'ai _____[8] une mauvaise nouvelle. Pas d'autobus aujourd'hui à cause d'une grève (*strike*)! J'ai _____[9] la porte et regardé la pluie. Et puis, un rayon de soleil est apparu sous la forme de ma copine Élodie et de sa petite Renault rouge. Elle a _____[10] de m'emmener à la fac!

★ **Attention! Étudier Grammaire 5.2.**

B. **Mon ami(e) et moi.** Écrivez les activités que ces deux personnes ont faites hier, en employant le passé composé des verbes indiqués.

Hier

Moi

Hier, j'____ _____[1] et ensuite
(courir)
j'____ _____[2] du café et un
(prendre)
croissant. J'____ _____[3] le
(lire)
journal et puis j'____ _____[4]
(mettre)
mes vêtements. Enfin, j'____
_____[5] (décider) d'aller
à la fac où j'____ _____[6] à
(assister)
mon cours d'anglais.

Mon ami(e)

Hier, il/elle ____ _____[1]
(recevoir)
un chèque pour son anniversaire et
il/elle ____ _____[2] acheter
(vouloir)
des DVD. Au magasin, il/elle ____
_____[3] obligé(e) d'attendre
(être)
15 minutes avant de payer. Il/Elle
____ _____[4] son cours de
(manquer)
maths. Puis il/elle ____ _____[5]
(faire)
des courses dans d'autres magasins et juste
au moment de quitter le dernier magasin,
il/elle ____ _____[6] son
(voir)
professeur de maths dans la rue! Quelle
malchance!

C. Les grandes vacances. L'été dernier, Adrienne Petit et quelques copains ont loué une maison près de Nice. Ils ont passé un mois ensemble. Racontez ce qu'ils ont fait pendant leurs vacances.

1.

2.

3.

4.

5.

6.

7.

8.

9.

10.

VOCABULAIRE UTILE

faire des achats *to go shopping*   faire un feu de camp *to make a campfire*

(continued)

Les vacances d'Adrienne

1. <u>Adrienne et ses copains ont passé beaucoup de temps à la plage.</u>

2. Ils _____

3. _____

4. _____

5. _____

6. _____

7. _____

8. _____

9. _____

10. _____

Le week-end et les loisirs

Activités de comprehénsion

A. Nous sommes allés au cinéma. Charles Colin est en train de parler au téléphone avec son ami Paul. Mettez les phrases dans le bon ordre (1–7).

NOUVEAU VOCABULAIRE

est en train de parler	*is speaking*	au milieu	*in the middle*
un film d'épouvante	*horror movie*	avoir bon goût	*to have good taste*
nul(le)	*bad, worthless*		

_____ a. Charles et Stéphanie sont arrivés à la pizzeria.

_____ b. Charles s'est endormi.

_____ c. Le film a commencé.

_____ d. Paul et Caroline ont fini de dîner.

_____ e. Charles et Stéphanie ont quitté le restaurant.

_____ f. Charles et Stéphanie sont allés au cinéma.

_____ g. Paul et Caroline sont sortis de la pizzeria.

B. Compte rendu de la mère de Jean-Yves. Écoutons maintenant ce que la mère de Jean-Yves a pensé de sa visite à Paris. Elle raconte tout à son mari. Complétez les phrases d'après ce que dit Mme Lescart.

NOUVEAU VOCABULAIRE

ce que	*what* (*that which*)	discret/discrète	*discreet*
clair(e)	*bright, sunny*	éviter	*to avoid*
sale	*dirty*	dans quinze jours	*in two weeks*
de toute façon	*anyway*		

1. _____ Oui, j'ai été très contente...

2. _____ Oui, je sais, mais je l'ai trouvé...

3. _____ Nous avons décidé...

4. _____ Nous nous sommes promenés au Quartier latin...

5. _____ Tu sais, j'ai été très discrète...

6. _____ J'ai décidé d'y retourner dans quinze jours...

a. assez sale.
b. et, bien sûr, au jardin du Luxembourg.
c. pour lui faire plaisir, bien sûr.
d. et j'ai surtout évité le sujet des filles.
e. de le revoir.
f. de faire les touristes.

Activités écrites

★ **Attention! Étudier Grammaire 5.3 et 5.4.**

A. Champlain. Choisissez le verbe logique pour compléter cette petite histoire de Samuel de Champlain.

est descendu	est parti
est né	est revenu

MODÈLE: Champlain *est né* en France en 1567.

1. Il _____ en Amérique du Nord en 1603.

2. Plus tard, il _____ vers le sud jusqu'à la côte de la Nouvelle-Angleterre.

3. Ensuite, en 1608, il _____ dans le nord pour fonder la ville de Québec.

est mort	est retourné
est rentré	

4. Enfin, Champlain _____ en France, mais il _____ en Nouvelle-France

   plusieurs fois.

5. Il _____ à Québec en 1635.

B. Il y a combien de temps? Avez-vous fait les activités suivantes cette année? Quand et avec qui est-ce que vous les avez faites?

MODÈLE: (aller au cinéma) → Je suis allé(e) au cinéma il y a une semaine, avec des copains.
(Je ne suis pas allé[e] au cinéma cette année.)

SUGGESTIONS

avant-hier   le mois dernier

hier   la semaine dernière

il y a une semaine (deux jours…)   ?

1. (aller à une fête) _____

    _____

2. (partir en week-end) _____

    _____

3. (rentrer au petit matin) _____

    _____

4. (tomber) _____

    _____

5. (rester à la maison le week-end) _____

    _____

C. Un jour à la fac. Vous parlez avec un(e) camarade de votre journée d'hier (ou de votre dernier jour à l'université). Écrivez ses questions et vos réponses.

MODÈLE: —Tu *t'es levé(e)* à quelle heure? (se lever)
—Je me suis levé(e) à sept heures et demie.

1. —Tu _____ le matin? (se doucher)

    —_____

2. —Tu _____ à la fac à quelle heure? (arriver)

    —_____

3. —Tu _____ en cours de français? (s'amuser)

    —_____

4. —Tu _____ à un autre cours? (aller)

    —_____

5. —Tu _____ à la fac jusqu'à quelle heure? (rester)

    —_____

6. —Tu _____ chez toi à quelle heure? (rentrer)

    —_____

7. —Tu _____ le soir? (se promener)

    —_____

8. —Tu _____ à quelle heure? (se coucher)

    —_____

D. Les activités probables. Qui a probablement fait ces activités samedi dernier?

> Francis et Marie Lasalle (70 et 69 ans)   Adrienne Petit (28 ans)
> Nathalie Lasalle (6 ans) et sa sœur Marie-Christine (8 ans)   Emmanuel Colin (15 ans)

> MODÈLE: aller à un concert de rock avec des copains →
> Emmanuel est allé à un concert de rock avec ses copains.

1. se lever à 7 h du matin pour regarder *Maison et jardin* à la télé

    _____

    _____

2. rester au lit jusqu'à 10 h 30 pour lire la *Revue des sports extrêmes.*

    _____

    _____

3. aller au cirque (*circus*) avec leurs parents

    _____

    _____

4. rentrer à 2 h du matin

    _____

    _____

5. sortir pour aller voir un match de foot avec une bande de copains

    _____

    _____

6. partir en week-end de ski avec des collègues

    _____

    _____

7. s'endormir devant la télé vers 9 h samedi soir

    _____

    _____

E. Composition: Une occasion importante. Décrivez un événement important ou mémorable auquel vous avez assisté. Où et avec qui y êtes-vous allé(e)? Qu'est-ce que vous avez fait pendant cet événement? À quelle heure êtes-vous rentré(e)? Et vous, personnellement, qu'est-ce que vous avez fait avant d'y aller? Est-ce que vous avez acheté des nouveaux vêtements? Êtes-vous allé(e) chez le coiffeur?

MODÈLE: Je suis allé(e) au mariage de mon cousin avec ma sœur. Nous...
Moi, avant d'y aller, j'ai (je me suis)...

_____

_____

_____

_____

_____

_____

_____

_____

Faits personnels et historiques

Activités de compréhension

A. L'album de famille des Colin. Il pleut aujourd'hui et la famille Colin reste à la maison. Les enfants essaient de se distraire. Emmanuel a trouvé un vieil album de photos et pose des questions à sa mère Claudine. Il veut tout savoir sur l'histoire de leur famille. Indiquez si les phrases suivantes sont vraies ou fausses.

NOUVEAU VOCABULAIRE

se distraire	*to amuse oneself*	blessé(e)	*wounded*
reconnaître	*to recognize*	une couette	*pigtail*
pendant	*during*	avoir l'air content	*to seem happy*
la guerre	*war*	la retraite	*retirement*

Vrai (**V**) ou faux (**F**)?

1. _____ Emmanuel n'a pas reconnu ses grands-parents.

2. _____ Ses grands-parents se sont mariés en 1948.

3. _____ Son grand-père est parti à la guerre.

4. _____ Il a trouvé la photo de sa mère très belle.

5. _____ Il a déjà vu la photo de son oncle Bernard.

6. _____ Sur la dernière photo, sa mère est une petite fille.

B. Deux devinettes. Joël s'ennuie et Emmanuel lui propose de jouer avec lui au jeu des devinettes. Il va lui décrire deux personnages historiques français très célèbres et Joël doit deviner leur identité. Cochez (✔) le nom des personnages qu'il décrit.

NOUVEAU VOCABULAIRE

deviner	*to guess*	un tricorne	*three-cornered hat*
épouser	*to marry*	un roi	*king*
un cœur	*heart*	seul(e)	*single*
une bataille	*battle*		

1. Qui est le premier personnage?

_____ Louis XIV   _____ Napoléon

_____ Jacques Cartier   _____ Voltaire

L'État, c'est moi

2. Qui est le deuxième personnage?

_____ Louis XIV   _____ Napoléon

_____ Jacques Cartier   _____ Voltaire

Activités écrites

A. Vocabulaire: Une rédaction. Mme Martin a demandé à ses étudiants d'écrire une rédaction sur l'histoire de leur famille aux États-Unis. Complétez la composition de Louis Thibaudet en utilisant les mots logiques de la liste suivante: **accompagné, ancêtres, découvert, devenu, émigrer, entendu parler, mythes, plat, venus, voulu.**

L'histoire de ma famille

Mes _____¹ sont _____² sur ce continent pour plusieurs raisons. Le premier, Pierre-Auguste Thibaudet, avait _____³ de la vaste richesse du nouveau monde, alors il a _____⁴ Cavelier de La Salle lors de son expédition de 1682. Deux siècles plus tard, mes arrière-grands-parents du côté de ma mère ont _____⁵ vivre sous un gouvernement démocratique, alors, ils ont décidé d'_____⁶. Lors de leur arrivée, mes ancêtres ont _____⁷ un vaste pays fascinant. Personne n'est _____⁸ très riche, malgré (despite) les _____⁹. Et je suppose que mes ancêtres ont tous découvert que le monde n'est pas _____¹⁰, mais rond!

★ **Attention! Étudier Grammaire 5.5.**

B. Exagérations. Ange est excessivement optimiste. Par contre, Elvire est trop négative et pessimiste. Écrivez les opinions négatives d'Elvire en utilisant **ne... rien, ne... personne, ne... jamais, ne... plus** ou **ne... pas encore.**

MODÈLE: ANGE: *Tout* est pour le mieux dans notre monde.

ELVIRE: *Rien n'est pour le mieux dans notre monde.*

1. ANGE: On doit avoir confiance en *tout* le monde.

   ELVIRE: _____

2. ANGE: En général, *les gens* disent la vérité.

   ELVIRE: _____

3. ANGE: Le gouvernement s'intéresse *toujours* à l'écologie.

   ELVIRE: _____

4. ANGE: D'habitude, il y a *quelque chose* d'intéressant à la télé.

   ELVIRE: _____

5. ANGE: Nous avons *déjà* découvert les secrets de l'univers.

   ELVIRE: _____

6. ANGE: Nous avons *toujours* conservé nos ressources naturelles.

   ELVIRE: _____

C. Une mauvaise journée. Imaginez un jour où tout est allé très mal pour vous. Vous êtes de mauvaise humeur et maintenant vous répondez aux questions que vos parents vous posent. Utilisez les expressions suivantes dans vos réponses.

ne... jamais	ne... personne (personne ne...)	ne... rien (rien ne...)
ne... pas encore	ne... plus	

MODÈLE: Avec qui es-tu allé(e) à la fac aujourd'hui? →
Je n'y suis allé(e) avec personne. J'ai dû y aller tout(e) seul(e).

1. Est-ce que tu as fait quelque chose d'intéressant ce matin?

   _____

2. As-tu rencontré quelqu'un de nouveau à la fac?

   _____

3. Qui t'a téléphoné après les cours?

   _____

4. Est-ce que tu as reçu quelque chose d'intéressant au courrier aujourd'hui?

   _____

5. As-tu encore de l'argent pour le reste de la semaine?

   _____

6. As-tu déjà fini tout ton travail pour demain?

   _____

7. Est-ce que tu as déjà retrouvé ton carnet d'adresses que tu as perdu hier?

   _____

8. Qu'est-ce qui a bien marché pour toi aujourd'hui?

   _____

D. Composition: Ma vie. Écrivez votre biographie, en employant des verbes au passé composé. Commencez par votre date et votre lieu de naissance et mettez-y tous les événements importants de votre vie. N'oubliez pas d'ajouter les choses que vous avez toujours voulu faire, mais que vous n'avez jamais faites.

MODÈLE: Je suis né(e) à Baltimore le 8 novembre 1986. J'ai commencé l'école en... J'ai toujours voulu visiter l'Afrique, mais je ne l'ai jamais fait parce que...

_____

_____

_____

_____

_____

_____

_____

Intégration

🎧 À l'écoute!

Le Proverbe
Adapté du conte de Marcel Aymé

Ce jeudi soir, comme d'habitude, M. Jacotin était de mauvaise humeur. Il a regardé sa famille: sa femme, ses deux filles âgées de seize et de dix-sept ans, et son fils Lucien, un garçon de treize ans. Enfin, il a pris sa place à table dans la salle à manger et a fixé son fils d'un regard dur.

—Veux-tu me dire ce que tu as fait cet après-midi? Est-ce que tu as fini tes devoirs?

—Mes devoirs? a murmuré Lucien. Euh, j'ai travaillé hier soir en rentrant de classe. Je n'ai pas encore fini mon devoir de français.

—Quoi? Un devoir de français que ton professeur t'a donné vendredi dernier? Tu l'as depuis huit jours et tu n'as pas trouvé le moyen de le faire? Je n'ai pas la chance, moi, d'avoir un fils comme Béruchard: un fils premier en français, premier en calcul. C'est agréable pour moi, qui travaille au bureau avec Béruchard père de l'entendre constamment me raconter les succès de son fils.

M. Jacotin a continué à lui parler longuement sur le même ton. Lucien avait sommeil et il pensait à autre chose. Il connaissait trop bien ce discours. Mais quand son père a proposé de l'aider à écrire son devoir de français, il s'est réveillé bien vite et l'a regardé d'un air effrayé.°   *frightened*

Père et fils se sont mis à la tâche, qui a duré au moins deux heures. Il était question d'expliquer le proverbe «rien ne sert de courir, il faut partir à point». Enfin, M. Jacotin, tout en prononçant son sermon, a donné une plume à Lucien et a commencé à lui dicter tout le devoir.

Pendant que son père lui dictait tout le contenu du devoir, Lucien a commencé à s'inquiéter. Son professeur leur avait bien dit de ne pas utiliser la comparaison avec «Le lièvre° et la tortue°» pour expliquer le proverbe parce   *hare / tortoise* que c'était trop banal. Hélas! Comment expliquer la composition au professeur? Mais il a fini la copie et s'est excusé pour aller se coucher. Le lendemain, il a rendu le devoir à son professeur.

Chaque soir au dîner la semaine suivante, M. Jacotin a voulu savoir si le professeur avait rendu le devoir. Le professeur a finalement rendu les devoirs en disant que la classe n'avait pas compris les instructions et que personne n'avait reçu de bonne note, sauf le petit Béruchard. Quant à la composition de Lucien, il a dit devant la classe: «Mais vous, Jacotin, vous avez rempli six pages en restant constamment en dehors° du sujet, de plus vous avez adopté un ton   *en… à l'extérieur* insupportable. Cette fois, vous vous êtes dépassé°! Je vais lire votre rédaction à   *surpassé* la classe comme mauvais exemple.»

Ce soir-là au dîner, M. Jacotin a de nouveau demandé si le professeur avait rendu le devoir. Lucien ne savait pas quoi dire.

—Mon devoir?

—Tu es dans la lune! s'est écrié M. Jacotin. Oui, ton devoir de français. On te l'a rendu?

Lucien a regardé son père et il a compris que son père avait risqué tout son prestige, son infaillibilité de chef de famille, quand il avait décidé d'aider Lucien avec le devoir. Il allait perdre la face devant sa famille et son collègue Béruchard.

—Enfin, est-ce qu'on t'a rendu ton devoir?

—Oui. Le professeur s'en est même servi de modèle pour la classe.

Le visage du père était radieux et il a regardé sa famille d'un air triomphant. Et puis, le père a touché l'épaule de son fils et lui a dit d'un ton affectueux: «Tu vois, mon enfant, quand on entreprend un travail, il faut d'abord réfléchir. Voilà ce que je voulais te faire comprendre. À partir de maintenant, tous tes devoirs de français, nous allons les faire ensemble.»

Dites si à votre avis chaque phrase est vraie (**V**) ou fausse (**F**).

1. _____ M. Jacotin est une personne simple et agréable.

2. _____ Lucien est un étudiant studieux.

3. _____ Le professeur a lu le devoir de Lucien devant la classe.

4. _____ Lucien a compris qu'il pouvait faire du mal à son père.

5. _____ Le père a dit qu'ils allaient faire le devoir de français ensemble à l'avenir parce qu'il a

    voulu punir Lucien.

6. _____ Béruchard père travaillait au même bureau que M. Jacotin.

7. _____ Le fils de Béruchard a reçu la meilleure note de la classe.

Allons plus loin! Est-ce que Lucien a appris la leçon que son père voulait lui enseigner? Quelle leçon a-t-il apprise, à votre avis?

À vos stylos!

Situation: Vous allez écrire une lettre à Ramón, un camarade qui étudie le français dans une autre université et qui est allé en France pour deux semaines. Vous voulez lui poser des questions sur son voyage.

Intention: Vous voudriez savoir s'il s'est bien débrouillé en français et s'il a eu des difficultés de communication. Vous voudriez aussi savoir ce qu'il a vu (les choses qu'il a vues), ce qu'il a mangé et ce qu'il a fait pour s'amuser.

Méthode: Avant de commencer, faites une liste des questions que vous allez lui poser. Ensuite, organisez vos questions de manière logique. Enfin, écrivez la lettre.

MODÈLE: *Cher Ramón,*

Alors, tu as fait un bon voyage en France? Est-ce que tu as eu... ? Tu es allé au Louvre? au Centre Pompidou? Qu'est-ce que... ? ...

Bien à toi,
(votre nom)

IDÉES

les achats	les musées
le cinéma	la nourriture
les gens	les prix
l'hôtel	les taxis
les monuments	le théâtre

_____

_____

_____

_____

_____

_____

_____

_____

_____

_____

🎧 Rencontres

Épisode 5: Vol à la piscine

Avant l'écoute. D'après les informations de l'épisode précédent, indiquez si les phrases suivantes sont vraies (**V**) ou fausses (**F**).

1. _____ Annick et Jean-Claude partagent les mêmes idées.

2. _____ Annick et Jean-Claude décident de passer le week-end ensemble.

Situation: Dans le jardin chez les Lefèvre, Christelle et Steve parlent d'Isabelle avant d'aller à la piscine.

NOUVEAU VOCABULAIRE

un vol	*theft*	j'ai du mal	*I have difficulty*
se disputer	*to fight, argue*	au juste	*exactly*
à cause de	*because of*	un portefeuille	*wallet*
les affaires (*f.*)	*belongings*	il a disparu	*it has disappeared*
dedans	*inside*	les papiers	*documents*
le trottoir	*sidewalk*	voler	*to steal*

Après l'écoute. Indiquez si les phrases suivantes sont vraies (**V**) ou fausses (**F**).

1. _____ Steve remarque un homme avec des lunettes et une veste rouge.

2. _____ L'homme part à bicyclette.

3. _____ Steve révèle à Christelle qu'il pense beaucoup à Isabelle.

4. _____ À la piscine, Steve veut acheter quelque chose à boire.

5. _____ À la piscine, quelqu'un vole l'appareil photo de Steve.

6. _____ Steve décide d'aller au commissariat tout de suite.

7. _____ Steve n'a pas d'argent pour le moment.

8. _____ Steve est très heureux à la fin de l'épisode.

La prononciation et l'orthographe

More about liaison (common contexts)

As you already know, most final consonants of a word are not pronounced: trois. If the word that follows begins with a vowel sound, however, then the consonant may be pronounced, as in **trois_enfants.** However, liaison does not take place between all words. You will learn about some of the more common contexts for liaison in this chapter.

A. **Plural subject pronouns.** There is always liaison between the **s** of the plural subject pronouns **nous, vous, ils,** and **elles** and a following verb that begins with a vowel sound: **nous_aimons, vous_aimez, elles_aiment.** Keep in mind that final **s,** in liaison, is pronounced as [z].

Écoutez et répétez:

1. Nous_allons souvent chez nos grands-parents.

2. Ils_ont deux chats.

3. Ils_aiment jouer avec moi.

4. Le soir, nous_écoutons les histoires de grand-père.

5. Est-ce que vous_avez aussi des grands-parents?

B. **Plural determiners.** In French, plural determiners always end in **s: les, des, ces, mes, tes, ses, nos, vos, leurs.** Liaison occurs whenever the next word begins with a vowel sound. The **s** has the [z] sound.

Écoutez et répétez:

1. Ce sont des_étudiants canadiens.

2. Voici nos_amis sénégalais.

3. Voilà mes_adorables nièces.

4. Ce sont leurs_oncles.

C. **Singular possessives ending in -n.** These are **mon, ton,** and **son,** and they are always used before singular words beginning with vowel sounds: **mon_ami, mon_amie.** Liaison always occurs before a vowel sound.

Écoutez et répétez:

1. Voici mon_idée.

2. On va faire une fête pour ton_anniversaire.

3. Paul et son_amie vont venir.

4. Tu invites aussi ton_autre cousin.

D. The verb *être* and a following word. When a word that begins with a vowel sound follows a form of the verb **être**, there is generally liaison between the final consonant of the form of **être** and the following vowel sound, as in **je suis_américain.**

Écoutez et répétez:

1. Je suis_américaine.

2. Rachid est_ivoirien et Fatima est_algérienne.

3. Ils sont_ici pour leurs_études.

4. Nous sommes_amis.

Dictée

Une carte postale de Marie Lasalle. Vous entendrez la dictée trois fois. La première fois, écoutez. La deuxième fois, écrivez ce que vous entendez. La troisième fois, écoutez pour vérifier ce que vous avez écrit.

_____

_____

_____

_____

_____

_____

_____

_____

Le verbe français

The *passé composé*

The **passé composé** is called a compound tense because it is composed of two elements: an auxiliary verb (**avoir** or **être**) and a past participle—**j'ai dormi** (*I slept, have slept*), **nous sommes entrés** (*we entered, have entered*), **elles se sont lavées** (*they [f.] washed themselves, have washed themselves*). Note that the past participle shows agreement for gender and number for the verbs conjugated with **être**.

A. Regular past participles. The past participles of most verbs end in a vowel: **é** for the first conjugation, **i** for the second, and **u** for the third. These vowels are added directly to the stems. Note that **aller** has a regular past participle.

Écoutez et répétez: Look at the chart, and repeat the past participle after the speaker. (Note that the infinitive and the past participle of first conjugation verbs are pronounced the same: **parler, parlé.**)

INFINITIVE	STEM	PAST PARTICIPLE
parler	parl-	parlé
espérer	espér-	espéré
employer	employ-	employé
commencer	commenc-	commencé
aller	all-	allé
finir	fin-	fini
choisir	chois-	choisi
dormir	dorm-	dormi
sentir	sent-	senti
attendre	attend-	attendu
vendre	vend-	vendu
répondre	répond-	répondu

B. Irregular past participles. Most second and third conjugation verbs that are irregular in the present tense have irregular past participles. Note in particular the past participles of the verbs **être** and **avoir**.

Écoutez et répétez: être, été / avoir, eu

All other irregular past participles can be divided into three groups:

- **Past participles ending in *u*.** A few **-ir** verbs add **u** instead of **i** to their stems to form the past participle. Verbs ending in **-oir** also form their past participle with **u**.

  Écoutez et répétez: venir, venu / obtenir, obtenu / courir, couru / vouloir, voulu / falloir, fallu

  Several other verbs form their past participles by replacing their final stem vowel(s) and any following consonants with **u**.

  Écoutez et répétez: voir, vu / croire, cru / boire, bu / lire, lu / devoir, dû / recevoir, reçu / savoir, su / pouvoir, pu / pleuvoir, plu / connaître, connu

Note the addition of a circumflex accent in the past participle **dû** to distinguish it from the partitive article **du,** and the addition of a cedilla in the past participle **reçu** to retain the [s] sound.

- **Past participles ending in *t*.** The following verbs add **t** after removing the **-re** ending. Therefore, the past participles of these verbs are identical to the third-person singular forms of the present tense.

  Écoutez et répétez: dire, dit / écrire, écrit / faire, fait

  Those **-ir** verbs whose stems end in **fr** or **vr** insert the vowel **e** between the two consonants before adding the **t**.

  Écoutez et répétez: offrir, offert / ouvrir, ouvert

- **Past participles ending in *is*.** The following verbs form their past participles by replacing their final stem vowel and the following consonants with **is**.

  Écoutez et répétez: mettre, mis / prendre, pris / apprendre, appris

Vérifions!

Cover the preceding information with a piece of paper and see if you can complete the following chart. Then check your work and review any areas of uncertainty.

INFINITIVE	PAST PARTICIPLE	INFINITIVE	PAST PARTICIPLE
manger	*mangé*	offrir	
finir		mettre	
vendre		faire	
avoir		recevoir	*reçu*
être		vouloir	
venir		ouvrir	
devoir		prendre	
dire	*dit*	boire	

Intégration des verbes

Les vacances de Noël. Mme Martin rencontre une collègue, Jacqueline Bernier, au retour des vacances de Noël. Complétez leur conversation avec le passé composé des verbes indiqués.

JACQUELINE: Bonjour, Denise, tu _____¹ (passer) de bonnes vacances?

DENISE: Oui, très bonnes, merci. Et toi?

JACQUELINE: Oui, pas mal. J'_____² (être) malade quelques jours, mais rien de grave.

DENISE: Heureusement. Est-ce que tu _____³ (finir) tout le travail dont tu m'avais parlé?

JACQUELINE: Eh non! Il n'y ___ pas ___⁴ (avoir) de miracle! Mais, j'_____⁵ (pouvoir) faire quand même pas mal de choses.

DENISE: J'espère que tu ___ aussi _____⁶ (prendre) le temps de t'amuser un peu.

JACQUELINE: Oh, oui. Tu sais, les enfants et moi, nous _____⁷ (faire) quelques sorties ensemble: au musée, au zoo, aux magasins de jouets. Et toi, qu'est-ce que tu _____⁸ (faire) d'intéressant?

DENISE: Rien d'exceptionnel. J'_____⁹ (voir) quelques films, j'_____¹⁰ (écrire) beaucoup de lettres, j'_____¹¹ (lire) un roman, et un jour, je _____¹² (rester) au lit jusqu'à 10 h! Et puis, nous _____¹³ (recevoir) la visite de mes beaux-parents pendant trois jours.

JACQUELINE: C'est quand même beaucoup!

CHAPITRE 6

L'enfance et la jeunesse

Thèmes et grammaire

Les activités de l'enfance

Activités de compréhension

Quels bons souvenirs! Marise et Emmanuel, comme la plupart des jeunes, se souviennent avec nostalgie du temps qu'ils passaient avec leurs grands-parents Francis et Marie. Écoutez-les parler de leurs souvenirs d'enfance. Ensuite, trouvez la bonne fin pour chaque phrase.

NOUVEAU VOCABULAIRE

(ils) se souviennent	*(they) remember*	tellement	*so much*
un goûter	*snack*	un mousquetaire	*musketeer*
raconter	*to tell*	ils nous gâtaient	*they spoiled us*

1. _____ Elle (grand-maman) nous préparait…

2. _____ Oui, un bon goûter, et puis elle nous racontait…

3. _____ Oui, moi, j'étais un mousquetaire…

4. _____ On jouait à cache-cache….

5. _____ Oh, là là, le chien qui courait…

a. et toi, une princesse.
b. un bon goûter.
c. des histoires extraordinaires.
d. et grand-papa nous cherchait.
e. dans les fleurs de grand-maman.

Activités écrites

A. Vocabulaire: Jeux d'enfance. Indiquez les activités qui sont typiquement pour enfants (**E**) et celles qui sont pour adultes (**A**).

1. _____ jouer à cache-cache
2. _____ jouer au golf
3. _____ regarder les dessins animés
4. _____ lire le journal le matin

5. _____ jouer au ballon dans le jardin
6. _____ s'entraîner au gymnase
7. _____ bâtir des châteaux de sable
8. _____ grimper aux arbres

★ **Attention! Étudier Grammaire 6.1 et 6.2.**

B. **Quand j'étais petit.** Jean-Yves Lescart parle de son enfance. Complétez ses phrases avec l'imparfait.

MODÈLE: *J'allais* au cinéma avec mes parents.

1. Mon frère et moi, nous _____ (tondre) le gazon chez nous.

2. Ma sœur et ses amies _____ (jouer) souvent à cache-cache.

3. Nous _____ (manger) beaucoup de glaces en été.

4. Mes parents _____ (faire) du vélo avec nous.

5. Nous _____ (savoir) nager et nous _____ (aller) à la piscine en été.

6. J'_____ (avoir) beaucoup de Legos™. Je _____ (bâtir) des choses

   fantastiques.

7. Ma mère _____ (lire) les bandes dessinées à ma petite sœur.

8. Et vous, les Américains, est-ce que vous _____ (faire) les mêmes choses que nous,

   ou _____-vous (avoir) d'autres occupations?

9. Toi, personnellement, qu'est-ce que tu _____ (aimer) faire quand tu _____

   (être) petit(e)?

C. **Les petits Français.** Lisez les résultats de l'enquête à la page suivante et répondez aux questions.

MODÈLE: Y avait-il des enfants qui n'aimaient pas s'occuper d'un animal? →
Oui, vingt-huit pour cent n'aimaient pas s'occuper d'un animal.

1. Est-ce que la majorité des enfants aimaient aller à l'école?

   _____

2. Combien d'enfants n'aimaient pas faire des courses avec leurs parents?

   _____

3. Qu'est-ce que la majorité des enfants préféraient, aller à l'école ou jouer seul?

   _____

4. Quelle était l'activité préférée de ces petits Français?

   _____

5. Quelle activité faisaient-ils le moins, probablement?

   _____

6. Lesquelles de ces activités faisiez-vous quand vous étiez petit(e)? Lesquelles n'aimiez-vous pas? Quelles autres activités faisiez-vous souvent?

_____

_____

_____

_____

_____

SONDAGE BAYARD PRESSE ET « LA MARCHE DU SIECLE »

Enquête auprès des 5-6 ans:
des peurs, de l'avenir, du bonheur et des héros

LE BONHEUR

QUESTION 1 : **Est-ce que tu aimes beaucoup, un peu ou pas du tout...**

	BEAUCOUP	UN PEU	PAS DU TOUT	SANS OPINION
jouer avec tes copains et tes copines	87	10	3	–
regarder la télé	77	19	4	–
aller à l'école	71	20	9	–
faire des courses avec tes parents dans les magasins	54	25	21	–
t'occuper d'un animal	54	14	28	4
jouer tout seul	38	22	40	–

D. Minidialogues. Complétez ces phrases avec le présent des verbes indiqués.

1. Raoul parle avec son ami Louis.

   RAOUL: Est-ce que tu _____ (lire) des magazines français?

   LOUIS: Oui, je _____ (lire) un peu *Paris Match* et *L'Express*.

2. Mme Lasalle parle à la maîtresse d'école de sa fille Nathalie.

   MME LASALLE: Nos filles _____ (lire) beaucoup. Elles vont tous les samedis à la

   bibliothèque municipale.

3. Barbara parle avec son amie Nicole.

   NICOLE: En cours de français, est-ce que vous _____ (écrire) des compositions?

   BARBARA: Oui, et nous _____ (écrire) beaucoup dans nos cahiers: des dictées, du

   vocabulaire et des rédactions.

(continued)

4. Denise et Jacqueline parlent avec Paul, le nouvel assistant de français.

JACQUELINE: Comment _____-on (dire) «*You're welcome*» en français?

PAUL: On _____ (dire) «De rien» ou «Je vous en prie». Les commerçants

_____ (dire) parfois «C'est moi qui vous remercie», ou tout simplement

«C'est moi». Et vous, qu'est-ce que vous _____ (dire) en anglais?

Complétez ces phrases avec le passé composé des verbes indiqués.

5. Mme Martin parle à Barbara.

MME MARTIN: Est-ce que vous _____ (lire) *Le Petit Prince* de Saint-Exupéry?

BARBARA: Oui, je l' _____, (lire) mais seulement en anglais. Je voudrais le lire en

français.

MME MARTIN: Savez-vous que Saint-Exupéry ____ aussi _____ (écrire) des romans?

BARBARA: Oui, vous l'_____ (dire) en classe un jour.

E. **Composition: Ma vie vers l'âge de 9 ans.** Suivez le modèle pour écrire une description de votre enfance en employant l'imparfait.

MODÈLE: Presque tous les jours, avant d'aller à l'école, je… Quand je rentrais de l'école, mes amis et moi, nous… Si j'étais malade et je ne pouvais pas aller à l'école, je… Quand il pleuvait le samedi, je… Pendant les vacances d'été, je… Ma famille et moi, nous…

_____

_____

_____

_____

_____

_____

_____

_____

La jeunesse

Activités de compréhension

 Souvenirs d'enfance. Raoul et Daniel parlent de leur enfance. Daniel vivait à New York et Raoul à Trois-Rivières, au Québec. Écoutez leur conversation, puis indiquez si les phrases suivantes sont vraies ou fausses.

NOUVEAU VOCABULAIRE

le lac Saint-Jean	*lake north of Quebec*	je me demande	*I wonder*
faire du patin à roulettes	*to rollerskate*	autant	*as much*
gratuit	*free of charge*		

Vrai (**V**) ou faux (**F**)?

1. _____ En hiver, Daniel allait très souvent nager à la piscine municipale.

2. _____ Raoul et ses amis pêchaient aussi et ensuite ils pique-niquaient.

3. _____ Daniel devait payer pour faire du patin à roulettes.

4. _____ Raoul faisait aussi du patin à roulettes.

5. _____ Daniel patinait dans les rues de New York.

Activités écrites

A. Vocabulaire: La vie au lycée. Écrivez la lettre de l'expression verbale qui correspond à chaque défi-nition. Ensuite, complétez chaque phrase en utilisant le terme approprié au présent ou à l'infinitif.

1. _____ *manifester un sentiment de bonne humeur et de gaieté;* Je dois

   _____ quand je lis des passages comiques.

                a. être doué(e)
                b. faire le pitre
                c. se passionner
                d. rêver
                e. rire
                f. sécher les cours

2. _____ *avoir des aptitudes (en musique, maths, etc.);* Notre copine Céline

   _____ pour les sports. Elle est championne de ski.

3. _____ *être absent(e) sans une bonne excuse;* Brigitte n'est pas très sérieuse avec ses études.

   Elle _____ trop souvent.

4. _____ *désirer; imaginer (un voyage, une carrière,...);* Je suis pauvre, mais je

   _____ de voyager un jour.

5. _____ *faire le clown;* Laurent ne peut pas rester tranquille. Il

   _____ pour faire rire ses copains.

6. _____ *aimer ou s'intéresser beaucoup;* Mon petit cousin

   _____ pour les vélos. Il en a trois!

★ **Attention! Étudier Grammaire 6.3 et 6.4.**

B. Au lycée. Comparez la façon de vivre de vos camarades de classe à la vôtre à l'époque du lycée. Aviez-vous les mêmes attitudes, ou étiez-vous différent(e)? Expliquez pourquoi en utilisant l'imparfait.

MODÈLE: vouloir gagner de l'argent →
Mes camarades de classe voulaient gagner de l'argent. Moi, je voulais m'amuser.
(Moi aussi, je voulais gagner de l'argent.)

1. pouvoir sortir sans demander la permission

_____

_____

2. s'intéresser beaucoup aux cours

_____

_____

3. être obligé(e) d'aider à la maison

_____

_____

4. devoir travailler pour gagner de l'argent de poche

_____

_____

5. avoir peur d'être different(e)

_____

_____

C. **Un récit personnel.** Marie Lasalle nous raconte sa vie à l'âge de 15 ans. Complétez son récit par **qui, que** ou **où.**

L'école de filles _____*où*_____[1] nous allions était tout près de chez nous. Nous pouvions y aller à

pied. Notre professeur s'appelait Mme Kaffès. C'était une personne _____[2] nous respections

beaucoup et _____[3] savait maintenir l'ordre dans la classe. Reine était la personne dans la

classe _____[4] s'inquiétait tout le temps. Marthe était celle (*the one*) _____[5] nous n'aimions

pas parce qu'elle n'avait pas de tact. En général, nous aimions beaucoup l'école, mais nous

n'étions pas tristes les jours _____[6] nous ne nous sentions pas bien et où nous étions donc

obligées de rester chez nous. Il n'y avait pas de télé, mais nous pouvions écouter la radio et lire

des livres _____[7] nous trouvions à la bibliothèque.

D. **Préférences et opinions.** Qu'est-ce que vos camarades de classe et vous aimiez quand vous étiez au lycée? Qu'est-ce que vous n'aimiez pas? Expliquez en utilisant **qui, que (qu')** ou **où.**

MODÈLE: les cours → Nous aimions les cours où nous pouvions discuter de sujets intéressants.
Nous détestions les profs qui ne nous permettaient pas de parler.

1. les professeurs

_____

2. les jours

   _____

3. les discussions entre amis

   _____

4. les examens

   _____

5. les étudiants

   _____

Les rapports avec les autres

Activités de compréhension

Des parents différents. Vous allez entendre nos deux amis, Sarah et Jean-Yves, discuter de comment étaient leurs parents et de ce qu'ils faisaient quand ils étaient au lycée. Indiquez qui a dit les choses suivantes, Jean-Yves (**JY**) ou Sarah (**S**).

NOUVEAU VOCABULAIRE

je devais avoir de bonnes notes	*I had to have good grades*	constamment	*constantly*
la permission de minuit	*permission to stay*	des conseils (*m.*)	*advice*
	out until midnight	en bande	*in a group*
le tien / le mien	*yours / mine*	une boum	*party*

1. _____ Moi, pas de problème pour sortir, mais je devais avoir de bonnes notes.

2. _____ À minuit, mon père m'attendait devant la porte!

3. _____ Mon père aussi travaillait beaucoup.

4. _____ Ma mère me donnait constamment des conseils.

5. _____ J'adorais aller à des matchs de football américain.

6. _____ J'aimais sortir en bande avec mes amis.

Activités écrites

A. Vocabulaire: Les émotions et les rapports avec les autres. Trouvez le verbe réfléchi qui correspond à chaque définition.

1. _____ assumer la responsabilité de quelque chose

2. _____ garder l'image de quelque chose du passé

3. _____ avoir des bonnes relations avec quelqu'un

4. _____ partir

5. _____ avoir des soucis, être pessimiste en ce qui concerne l'avenir

6. _____ avoir une discussion violente avec quelqu'un

7. _____ prendre intérêt à

8. _____ devenir irrité

a. s'en aller
b. se disputer avec quelqu'un
c. s'en occuper
d. se fâcher
e. s'inquiéter
f. s'intéresser à
g. s'entendre avec quelqu'un
h. s'en souvenir

★ **Attention! Étudier Grammaire 6.5 et 6.6.**

B. À l'âge de 15 ans. Est-ce que vous étiez un adolescent (une adolescente) typique? Complétez les questions et puis répondez en employant **me, vous, leur, lui** ou **nous.**

MODÈLE: —Est-ce que vos parents *vous* permettaient de conduire leur voiture?
—Oui, ils *me* permettaient de conduire leur voiture. (Non, ils ne *me...*)

1. —Qu'est-ce que vos parents _____ disaient quand vous rentriez trop tard?

   —Ils _____ disaient _____.

2. —Est-ce que vous _____ obéissiez, d'habitude? (à vos parents)

   —Je _____ obéissais _____.

3. —Étiez-vous généreux/généreuse envers votre meilleur ami (meilleure amie)? _____

   prêtiez-vous souvent vos affaires?

   —Je _____ prêtais _____.

4. —Est-ce que vos professeurs _____ donnaient (à vous et à vos camarades de classe)

   beaucoup de travail?

   —Ils _____ donnaient _____.

5. —Est-ce que vos parents _____ permettaient (à vous, vos frères et vos sœurs) de sortir

   quand vous le vouliez?

   —Ils _____ permettaient de sortir _____.

6. —Et votre meilleur ami (meilleure amie), _____ téléphoniez-vous très souvent?

   —Je _____ téléphonais _____.

C. Mes rapports avec les autres. Comment vous entendiez-vous avec les autres quand vous aviez 15 ans? Répondez aux questions suivantes pour expliquer vos émotions et vos rapports avec votre famille, vos amis, vos professeurs, etc.

> MODÈLE: Dans quelles circonstances vous énerviez-vous? →
> Je m'énervais quand je devais nettoyer ma chambre (quand on me disait de rentrer avant dix heures...)

1. Vous entendiez-vous toujours avec tous vos amis?

   _____

2. De quoi (ou de qui) aviez-vous peur? Pourquoi?

   _____

3. Comment vous sentiez-vous quand vos parents vous punissaient?

   _____

4. Quand est-ce que vous vous inquiétiez?

   _____

5. Est-ce que vous vous disputiez souvent avec vos frères et sœurs (ou avec vos amis, si vous êtes enfant unique)? Quand?

   _____

6. Que faisiez-vous quand vous vous fâchiez?

   _____

D. Les émotions et les rapports avec les autres. Regardez les dessins et répondez aux questions en employant l'imparfait.

LES RAPPORTS AVEC LES AUTRES	LES ÉMOTIONS
s'en aller	avoir peur
se battre	être (content[e], nerveux/nerveuse...)
se disputer	s'inquiéter (de ses finances...)
s'entendre	se sentir (fatigué[e], triste...)
se fâcher	vouloir...

> MODÈLE: Pourquoi est-ce que ce jeune homme s'est caché derrière un arbre? →
> Il avait peur de l'ours. Il voulait s'en aller.

1. Pourquoi ce couple a-t-il décidé de consulter un conseiller conjugal? (deux raisons)

_____

_____

2. Qu'est-ce que le père de cette jeune fille faisait quand elle avait des petits accidents de voiture?

_____

_____

3. Pourquoi est-ce que ce jeune homme a changé de travail? Quel rapport avait-il avec son patron (*boss*)?

_____

_____

4. Pourquoi est-ce que cette femme refaisait son budget tous les mois?

_____

_____

5. Comment est-ce que ce jeune homme s'entendait avec sa sœur quand il était petit? Que faisaient-ils?

_____

_____

6. Quelles étaient les émotions de l'institutrice au moment où elle voyait sa nouvelle classe pour la première fois?

_____

_____

Souvenirs et événements du passé

Activités de compréhension

A. **La première rencontre de Marie et Francis.** Joël Colin demande à ses grands-parents, Francis et Marie Lasalle, comment ils se sont rencontrés. Leurs versions sont un peu différentes: Après avoir écouté les deux versions, indiquez qui a dit les choses suivantes: Marie (**M**), Francis (**F**) ou les deux (**M, F**).

NOUVEAU VOCABULAIRE

ce jour-là	*that day*	ça s'est passé	*it happened*
ignorer	*to ignore*	je venais de rencontrer	*I had just met*
il ne parlait qu'à...	*he talked only to . . .*		*(run into)*
par hasard	*by chance*	d'ailleurs	*moreover*

1. _____ Paul et Marie allaient voir une pièce de Molière au théâtre.

2. _____ Marie portait une robe rouge.

3. _____ Marie est arrivée en retard.

4. _____ Paul et Francis se trouvaient devant le théâtre quand Marie est arrivée.

5. _____ Paul a présenté Marie à Francis.

6. _____ Quand Paul lui a présenté Marie, Francis l'a totalement ignorée.

7. _____ Francis a tout de suite décidé d'épouser Marie.

8. _____ Marie a revu Francis plusieurs fois après, par hasard.

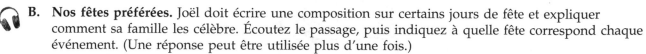 **B. Nos fêtes préférées.** Joël doit écrire une composition sur certains jours de fête et expliquer comment sa famille les célèbre. Écoutez le passage, puis indiquez à quelle fête correspond chaque événement. (Une réponse peut être utilisée plus d'une fois.)

NOUVEAU VOCABULAIRE

la fève dans la galette   *the charm in the cake*
malheureusement   *unfortunately*

1. _____ Le grand-père de Joël a oublié le muguet.

2. _____ Les camarades de Joël se sont moqués de lui.

3. _____ Son frère a trouvé la fève.

4. _____ Il n'a pas fait beau temps.

5. _____ Quelque chose est tombé sur la tête du chien.

6. _____ La grand-mère de Joël était furieuse.

7. _____ D'habitude, sa sœur a peur.

a. le 14 juillet
b. le 1er avril
c. le 6 janvier
d. la Chandeleur
e. le 1er mai

Activités écrites

A. Vocabulaire: Les fêtes. Trouvez la fête qui correspond à chaque description.

1. __*e*__ C'est la fête catholique où on pense aux gens qui sont morts.

2. _____ C'est une fête juive au mois de novembre ou de décembre.

3. _____ C'est la fête qui commémore la prise de la Bastille.

4. _____ C'est une fête qu'on célèbre à La Nouvelle-Orléans.

5. _____ C'est la fête des amoureux.

6. _____ C'est une fête chrétienne qui a lieu au printemps.

7. _____ Pour cette fête qui vient après Noël, les Français mangent une

galette spéciale.

8. _____ Pour cette fête, les Américains mangent beaucoup de dinde rôtie.

a. Pâques
b. la fête des Rois
c. le 14 juillet (la fête nationale)
d. Hanoukka
e. la Toussaint
f. la Saint-Valentin
g. le Jour d'action de grâce
h. le mardi gras

★ **Attention! Étudier Grammaire 6.7 et 6.8.**

B. Les fêtes américaines. Complétez les phrases avec le présent de **voir** ou **croire**.

MODÈLE: Dans les familles chrétiennes, beaucoup d'enfants *croient* au père Noël.

1. La veille du nouvel an (le 31 décembre), on _____ beaucoup de personnes dans la rue.

2. Dans ma famille, nous _____ qu'il faut faire des résolutions pour la nouvelle année.

3. Est-ce que l'enfant typique _____ au lapin de Pâques (*Easter bunny*)?

4. Moi, je _____ tous mes amis pendant les fêtes.

5. Nous _____ des feux d'artifice le 4 juillet.

6. Est-ce que vous _____ que les traditions sont importantes?

C. L'année d'Adrienne. Voici ce qu'Adrienne Petit a fait à l'occasion de différentes fêtes l'année dernière. Dites si vous avez fait la même chose ou non. Sinon, dites ce que vous avez fait. (Si vous ne célébrez pas ces fêtes, décrivez d'autres fêtes que vous célébrez.)

FÊTE	DATE	ACTIVITÉ
la fête des Rois	6 janvier	Elle a acheté une galette et elle a invité des amis chez elle.
le mardi gras	au mois de février	Elle est allée à un bal masqué.
le dimanche de Pâques	11 avril	Elle a aidé ses nièces et neveux à colorer des œufs.
la fête nationale	14 juillet	L'après-midi, elle a passé du temps avec ses amis et le soir, elle a dansé dans la rue.
Hanoukka	8 décembre	Elle est allée dîner chez des amis, où elle a joué au *dreidel.*
la veille de Noël	24 décembre	Elle est allée à la messe de minuit. Ensuite, Adrienne et sa famille ont ouvert leurs cadeaux.

MODÈLE: la fête nationale → Adrienne a passé du temps avec ses amis et dansé dans la rue le 14 juillet. Moi, j'ai regardé un défilé et des feux d'artifice le 4 juillet.

1. la fête des Rois _____

  _____

2. le mardi gras _____

  _____

3. Pâques _____

  _____

4. Hanoukka _____

  _____

5. la veille de Noël _____

  _____

D. **Composition: La fête que je préférais.** Décrivez la fête que vous préfériez quand vous étiez petit(e). Que faisiez-vous? Avec qui passiez-vous ce jour de fête d'habitude? Qu'est-ce que vous aimiez manger? Où aimiez-vous aller?

  MODÈLE: Quand j'étais petite, je préférais la Pâque (*Passover*). On allait toujours chez mes grands-parents, où je voyais tous mes cousins, les amis de famille... Ma grand-mère préparait le repas traditionnel...

  _____

  _____

  _____

  _____

  _____

  _____

Intégration

À l'écoute!

Le curé° de Cucugnan
D'après le conte d'Alphonse Daudet

prêtre, pasteur

L'abbé Martin était curé de… Cucugnan. Il aimait beaucoup ses Cucugnanais. Mais pour lui, Cucugnan n'était pas le paradis sur terre parce que les Cucugnanais n'allaient pas à la confession.* Tous les jours, l'abbé Martin implorait le bon Dieu de l'aider avec ce problème. Et vous allez voir que Dieu l'a entendu.

Un dimanche, l'abbé Martin a raconté un rêve qu'il avait fait la veille.° Les Cucugnanais l'ont écouté, d'abord avec un peu d'amusement, puis avec attention, et finalement, avec terreur. «Mes frères, a dit l'abbé Martin, croyez-moi, l'autre nuit, je me suis trouvé à la porte du Paradis. Saint-Pierre[†] m'a ouvert la porte. Mais imaginez ma surprise; il n'y avait pas de Cucugnanais au Paradis! Quoi! Pas de Cucugnanais au Paradis? Mais où étaient-ils, alors? Et Saint-Pierre m'a dit de les chercher au Purgatoire.[†] Alors, je suis allé au Purgatoire, mais personne de Cucugnan! Ensuite… je n'aime pas vous le dire, mais… j'ai pris la route de l'Enfer.° Et là,° j'ai trouvé tous les Cucugnanais.»

le soir avant

Hell / à l'Enfer

L'abbé Martin a fait la liste des Cucugnanais qu'il avait trouvés en Enfer: Dauphine, Caterinet… la liste en était longue. Et les Cucugnanais ont crié de terreur, car tout le monde a reconnu° soit un oncle soit° un cousin, sur la liste. Ensuite, le bon abbé a annoncé un programme très rapide et efficace° pour confesser tous les Cucugnanais. «Quand le linge est sale, il faut le laver», a-t-il dit. Il a confessé tout le monde et, depuis ce dimanche mémorable, les Cucugnanais sont pleins de vertus.° Dimanche dernier, l'abbé Martin leur a raconté un autre de ses rêves. Cette fois-ci, il a vu une grande procession de Cucugnanais en robe blanche qui montait vers le Paradis derrière lui.

recognized / soit… either . . . or / efficient

pleins… *filled with virtues*

Quel ordre? Mettez les phrases dans l'ordre chronologique.

_____ a.   L'abbé Martin a rêvé qu'il n'y avait pas de Cucugnanais au Paradis.

_____ b.   Les Cucugnanais ont eu très peur en écoutant la liste de l'abbé Martin.

_____ c.   L'abbé Martin a rêvé que tous les Cucugnanais étaient allés au Paradis.

_____ d.   Les Cucugnanais n'allaient pas à la confession.

_____ e.   L'abbé Martin a confessé tout le monde.

---

*Confession (or penitence) is one of the sacraments of the Catholic Church.
[†]Saint Peter, the first and most important disciple of Christ, is believed by some Christians to guard the gates of heaven.
[‡]For Catholics, purgatory is a place of temporary punishment in the afterlife.

À vos stylos! ✏️

Situation: Votre professeur de français vous demande d'écrire une description de votre enfance. Il/Elle va lire les paragraphes en classe et la classe va essayer d'identifier les personnes décrites.

Intention: Vous voulez écrire une description que vos camarades de classe peuvent reconnaître mais qui n'est pas trop évidente.

Méthode: Faites la liste des adjectifs et des traits physiques (couleur de vos cheveux…) qui décrivent l'enfant que vous étiez. Ajoutez-y quelques activités que vous faisiez régulièrement. Enfin, écrivez le paragraphe, en utilisant l'imparfait.

MODÈLE: Quand j'étais petit, j'étais blond: je n'avais pas les cheveux châtains comme maintenant. À cette époque-là, je n'étais pas très sportif…

_____

_____

_____

_____

_____

_____

_____

_____

_____

_____

_____

🎧 Rencontres

Épisode 6: Pertes et déceptions

Avant l'écoute. D'après les informations de l'épisode précédent, indiquez si les phrases suivantes sont vraies (**V**) ou fausses (**F**).

1. _____ Steve a remarqué un homme moustachu avec des lunettes.

2. _____ Quelqu'un a volé le portefeuille de Steve à la piscine.

3. _____ Steve est allé au commissariat déclarer le vol.

Situation: Le lendemain chez les Lefèvre, Annick décide d'emmener Steve au commissariat de police.

NOUVEAU VOCABULAIRE

une perte	*loss*	le moindre	*the slightest*
emmener	*to bring*	un portable	*cell phone*
ce n'est pas la peine	*it's no use*	mon chou	*my darling*
épouser	*to marry*	une gifle	*a slap in the face*
nul(le)	*worthless*		

Après l'écoute. Formez des phrases en utilisant des éléments de chaque colonne. Remarquez que certains personnages seront mentionnés dans plus d'une phrase.

1. _____ Jean-Claude…

2. _____ Annick…

3. _____ Steve…

4. _____ Raphaël…

5. _____ Le policier…

6. _____ Virginie…

7. _____ Nathalie…

a. emmène Steve en ville.
b. est supposé aller à la bibliothèque.
c. veut aller au commissariat.
d. est la petite amie de Raphaël.
e. doit aller faire des courses.
f. se retrouve face à deux amies.
g. lit le journal.
h. ne comprend pas le nom qu'on lui dit.
i. donne une gifle à Raphaël.
j. veut aller au concert avec Virginie.

La prononciation et l'orthographe

Vowel combinations

French has combinations of two or three vowels that often represent a single vowel sound. These vowel combinations generally include **i** or **u**.

A. The combination *ou*. The combination **ou** is always pronounced like the vowel sound of the word *group*. We use the symbol [ou] to represent this sound.

Écoutez et répétez: douze / rouge / moustache / vous écoutez / nous tournons

Now compare and contrast the [ü] sound with the [ou] sound.

Écoutez et répétez: tu / tout   du / doux

vue / vous   lu / loue

B. The combinations *au* and *eau*. These are both pronounced like the final sound of *auto* and represented by the symbol [ó].

Écoutez et répétez: chapeau jaune / nouveau manteau / au beau bureau / gâteau chaud

C. **The combinations *eu* and *œu*.** These can correspond to two different sounds:

- They are sometimes pronounced like the vowel sound in the word *purr*. We use the symbol [éu] to represent this sound. This sound most often appears at the end of a word (with or without a silent consonant) or before an **s** pronounced as [z]. Listen carefully: **veut, feu, heureuse.**
- They are sometimes pronounced like the vowel sound in the word *cuff*, but with rounded lips. We use the symbol [èu] for this sound. This sound occurs mostly at the end of a word when followed by a pronounced consonant other than [z]. Listen carefully: **peur, veulent.**

Compare and contrast the [éu] and [èu] sounds in the following pairs of words.

Écoutez et répétez: eux / heure   feu / feuille

                   peu / peur   veut / veulent

                   ceux / sœur   peut / peuvent

D. **The combinations *oi* and *oin*.** These combinations have the following sounds: [wa] and [wẽ]. Listen carefully: **quoi, coin.** Compare and contrast these sounds in the following pairs of words.

Écoutez et répétez: moi / moins   joie / joint

                   loi / loin   recevoir / besoin

                   soif / soin

E. **The combinations *ai* and *ei*.** These have the [è] sound in a final syllable followed by a pronounced consonant sound. Listen carefully: **semaine, Seine.** When followed by a written consonant that is not pronounced, they usually have the [é] sound: **anglais.**

Écoutez et répétez: chaise / semaine / il aime / la Seine / j'enseigne / peigne / aider / aimer / aigu / aisé

F. **The combinations, *il, ill,* and *ille*.** These can correspond to three slightly different sounds:

- **ill** and **ille** are generally pronounced as [iy]: **famille, fille.**
- **ill** and **ille** are sometimes pronounced [il]: **ville, villa, mille, million.**
- **il, ill,** or **ille** following a vowel is pronounced as [y]: **Versailles, Marseille, Montreuil.**

Écoutez et répétez: la fille s'habille
                   ville / villa / mille / tranquille
                   le travail / il travaille / feuille / se réveiller

G. **The letters *i, u,* and *ou* as vowels and parts of diphthongs.** These can form syllables by themselves: **si, tu, tout.** They can also blend with another vowel to form a diphthong: **bien, lui, oui.** In the following exercise, be sure to pronounce the diphthongs as a single syllable.

Écoutez et répétez: vient / troisième / depuis / je suis / dernier / viande / huit / ils viennent

Dictée

Les souvenirs de Raoul. Vous entendrez la dictée trois fois. La première fois, écoutez. La deuxième fois, écrivez ce que vous entendez. La troisième fois, écoutez pour vérifier ce que vous avez écrit.

_____

_____

_____

_____

_____

_____

_____

_____

_____

Le verbe français

The imperfect tense

A. Formation of the imperfect. A present tense verb form is composed of a stem and a person ending. A verb in the imperfect tense has, in addition, a special marker to show that it is imperfect. This marker appears between the stem and the ending. The imperfect marker is **-ai-** for the L-forms and **-i-** for the **nous** and **vous** forms. Note these markers in combination with the endings **-s, -s, -t,** and **-ent** in the following charts.

To derive the stem required for the imperfect, remove the **-ons** ending from the **nous** form of the present: **parl-ons, finiss-ons, vend-ons.**

Écoutez et répétez:

parler			
je	parlais	nous	parlions
tu	parlais	vous	parliez
il/elle	parlait	ils/elles	parlaient

finir			
je	finissais	nous	finissions
tu	finissais	vous	finissiez
il/elle	finissait	ils/elles	finissaient

vendre			
je	vendais	nous	vendions
tu	vendais	vous	vendiez
il/elle	vendait	ils/elles	vendaient

B. Verbs with spelling changes. Let's review some first conjugation verbs with spelling changes. Stems ending in **c** or **g** change the **c** to **ç** (with a cedilla) or **g** to **ge,** respectively, before endings beginning with the vowels **a** or **o.** Since the L-forms of the imperfect begin with the vowel **a,** these changes must take place in all of those forms.

Écoutez et répétez:

commencer			
je	commençais	nous	commencions
tu	commençais	vous	commenciez
il/elle	commençait	ils/elles	commençaient

manger			
je	mangeais	nous	mangions
tu	mangeais	vous	mangiez
il/elle	mangeait	ils/elles	mangeaient

C. Irregular verbs. Except for **être,** verbs that are irregular in the present tense are regular in the imperfect. As with regular verbs, the imperfect stem of irregular verbs is generated by deleting the **-ons** ending from the **nous** form of the present tense. Here are some examples of the different kinds of irregular verbs. Read through the following chart while you listen to and repeat the imperfect forms.

Écoutez et répétez:

INFINITIVE	**nous** FORM OF PRESENT	STEM	IMPERFECT
dormir	nous dormons	dorm-	je dormais
mettre	nous mettons	mett-	je mettais
écrire	nous écrivons	écriv-	j'écrivais
dire	nous disons	dis-	je disais
connaître	nous connaissons	connaiss-	je connaissais
prendre	nous prenons	pren-	je prenais
voir	nous voyons	voy-	je voyais
savoir	nous savons	sav-	je savais
avoir	nous avons	av-	j'avais
aller	nous allons	all-	j'allais
faire	nous faisons	fais-	je faisais

D. Present vs. imperfect of *nous* and *vous* forms. In the **nous** and **vous** forms, for most verbs, the only difference between the present and the imperfect is the **i** preceding the person ending.

Écoutez et répétez:

PRESENT	IMPERFECT
nous parlons	nous parlions
vous employez	vous employiez
nous finissons	nous finissions
vous vendez	vous vendiez
nous connaissons	nous connaissions
vous lisez	vous lisiez

E. The verb *être*. The verb **être** has a special stem for the imperfect: **ét-**.

Écoutez et répétez:

être			
j'	étais	nous	étions
tu	étais	vous	étiez
il/elle	était	ils/elles	étaient

Vérifions!

Cover the preceding information with a piece of paper and see if you can complete the following chart. Then check your work and review any areas of uncertainty.

	chanter	choisir	rendre	placer	nager	dire	être
Paul	*chantait*						*était*
vous			*rendiez*		*nagiez*		
Ali et moi							
les profs				*plaçaient*			
tu						*disais*	
je (j')		*choisissais*					

Intégration des verbes

La colo. Claudine Colin et Christine Lasalle racontent leurs souvenirs des colonies de vacances (*summer camps*). Complétez leur conversation avec l'imparfait des verbes indiqués.

CHRISTINE: Je me souviens, à partir de l'âge de cinq ans, ma mère m'_____¹ (envoyer) en colo tous les étés. Et je n'_____² (aimer) pas ça. Moi je n'_____³ (être) pas sportive. Alors, je me souviens, quand il _____⁴ (falloir) faire une promenade, je _____⁵ (dire) toujours, «Ah non, j'y vais pas!» Je _____⁶ (préférer) les travaux manuels (*arts and crafts*).

CLAUDINE: Oui, les activités où tu _____⁷ (rester) bien assise (*seated*), c'est ça?

CHRISTINE: Oui, c'est ça. C'_____⁸ (être) amusant, et on _____⁹ (faire) toutes sortes de trucs. Mais les promenades, l'activité physique, j'_____¹⁰ (avoir) horreur de ça!

CLAUDINE: Moi, au contraire, j'_____¹¹ (adorer) tous les jeux où on _____¹² (bouger [*to move*]), où on n'_____¹³ (être) pas assis. Je ne _____¹⁴ (pouvoir) pas tenir en place.

CHAPITRE 7

À table!

Les aliments et les boissons

Activités de compréhension

On n'a plus rien dans le frigo! Agnès vient d'ouvrir le frigo et il est vide! Elle décide avec sa colocataire, Sarah, d'aller au supermarché. Indiquez si les phrases sont vraies ou fausses.

NOUVEAU VOCABULAIRE

une biscotte	*pre-toasted slice of bread*	un régime	*diet*
ajouter	*to add*	les matières grasses	*fats*

Vrai (**V**) ou faux (**F**)?

1. _____ Sarah et Agnès vont à Casino parce que c'est le supermarché le plus près de chez elles.

2. _____ Elles mangent des yaourts au petit déjeuner.

3. _____ Elles ne mangent pas de bacon.

4. _____ Elles mangent de la soupe au déjeuner.

5. _____ Pour le dîner, elles vont acheter du poulet et du poisson.

6. _____ Sarah propose d'acheter des desserts.

7. _____ Agnès veut suivre un régime pour maigrir.

Activités écrites

A. Vocabulaire: Cherchez l'intrus. Identifiez les aliments qui ne sont pas associés normalement avec les plats ou les repas suivants. (Certaines questions ont plus d'une réponse.)

1. au petit déjeuner:
   a. du rosbif   b. un fruit   c. des œufs   d. du pain

2. comme salade:
   a. une tomate   b un concombre   c. des frites   d. des radis

3. dans une soupe aux légumes:
   a. des haricots verts   b. des carottes   c. du poisson   d. des yaourts

4. au dîner:
   a. des haricots verts   b. des hors-d'œuvres   c. de la confiture   d. du rosbif

5. dans un plat végétarien:
   a. des radis   b. des haricots   c. une côtelette de porc   d. du poulet

6. comme dessert:
   a. une tarte aux pommes   c. une part de pizza
   b. une glace à la vanille   d. du gâteau au chocolat

★ **Attention! Étudier Grammaire 7.1 et 7.2.**

B. **Coutumes internationales.** Complétez les phrases avec des articles partitifs (**du, de la, de l'**), des articles indéfinis (**un, une, des**) ou **de.**

1. Au petit déjeuner, les Américains aiment prendre _____ céréales et beaucoup _____ café.

2. En Russie, on mange _____ poisson fumé au petit déjeuner.

3. Au dîner en France, on prend souvent _____ soupe. Les enfants ne boivent pas _____ lait.

4. Au Sénégal, on mange _____ plat qui contient _____ poulet, _____ citron et _____ épices.

Complétez les phrases suivantes avec des articles partitifs, des articles indéfinis, des articles définis (**le, la, l', les**) ou **de.**

5. En Angleterre, on aime _____ thé et on prend _____ marmelade (*f.*) au petit déjeuner.

6. Au Mexique, on boit un verre _____ tequila avec _____ citron vert et un peu _____ sel.

7. On utilise beaucoup _____ légumes dans _____ cuisine chinoise.

8. Dans beaucoup de pays, on prend _____ fruits comme dessert.

9. Aux États-Unis, beaucoup de gens n'aiment pas _____ viande saignante.

C. **Les boissons favorites.** Complétez les phrases avec des formes de **boire.** Puis répondez à la question en utilisant **du, de la** ou **de l'.**

MODÈLE: Que *buvez*-vous dans un fast-food? → Je bois *du* coca.

1. Qu'est-ce que vous _____ quand vous avez très soif?

    _____

2. Que _____ les bébés le plus souvent?

    _____

3. Qu'est-ce qu'un gourmet typique _____ avec son dîner?

   _____

4. Est-ce que nous _____ beaucoup de bière en Amérique du Nord?

   _____

5. Vos amis et vous, que _____-vous dans les soirées?

   _____

Que manger avant le running?

Christine Drouard

Vous pratiquez régulièrement ce sport? Selon l'heure choisie, vos besoins alimentaires sont différents. Voici trois mini-menus pour courir sans soucis.

Vous courez le matin
→Optez pour un petit déjeuner copieux composé d'un bol de lait (ou d'un yaourt) avec des céréales (50 g), de trois tranches de pain avec du beurre, d'un peu de miel[a] ou de confiture et d'un fruit frais.

Vous courez l'après-midi
→ A l'heure du déjeuner prenez un repas léger constitué de crudités assaisonnées raisonnablement, d'une escalope de dinde ou de poulet[b] (120 g) accompagnée de pâtes[c] ou de pommes de terre (200 g) et d'un fruit frais.

Vous courez en fin de journée
→ Prenez une collation[d] qui comprendra à la fois une barre énergétique aux céréales, un yaourt nature et un fruit frais.

conseil

Petit déjeuner et déjeuner doivent être pris au minimum trois heures avant de courir, de manière à ce que l'organisme puisse les assimiler.

Remerciements à Brigitte Coudray du Cerin

[a]*honey* [b]*chicken* [c]*pasta* [d]*snack*

D. Les besoins alimentaires. Lisez l'article, puis dites si les phrases sont vraies (**V**) ou fausses (**F**). Si fausses, barrez (*cross out*) la partie incorrecte et écrivez la correction à sa place.

1. _____ On doit prendre le petit déjeuner et le déjeuner au moins trois heures avant de courir.

2. _____ Avant de courir le matin, il vaut mieux manger une collation qui comprend une barre énergétique aux céréales, un yaourt nature et un fruit frais.

3. _____ On recommande aux coureurs de manger du bacon et des œufs le matin.

4. _____ Comme déjeuner, on doit manger 500 grammes de poulet ou de dinde.

5. _____ Un fruit frais est recommandé à chaque repas ou collation.

À vous la parole! Est-ce que vous faites du sport? Lequel? (Sinon, pourquoi pas?) Quels aliments vous donnent le plus d'énergie? Les mangez-vous toujours avant de faire de l'activité physique? Pourquoi?

_____

_____

_____

_____

_____

E. Préférences. Quels sont les aliments et les boissons préférés de vos parents, vos sœurs et frères, votre mari/femme, votre petit ami (petite amie), votre chien ou votre chat? Décrivez les goûts de trois personnes (ou animaux).

MODÈLE: Mon amie Annie adore le poisson avec du citron, les artichauts, les pommes de terre frites et le gâteau au chocolat. Elle aime boire du thé glacé et, parfois, du vin blanc.

1. _____

_____

2. _____

_____

3. _____

_____

On fait les provisions

Activités de compréhension

 A. Les supermarchés Casino. Vous allez entendre une publicité pour la chaîne de supermarchés Casino. Complétez les phrases d'après la publicité.

NOUVEAU VOCABULAIRE

la meilleure qualité	*the best quality*	de bonnes affaires	*bargains*
frais	*fresh*	dépenser moins	*to spend less*

1. Les supermarchés Casino offrent la meilleure _____, les meilleurs

   _____ et la meilleure _____.

2. Tous leurs produits sont toujours _____.

3. En promotion cette semaine:

   • les jus d'orange ou d'abricot à _____ euros le litre.

   • le jambon à _____ euros.

   • les yaourts à _____ euros.

   • la glace à la vanille à _____ euros le bac.

   • le bifteck à _____ euros le kilo.

B. **Les fromages «La Prairie».** Écoutez cette publicité pour les fromages «La Prairie». Puis indiquez si les phrases suivantes sont vraies ou fausses.

NOUVEAU VOCABULAIRE

gourmand (*m.*)	*glutton*	tartiner	*to spread* (*on bread*)
le rayon	*department*	un plateau	*tray*
des pâtes molles	*soft cheeses*		

Vrai (**V**) ou faux (**F**)?

1. _____ On vend les fromages «La Prairie» dans les supermarchés.

2. _____ Il n'y a qu'une sorte de fromage «La Prairie».

3. _____ Ces fromages n'ont pas plus de 40 % de matières grasses.

4. _____ D'après la pub, toute la famille aime les fromages «La Prairie».

5. _____ Le fromage est une source de protéines et de vitamine C.

Activités écrites

A. **Vocabulaire: Les aliments.** Classez les aliments donnés à la page suivante et dites où on peut les acheter en France.

Catégories: des fruits, des légumes, un produit laitier, de la viande, du poisson, un fruit de mer, une boisson

Magasins: (dans) une boucherie, une charcuterie, une épicerie, une poissonnerie; chez le marchand de… (fruits, légumes, vins)

MODÈLE: les citrons → Les citrons sont des fruits. On peut en acheter chez le marchand de fruits.

1. les cerises _____

_____

_____

2. le beurre _____

_____

_____

3. les pommes de terre _____

_____

_____

4. le bœuf _____

_____

_____

5. le vin _____

_____

_____

6. les saucisses _____

_____

_____

7. les pêches _____

_____

_____

8. le saumon _____

_____

_____

9. le homard _____

_____

_____

Attention! Étudier Grammaire 7.3.

B. Habitudes alimentaires. Dites si vous aimez chaque plat ou aliment, et si vous en mangez ou si vous en buvez souvent.

MODÈLE: le gâteau au chocolat →
Moi, j'adore le gâteau au chocolat. J'en mange de temps en temps.

1. les crevettes _____
_____

2. les champignons _____
_____

3. le jus d'orange _____
_____

4. le camembert (un fromage) _____
_____

5. la moutarde de Dijon _____
_____

6. l'eau minérale _____
_____

7. le poulet rôti _____
_____

8. la soupe aux carottes _____
_____

C. Habitudes françaises. Regardez ce tableau qui compare l'évolution de la consommation de certains aliments en France. Ensuite, dites si vous êtes d'accord ou non avec les phrases, et justifiez votre opinion en utilisant le pronom **en.**

MODÈLE: Les Français ont consommé plus de lait frais en 1990 qu'en 1970. →
Non, ils en ont consommé moins.

Un an de nourriture

Evolution des quantités de certains aliments consommés par personne et par an (en kg ou litre):

	1970	1990	2002
- Pommes de terre (kg)	95,6	62,4	69,2
- Légumes frais (kg)	70,4	88,3	90,6
- Bœuf (kg)	15,6	17,6	14,3
- Volaille[a] (kg)	14,2	22,2	23,8
- Œufs (kg)	11,5	14,3	14,5
- Poissons, coquillages, crustacés (kg)	9,9	14,7	13,7
- Lait frais (litre)	95,2	68,2	64,1
- Huile alimentaire (kg)	8,1	11,4	10,1
- Sucre (kg)	20,4	10	6,8
- Vins courants[b] (litre)	95,6	46	34,7
- Vins AOC (litre)	8	23,5	26,8
- Bière (litre)	41,4	39,7	32
- Eaux minérales et de source (litre)	39,9	92,4	161,6

[a]*poultry* [b]*ordinary*

Source of data: INSEE

Les Français...

1. ont consommé autant d'œufs en 2002 qu'en 1970.

   _____

2. ont bu très peu d'eau minérale en 2002.

   _____

3. ont utilisé moins de sucre en 1970 qu'en 1990.

   _____

4. ont mangé autant de bœuf en 2002 qu'en 1990.

   _____

5. ont acheté plus de vins de bonne qualité (AOC) en 1970 qu'en 1990.

   _____

À vous la parole! Les Français d'aujourd'hui s'intéressent beaucoup à la valeur nutritive et au contenu calorique des aliments. Lisez le tableau et citez au moins trois exemples qui reflètent cette tendance. Est-ce qu'on peut dire la même chose des Américains (ou des habitants de votre pays d'origine)? Pourquoi?

_____

_____

_____

_____

_____

★ **Attention! Étudier Grammaire 7.4.**

   D. Catastrophe alimentaire. Pendant que Florence et Édouard étaient partis quelques jours, il y a eu une panne d'électricité chez eux. À leur retour, ils découvrent les dégâts (*damage*) dans le frigo. Complétez les phrases avec la forme appropriée de **tout** (**tout, tous, toute, toutes**).

   VINCENT: _____[1] le lait et _____[2] les œufs sont pourris (*spoiled*)!

   FLORENCE: Quel dommage! Nous devons jeter à la poubelle (*throw in the trash*) _____[3] la glace et _____[4] les yaourts (*m.*)

   VINCENT: Et aussi _____[5] le beurre.

   FLORENCE: Tu penses que _____[6] la viande est pourrie?

   VINCENT: Sans doute. Et _____[7] mes pizzas congelées aussi.

   FLORENCE: Quel gâchis (*What a mess*)! Ça va coûter cher, mais je crois que nous devons _____[8] jeter.

L'art de la cuisine

Activités de compréhension

A. Impossible de se décider! Ousmane et Adrienne veulent aller dîner au restaurant, mais Adrienne a beaucoup de mal à se décider. Choisissez la phrase qui décrit le mieux la réaction d'Adrienne à chacune des suggestions d'Ousmane.

NOUVEAU VOCABULAIRE

avoir du mal (à)	*to have trouble*	épicé(e)	*spicy*
ça fait grossir	*that makes you gain weight*	tu as de drôles d'idées	*what a crazy idea*

1. la Maison du Steak
   a. Les prix sont trop élevés.
   b. Adrienne ne veut pas manger de viande.
   c. Elle y a déjà mangé la semaine passée.

2. le restaurant italien
   a. Adrienne n'aime pas les pâtes.
   b. Les pizzas font grossir.
   c. Elle n'aime pas la pizza.

3. le restaurant indien
   a. Les prix sont trop élevés.
   b. Ils n'ont que du curry.
   c. Adrienne n'aime pas les plats très épicés.

4. La Marée
   a. Adrienne n'exprime pas d'objection claire.
   b. Elle n'aime pas les fruits de mer.
   c. Ils n'ont pas de coquilles Saint-Jacques.

5. McDo (McDonald's)
   a. Ça fait grossir.
   b. C'est une suggestion bizarre.
   c. C'est une bonne idée.

6. Finalement, Adrienne propose d'aller dans un restaurant _____.

B. Bon anniversaire de mariage! Christine et Bernard Lasalle célèbrent aujourd'hui leur anniversaire de mariage. Ils sont en train de décider de ce qu'ils vont faire. Choisissez les aliments qui sont mentionnés dans le dialogue.

NOUVEAU VOCABULAIRE

rajouter	*to add*	de la noix de muscade	*nutmeg*
du gruyère râpé	*grated Swiss cheese*	(Paul) Bocuse	*famous French chef*
des blancs (*m.*) d'œufs	*egg whites*	je t'emmène	*I'm taking you*

1. Bernard propose pour le menu _____.
   a. une salade verte
   b. un soufflé
   c. des escalopes de veau
   d. un plateau de fromages
   e. une soupe aux champignons
   f. une mousse au chocolat

2. La recette du soufflé au fromage contient les ingrédients suivants:
   a. de la sauce béchamel
   b. du fromage blanc
   c. du gruyère râpé
   d. des blancs d'œufs
   e. des jaunes d'œufs
   f. du sel et du poivre

Activités écrites

A. Vocabulaire: La table et les plats. Cherchez la bonne définition pour chaque objet ou chaque plat.

1. _____ un couvert
2. _____ un couteau
3. _____ une assiette
4. _____ une quiche
5. _____ des provisions
6. _____ une salade niçoise
7. _____ une bouillabaisse
8. _____ une recette de cuisine
9. _____ une sauce vinaigrette
10. _____ des coquilles Saint-Jacques

a. des produits qu'on achète pour préparer un repas
b. une salade composée de légumes, de thon, d'œufs durs et d'huile d'olive
c. une tarte à base d'œufs et de crème
d. l'ustensile de table utilisé pour couper
e. des fruits de mer
f. les ustensiles de table pour une personne
g. la pièce de vaisselle plate où on met des aliments
h. les indications pour préparer un plat
i. une soupe composée de poissons et de fruits de mer
j. un mélange d'huile, de vinaigre et d'épices

★ **Attention! Étudier Grammaire 7.5.**

B. **Devinettes.** Les étudiants de Mme Martin se posent des questions sur la cuisine en France. Complétez chacune de leurs questions avec **qui, qu'est-ce qui, que, qu'est-ce que, quel(le)(s)** ou **quoi**. Ensuite, complétez la réponse à l'aide d'un terme de la liste.

> **Les réponses:** une bouillabaisse; un cuisinier; une crème caramel; des blancs d'œufs et du fromage; des œufs, du jus de citron et de l'huile; du poisson et des fruits de mer; du poulet ou du poisson

1. DENISE: _____ est fait de lait, d'œufs et de sucre caramélisé?

   C'est un dessert populaire en France.

   ÉTIENNE: C'est _____.

2. BARBARA: Avec _____ boit-on un vin blanc sec?

   ALBERT: On prend un vin blanc sec avec _____.

3. JACQUELINE: _____ on met dans une sauce mayonnaise?

   LOUIS: On y met _____.

4. ALBERT: _____ mangent beaucoup de touristes qui vont à

   Marseille?

   ÉTIENNE: C'est facile! Ils mangent _____.

5. LOUIS: Avec _____ fait-on la bouillabaisse?

   DENISE: On la fait avec _____.

6. ÉTIENNE: _____ prépare les plats dans un bon restaurant?

   BARBARA: C'est _____ qui les prépare.

7. DENISE: _____ sont les ingrédients principaux d'un soufflé au

   fromage?

   BARBARA: Ce sont _____.

C. **Préférences alimentaires.** Complétez ce tableau pour indiquer vos préférences et pour savoir si vous mangez un régime très nutritif ou pas. Ensuite, écrivez votre conclusion.

aliments nutritifs que j'aime beaucoup
aliments nutritifs que je n'aime pas
aliments non-nutritifs ou mauvais pour la santé que je consomme

Conclusion: _____

_____

Au restaurant

Activités de compréhension

A. Un bon restaurant. Jean-Yves et Agnès se retrouvent après les cours et vont déjeuner dans un restaurant au Quartier latin. Écoutez la conversation avec le serveur et cochez (✓) les plats choisis par Agnès ou par Jean-Yves.

NOUVEAU VOCABULAIRE

vous convient-elle?	*does it suit you?*	le gigot	*leg of lamb*
la sole meunière	*sole lightly floured and sauteed in butter*	le potage	*soup*
		le flan	*custard tart*
le pâté de campagne	*seasoned meat paste*	les profiteroles (f.)	*miniature cream puffs*

LES ENTRÉES

_____ la soupe de poissons

_____ le pâté de campagne

_____ le potage de légumes

_____ la quiche

LES PLATS

_____ la sole meunière

_____ le rôti de porc

_____ le gigot

_____ la bouillabaisse

LES DESSERTS

_____ la tarte aux pommes

_____ une glace

_____ un sorbet

_____ les profiteroles au chocolat

B. Le restaurant Casablanca. Voici une publicité pour le restaurant Casablanca. Écoutez-la, puis indiquez si les phrases sont vraies ou fausses.

NOUVEAU VOCABULAIRE

le Maghreb	*North Africa*	souper	*to eat supper*
le méchoui	*barbecued mutton*	l'arrondissement (m.)	*district in Paris*
l'ambiance (f.)	*atmosphere*		

Vrai (**V**) ou faux (**F**)?

1. _____ Le restaurant Casablanca se trouve au Maroc.

2. _____ Le restaurant vous offre une grande variété de spécialités végétariennes.

3. _____ Il offre aussi une ambiance agréable avec de la musique.

4. _____ Le Casablanca se trouve au 15 avenue de l'Opéra.

5. _____ On peut réserver en appelant le 01.45.07.12.79.

Activités écrites

A. **Vocabulaire: Au restaurant.** Joël décrit un dîner avec ses parents. Complétez les phrases avec les termes de la liste suivante.

>   l'addition   commande   le pourboire   le service
>   un biftteck saignant le maître d'hôtel   la serveuse   le sommelier

1. _____ nous a conduits à notre table.

2. _____ est venu avec la liste de vins.

3. Ensuite, quelqu'un a pris notre _____.

4. Papa a commandé _____ et Maman a choisi le coq au vin.

5. Un peu plus tard, _____ a apporté notre dîner.

6. Après le dessert, Papa a payé _____.

7. Il a noté que _____ n'était pas compris dans l'addition.

8. Alors, il a laissé _____ sur la table et nous sommes partis.

★ **Attention! Étudier Grammaire 7.6 et 7.7.**

B. **Un dîner spécial.** M. et M^mc Martin sont allés dans un restaurant français de La Nouvelle-Orléans pour fêter leur anniversaire de mariage. Dites ce qu'ils sont *en train de faire* sur chaque image.

MOTS À UTILISER

>   manger le dessert   prendre du fromage
>   porter un toast   servir le dîner
>   prendre le café   terminer un plat

1. *M. et Mme Martin sont en train de choisir leurs plats.*

2. Le chef est en train de _____

3. Le serveur _____

4. _____

5. _____

6. _____

7. _____

C. **Un dîner chez Julien.** Bénédicte, la petite amie de Julien, a eu une promotion à son travail. Pour fêter l'occasion, Julien a invité des amis à dîner chez lui. Combinez les deux phrases en employant **avant de** + infinitif ou **après** + infinitif passé.

> MODÈLE: Julien a préparé une sauce tomate. Puis, il a fait bouillir (*boiled*) des pâtes. →
> *Avant de faire bouillir* des pâtes, Julien a préparé une sauce tomate. *ou*
> *Après avoir préparé* une sauce tomate, Julien a fait bouillir des pâtes.

1. Julien a mis une belle nappe (*tablecloth*) sur la table. Puis, il a mis les couverts.

   Avant de _____

   _____

2. Il a allumé des bougies (*candles*). Puis, il a éteint toutes les lumières.

   Après _____

   _____

3. Il a goûté le vin. Puis, il a servi le vin.

   Avant de _____

   _____

4. Il a passé les plats et le pain. Puis, il a dit «bon appétit».

   Après _____

   _____

5. Il a fait du café. Puis, il a servi le dessert.

   Avant de _____

   _____

6. Il a offert une liqueur à ses invités. Puis, il a porté un toast en l'honneur de Bénédicte.

   Après _____

   _____

7. Il est sorti brièvement de la salle à manger. Il est revenu avec un cadeau qu'il a offert à Bénedicte.

   Après _____

   _____

D. Dans le Midi. Voici des publicités pour quelques restaurants qui se trouvent à Marseille. Lisez-les et dites si les phrases suivantes sont vraies (**V**) ou fausses (**F**). Si elles sont fausses, corrigez-les.

○ LES BONNES TABLES

LA PÊCHERIE (Port de pêche de Saumaty, tél. 04.91.46.24.33). —Spécialités de grillades de poissons, coquillages, bourride, bouillabaisse. Menu : 20 à 45 € plus carte. Salle panoramique pour banquets, mariages, séminaires. Parking privé, gardé, gratuit. Fermé dimanche soir et lundi.

DIMITRI (6, rue Méolan, 13001 Marseille, tél. 04.91.54.09.68). —Fermé dimanche et lundi. Traiteur, épicerie fine, cuisine russe et hongroise. Menu et carte : Blinis, Strogonoff, Goulasch, etc.

CIRCUS (5, rue du Chantier, 13007 Marseille, tél. 04.91.33.77.22 et 04.91.33.75.06). —« Diner - spectacle - discothèque ». Un dîner sans couteaux ni fourchettes. Une ambiance décontractée. Ouvert les jeudis, vendredis, samedis. Possibilité de soirées privées les autres jours de la semaine, 40 € tout compris. Le menu et le spectacle changent tous les mois. Réservations obligatoires.

PIZZERIA PORTOFINO (93, Promenade de la Plage, 13008 Marseille, tél. 04.91.71.49.42). — Fermé le lundi. Les vraies spécialités italiennes, aubergines à la parmesane, moules farcies au four, chaussons à la Portofino. Site agréable, vue panoramique sur mer.

ASHOKA (RESTAURANT INDIEN) (7, rue Fortia, place Thiars, Vieux-Port, côté Supermarché Anglo-French, 13001, tél. 04.91.33.18.80).—Spécialités tandori, khorma, byrianis, curry, grillades de poissons à l'indienne, plats à emporter. Ouvert tous les midis et soirs sauf le lundi. Terrasse extérieure 40 places. Nouveau parking du cours d'Estienne-d'Orves situé à 10 mètres.

1. _____ On peut danser à *La Pêcherie*.

_____

2. _____ On sert des plats russes et hongrois chez *Dimitri*.

_____

3. _____ *Ashoka* offre des spécialités indiennes.

_____

4. _____ On ne peut pas dîner à *La pizzeria Portofino* le dimanche.

_____

5. _____ *La pizzeria Portofino* a une vue panoramique sur mer.

_____

6. _____ On n'utilise ni (*neither*) fourchette ni (*nor*) couteau au *Circus*.

_____

7. _____ *Ashoka* offre des plats à emporter (plats à manger à la maison).

_____

8. _____ On peut manger de la bouillabaisse au *Circus*.

_____

E. Composition: Un dîner mémorable. Décrivez une soirée imaginaire que vous avez passée dans un des restaurants mentionnés dans les publicités de l'exercice précédent. Qu'est-ce que vous avez mangé et bu? Avec qui y êtes-vous allé(e)? Comment étaient l'ambiance et le service? Vous êtes-vous bien amusé(e)s?

MODÈLE: L'année dernière, pour fêter l'anniversaire de mon petit frère, ma famille et moi, nous sommes allés au *Circus*.

C'est un restaurant très amusant où…

_____

_____

_____

_____

_____

_____

_____

_____

_____

_____

Intégration

 À l'écoute!

Le jugement
Adapté d'une histoire de Rabelais

Un jour, un pauvre° mangeait son pain devant une rôtisserie à Paris. À l'intérieur, il pouvait voir toutes les bonnes choses sur le feu du rôtisseur.° Tout d'un coup, le rôtisseur l'a vu et lui a demandé ce qu'il faisait là. Le pauvre a répondu qu'il sentait° les bonnes odeurs des rôtis en mangeant° son pain. En entendant cela, le rôtisseur s'est fâché et lui a demandé de l'argent pour sentir l'odeur de ses viandes. Le pauvre a refusé de le payer, les deux hommes ont commencé à se disputer et beaucoup de spectateurs se sont approchés pour écouter la dispute.

Un homme qui passait dans la rue a demandé la raison de la dispute. Quand il a entendu l'histoire, il a demandé que le pauvre lui donne une pièce de monnaie. Ensuite, il a jeté° la pièce par terre plusieurs fois, en écoutant le bruit qu'elle faisait quand elle frappait° la rue. Enfin, il a dit au pauvre: «Vous avez senti les odeurs des rôtis. Alors, vous devez payer le rôtisseur.» Puis, se retournant vers le rôtisseur, il a continué: «Et vous, vous avez entendu le son° de la pièce de monnaie. Donc,° vous êtes assez payé.»

À ces mots, les spectateurs ont éclaté de rire,° car ils ont trouvé que l'affaire avait été jugée d'une manière très équitable.

≠ riche
homme qui travaillait
  à la rôtisserie
smelled / en…
  pendant qu'il
  mangeait

a… *tossed*
struck

bruit
Alors
ont… *burst out
  laughing*

Indiquez si les phrases sont vraies (**V**) ou fausses (**F**).

1. _____ Le pauvre a mangé un morceau de rôti devant la rôtisserie.

2. _____ Le rôtisseur a voulu faire payer l'air que le pauvre respirait.

3. _____ Un homme a offert de la viande au pauvre.

4. _____ L'homme a frappé le rôtisseur.

5. _____ Les spectateurs ont apprécié le jugement de l'homme qui passait.

À vos stylos!

Situation: Dans un groupe de conversation sur Internet, un jeune Sénégalais a exprimé son intérêt à l'égard de la cuisine américaine. Il vous a demandé de lui décrire des repas «typiques» américains.

Intention: Vous allez lui répondre en parlant de vos propres habitudes alimentaires.

Méthode: Faites la liste de ce que vous avez mangé ces derniers jours: petit déjeuner, déjeuner, goûter, dîner. Organisez la liste de tous les plats et, enfin, préparez la copie finale.

MODÈLE: Petit déjeuner: du pain grillé, des fruits (fraises, abricots, bananes), beaucoup de café…

Déjeuner: quelques parts de pizza aux champignons, de la limonade, du yaourt glacé…

_____

_____

_____

_____

_____

_____

_____

_____

_____

_____

_____

_____

🎧 Rencontres

Avant l'écoute. D'après les informations de l'épisode précédent, indiquez si les phrases suivantes sont vraies (**V**) ou fausses (**F**).

1. _____ Steve a retrouvé son portefeuille.

2. _____ Steve voit Raphaël à la bibliothèque.

3. _____ Raphaël est découvert avec deux petites amies différentes.

4. _____ Nathalie, la petite amie de Raphaël, est furieuse.

Situation: Steve et Raphaël rentrent du café et trouvent Christelle, très énervée, dans le salon.

NOUVEAU VOCABULAIRE

sans cesse	*constantly*
renverser	*to hit*
une jambe cassée	*broken leg*
cela aurait pu être	*it could have been*
grave	*serious*
un morceau	*bite*
tu ne devineras jamais	*you'll never guess*
récupérer	*to get*
donner une caresse à	*to pet*
un rapport	*connection*
un ange	*angel*
se rétablir	*to recover*
Après la pluie vient le beau temps.	*Every cloud has a silver lining.*
des béquilles (*f.*)	*crutches*
méridional(e)	*Southern French*

Après l'écoute. Indiquez la personne qui correspond à chaque description: Annick (**A**), Jean-Claude (**JC**), Steve (**S**), Christelle (**C**), Raphaël (**R**).

1. _____ va rester à la maison pour aider Annick.

2. _____ a vu l'homme à la veste rouge.

3. _____ interrompt sans cesse la conversation.

4. _____ a eu un accident.

5. _____ a remarqué une femme avec des lunettes noires.

6. _____ veut servir du champagne pour l'anniversaire de Steve.

7. _____ s'entend très bien avec Jean-Claude maintenant.

8. _____ va faire la cuisine pour la famille.

9. _____ parle d'inviter Steve au restaurant.

10. _____ a bientôt son anniversaire.

La prononciation et l'orthographe

E instable

In French, the letter **e** written without an accent mark is often silent. For this reason it is called **e instable.** Here are some general rules about **e instable.**

A. **Silent *e instable.*** In the interior of a word or a phrase, the **e instable** is generally not pronounced when it is preceded and followed by a single pronounced consonant. Listen carefully: **samedi, casserole, je ne sais pas, qu'est-ce que c'est.** In the following words and phrases, as well, the **e instable** is not pronounced.

Écoutez et répétez: la fenêtre / au revoir / allemand / qu'est-ce qui arrive / l'avenue

B. **Pronounced *e instable.*** When an unaccented **e** is not silent in French, it is pronounced like the final vowel sound in the English word *sofa.* We use the symbol [ə] to represent this sound. In the interior of a word or a phrase, the **e instable** is generally pronounced when it is preceded by two pronounced consonants and followed by one, to avoid three pronounced consonants in a row. Listen carefully: **exactement, vendredi, quatre garçons, cette semaine.**

Écoutez et répétez: mercredi / quatre-vingts / parlement / prendre du vin / cette fenêtre / il ne sait pas

C. **Elision of the *e instable.*** Words that have **e** as their only vowel drop the **e**—and in writing replace it with an apostrophe—whenever the following word begins with a vowel sound. Here are some examples: **l'enfant, je t'aime, qu'est-ce qu'il dit, c'est moi.**

However, note the following restrictions:

- A final silent **e** that is not the only vowel of its word is never elided in writing: **elle est.**
- Adverbs and conjunctions of more than one syllable ending in **-que** elide the final vowel. This is because at one time **que** was a separate word. Here are some examples: **puisqu'elle, jusqu'à.**

Dictée

Agnès parle de ses préférences. Vous entendrez la dictée trois fois. La première fois, écoutez. La deuxième fois, écrivez ce que vous entendez. La troisième fois, écoutez pour vérifier ce que vous avez écrit.

_____

_____

_____

_____

_____

_____

_____

Le verbe français

Review of some irregular -re verbs (present tense)

Recall that second conjugation **-ir** verbs have one stem for the singular and another one for the plural. Stop the recording and look over the following chart.

	FINIR	SERVIR
SINGULAR STEM:	**fini-**	**ser-**
je	finis	sers
tu	finis	sers
il/elle	finit	sert
PLURAL STEM:	**finiss-**	**serv-**
nous	finiss**ons**	serv**ons**
vous	finiss**ez**	serv**ez**
ils/elles	finiss**ent**	serv**ent**

Likewise, most of the verbs discussed in this chapter have a final stem consonant in the plural but not in the singular.

A. *Écrire, lire,* **and** *dire.* These verbs have the following plural stems: **écriv-, lis-,** and **dis-.** The stem final consonants (**v** and **s,** respectively) are dropped in the singular.

Écoutez et répétez:

	ÉCRIRE	LIRE	DIRE
SINGULAR STEM:	**écri-**	**li-**	**di-**
je (j')	écris	lis	dis
tu	écris	lis	dis
il/elle	écrit	lit	dit
PLURAL STEM:	**écriv-**	**lis-** [z]	**dis-** [z]
nous	écriv**ons**	lis**ons**	dis**ons**
vous	écriv**ez**	lis**ez**	dites
ils/elles	écriv**ent**	lis**ent**	dis**ent**

Note that the verb **dire** is conjugated exactly like **lire,** with the exception of an irregular **vous** form. Verbs conjugated like **écrire** include **décrire** (*to describe*), **transcrire** (*to transcribe*), and **souscrire** (*to subscribe*).

B. *Mettre.* The verb **mettre** also drops the final stem consonant throughout the singular. Notice that a **t** is not added to the **il** form since the stem already ends in **t.**

Écoutez et répétez:

	METTRE
SINGULAR STEM:	**met-**
je	mets
tu	mets
il/elle	met
PLURAL STEM:	**mett-**
nous	mett**ons**
vous	mett**ez**
ils/elles	mett**ent**

Verbs conjugated like **mettre** include **permettre** (*to permit*), **commettre** (*to commit*), **remettre** (*to remit, hand in*), **transmettre** (*to transmit*), **admettre** (*to admit*), **promettre** (*to promise*), **battre** (*to beat*), **se battre** (*to fight*), and **combattre** (*to combat*).

C. *Connaître.* The verb **connaître** does not retain as part of the stem the **t** preceding **-re.** Instead, the plural stem is **connaiss-;** the singular stem is **connai-.** Note, too, that there is a circumflex accent over the **i** whenever that vowel is followed by **t.**

Écoutez et répétez:

	CONNAÎTRE
SINGULAR STEM:	**connai-**
je	connais
tu	connais
il/elle	connaît
PLURAL STEM:	**connaiss-**
nous	connaiss**ons**
vous	connaiss**ez**
ils/elles	connaiss**ent**

Other verbs conjugated this way are **naître** (*to be born*), **reconnaître** (*to recognize*), **paraître** (*to seem*), **apparaître** (*to appear*), and **disparaître** (*to disappear*).

Vérifions!

Cover the preceding information with a piece of paper and see if you can complete the following chart. Then check your answers and review any areas of uncertainty.

	écrire	lire	dire	promettre	reconnaître
je (j')		*lis*			
Louis et Albert				*promettent*	
nous					
tu	*écris*				
Bernard			*dit*		
vous					*reconnaissez*

Intégration des verbes

Deux familles, deux styles différents. Joël Colin se plaint (*complains*) à ses parents de leur discipline et les compare aux parents de son copain Michel qui habite à côté de chez eux. Complétez la conversation avec le présent des verbes indiqués.

JOËL: Maman, tu me _____[1] (dire) toujours, «Il ne faut rien laisser dans ton

assiette.» Les parents de Michel ne lui _____[2] (dire) jamais ça.

VICTOR: Et nous, on ne te _____[3] (permettre) jamais de sécher des cours. Je sais

que les parents de Michel, ils le lui _____[4] (permettre) de temps en

temps.

CLAUDINE: Moi, je ne te _____[5] (promettre) pas des choses que je n'ai pas

l'intention de te donner. Eux, ils _____[6] (promettre) toutes sortes de

choses qu'ensuite ils ne peuvent pas lui donner.

VICTOR: Et nous, on ne _____[7] (lire) pas le journal à table. Eux, comme ils le

_____[8] (lire) tout le temps, ils ne se parlent pas.

CHARLES: Tu sais, Joël, la chose la plus importante, c'est que Maman et Papa

_____[9] (reconnaître) toujours nos qualités et nos efforts.

JOËL: Bon, d'accord, j'_____[10] (admettre) que nous avons de la chance

de les avoir comme parents!

CHAPITRE 8

Parlons de la Terre!

Thèmes et grammaire

En France et ailleurs

Activités de compréhension

A. Vive le tourisme vert! Écoutez une publicité de l'office du tourisme français pour encourager les gens à redécouvrir la nature. Ensuite, associez chaque activité ou paysage avec la région correspondante.

NOUVEAU VOCABULAIRE

des randonnées (*f.*)	*hikes*	pour mieux	*to refresh yourself better*
laissez-vous enchanter	*let yourself be charmed*	vous ressourcer	
escalader	*to climb*		

ACTIVITÉS

1. _____ de la planche à voile

2. _____ des promenades à cheval

3. _____ de l'escalade et du kayak

4. _____ des randonnées

PAYSAGES

5. _____ des falaises

6. _____ des forêts magnifiques

7. _____ des dunes, des forêts et de l'air pur

RÉGIONS

a. les Vosges
b. la Camargue
c. les Landes
d. le golfe du Morbihan
e. les gorges de l'Ardèche

B. Les projets de Sarah. Sarah va bientôt finir ses études en France et elle a décidé de faire un voyage dans un pays francophone. Elle n'arrive pas à se décider et demande des conseils à son ami Rachid. Indiquez si les phrases sont vraies ou fausses.

NOUVEAU VOCABULAIRE

bientôt	*soon*	pratiquement	*practically*
(elle) n'arrive pas à se décider	*(she) can't make up her mind*	un volcan en activité	*active volcano*
		par hasard	*by chance*

Vrai (**V**) ou faux (**F**)?

1. _____ Rachid l'invite au Maroc.

2. _____ Rachid habite en Tunisie.

3. _____ Sarah ne connaît pas le Québec.

4. _____ La Soufrière est un volcan en activité à la Guadeloupe.

5. _____ Rachid a déjà passé des vacances à la Guadeloupe.

6. _____ Sarah décide d'aller à Madagascar.

Activités écrites

A. Vocabulaire: Géographie. Qu'est-ce qu'on trouve dans les régions suivantes?

VOCABULAIRE UTILE

baies	fleuves	plages	rivières
cascades	forêts	glaciers	sable
dunes	îles	plaines	vallées
falaises	péninsules		

MODÈLE: Dans les gorges du Tarn dans le sud de la France, *il y a des falaises, des rivières et des cascades.*

1. Dans des montagnes comme les Alpes ou les Rocheuses (*Rockies*), _____

_____

2. Dans un désert comme le Sahara ou le désert de Gobi, _____

_____

3. Sur la côte californienne dans la péninsule de Baja, _____

_____

4. Dans la jungle de l'Amazonie, _____

_____

5. Dans une île tropicale comme Tahiti, _____

_____

★ **Attention! Étudier Grammaire 8.1.**

B. **Êtes-vous fort(e) en géographie?** Indiquez dans quel pays, province ou continent on trouve les choses suivantes. Consultez les cartes au début et à la fin de *Deux mondes,* si nécessaire. Utilisez **en** ou **au** avec le nom du pays.

l'Australie	l'Égypte	le Népal
le Brésil	la France	le Québec
la Chine	l'Indonésie	

MODÈLE: l'île de Java, Djakarta et du thé → On les trouve *en Indonésie.*

1. le temple de Louxor, Le Caire et les pyramides _____

2. des aborigènes, Sydney et Ularu _____

3. le fleuve Saint-Laurent, Montréal et le carnaval d'hiver _____

4. les chutes d'Iguaçu, la jungle amazonienne et des piranhas _____

5. les gorges de l'Ardèche et les Alpes _____

6. Nankin, la Grande Muraille et le désert de Gobi _____

7. les pics de l'Himalaya et des sherpas _____

C. **Pays d'origine.** Avec quels pays associez-vous ces personnages célèbres du passé? Quelle langue parlaient-ils? Utilisez **de(d'), des** ou **du** avec le nom du pays.

PAYS

l'Allemagne	l'Espagne	la France	l'Italie
la Chine	les États-Unis	le Mexique	le Japon

MODÈLE: Élisabeth Ière→ Elle venait d'Angleterre. Elle parlait anglais.

1. Confucius _____

2. Don Quichotte _____

3. Simone de Beauvoir _____

4. Beethoven _____

5. les samuraï _____

6. Susan B. Anthony et Margaret Fuller _____

(continued)

7. Léonard de Vinci _____

8. Zorro _____

D. Composition: L'endroit de mes rêves. Voici une lettre écrite par une personne qui est allée à l'île Maurice. Imaginez que vous êtes enfin allé(e) au pays de vos rêves et écrivez une lettre à un(e) de vos ami(e)s, en vous inspirant de cette lettre. Décrivez le pays, ses habitants, ses coutumes, vos activités, etc.

Cher ami,

Depuis mon arrivée à l'île Maurice, je me suis métamorphosé. J'ai découvert le paradis. Les plages sont magnifiques, longues, douces, chaudes, d'un sable corallien blanc et lumineux. Dans le lagon, l'eau est translucide et le dégradé de bleus, du plus profond au vert turquoise, est un régal pour l'œil. Je ne me lasse pas de me couler dans cet océan tiède.

J'ai rencontré des Mauriciens. Il est très facile de faire leur connaissance. Beaucoup de peuples différents vivent ici en harmonie (Créoles, Malgaches, Indiens, Chinois, Européens,...) et leur gentillesse est incroyable. Ils m'ont même appris à danser la séga.

Alors, j'ai décidé de rester ici une semaine de plus. Je te raconterai tout à mon retour.

Amicalement,

_____

_____

_____

_____

_____

_____

_____

_____

La géographie et le climat

Activités de compréhension

 A. Un tour de France. Les Lasalle ont envie de faire un petit voyage pour se changer les idées. Écoutez leur conversation et trouvez les choses associées avec chaque endroit.

NOUVEAU VOCABULAIRE

un temps de cochon	*nasty weather*	ce coin	*that area*
les palmiers (*m.*)	*palm trees*	s'oxygéner	*to breathe clean air*
«la merveille	*"the marvel*	c'est tentant	*it's tempting*
de l'Occident»	*of the West"*	ça te dirait?	*would that interest you?*
les marées (*f.*)	*tides*		

1. ____ Lyon (2 choses)

2. ____ la Côte d'Azur

3. ____ la Promenade des Anglais

4. ____ Nice

5. ____ la Normandie (2 choses)

6. ____ les Landes

7. ____ la côte basque (2 choses)

a. des forêts de pins
b. une vieille ville pittoresque
c. le Mont-Saint-Michel
d. la proximité de l'Espagne
e. la mer, la plage, des palmiers
f. des tempêtes
g. un temps froid et gris
h. les Pyrénées et un observatoire
i. du soleil et du froid

B. Les catastrophes naturelles. Écoutez cette émission de radio et trouvez le(s) mot(s) correct(s) pour compléter chaque phrase.

NOUVEAU VOCABULAIRE

en cas d'incendie	*in case of fire*
(les) auditeurs (*m.*)	*listeners*
un endroit précis	*a designated place*
la météo	*the weather forecast*
monter à l'étage	*move upstairs*
les consignes (*f.*)	*instructions*
les sauveteurs (*m.*)	*rescuers*
sain et sauf	*safe and sound*

MOTS À UTILISER

évacuer	naturelle
fréquentes	nouvelles
incendies	rassembler
inondations	sauveteurs
météo	tornades
monter	

1. L'émission parle des précautions à prendre en cas de catastrophe _____.

2. Le sujet d'aujourd'hui, c'est les _____.

3. La semaine dernière, ils ont parlé des _____.

4. Aujourd'hui, les inondations sont de plus en plus _____.

5. En cas d'inondation, on vous conseille de consulter régulièrement la _____ et d'écouter les _____.

6. Il faut aussi _____ ses affaires importantes et _____ des meubles à l'étage.

7. On doit être prêt à _____.

8. Il est aussi très important de suivre les consignes des _____.

9. La semaine prochaine, on va parler des _____.

Activités écrites

A. Vocabulaire: Le temps et le climat. Complétez les phrases suivantes en choisissant les termes logiques de la liste.

couvert	humidité	nuages	tempêtes de neige	tornade
foudre	inondations	sec	tonnerre	

1. À Paris au mois de novembre, le ciel est souvent _____ de _____.

2. Dans les Alpes au mois de janvier, il fait froid et il y a souvent des _____.

3. Pendant un orage en été, on entend souvent du _____.

4. Dans les grands déserts en été, il fait très _____ parce qu'il ne pleut pas.

5. Il pleut souvent dans la forêt tropicale et il y a beaucoup d'_____.

6. Quand on entend un avertissement de _____, il vaut mieux aller au sous-sol.

7. Si on est dehors quand il y a des coups de _____, on devrait s'étendre par terre.

8. À cause du réchauffement de la planète, les _____ vont devenir plus fréquentes et beaucoup de régions vont être couvertes d'eau.

★ **Attention! Étudier Grammaire 8.2 et 8.3.**

B. Notre planète. Complétez les phrases avec la forme correcte du verbe **vivre** au présent.

1. Nous _____ sur une planète qui a une grande diversité.

2. Si on _____ dans un village équatorial, il fait toujours très chaud et très humide.

3. Les pingouins de l'Antarctique _____ dans un monde qui est toujours enneigé.

4. Moi, je _____ dans une vaste plaine, presqu'au niveau de la mer.

5. Et vous, où est-ce que vous _____?

Complétez les phrases suivantes avec le verbe **vivre** au passé composé.

6. Après leur mariage, mes parents _____ près de la côte atlantique.

7. Moi, j'_____ un peu dans le désert australien, parmi les kangourous.

8. Est-ce que vous _____ dans un endroit intéressant? C'était où?

C. **La nature et nous.** Répondez aux questions suivantes en utilisant les pronoms **le, la, l', les, lui,** ou **leur.**

1. Comment vous renseignez-vous sur le temps qu'il va faire? Écoutez-vous la météo à la radio, ou la lisez-vous sur Internet? _____

   _____

2. Est-ce que vous trouvez la foudre fascinante ou effrayante? Aimez-vous regarder les éclairs (*lightning bolts*)? Le faites-vous souvent? _____

   _____

3. À votre avis, faut-il ouvrir les fenêtres à l'approche d'une tornade? Pourquoi?

   _____

   _____

4. Est-ce qu'on doit interdire ou permettre aux enfants de sortir s'il y a une tempête de neige?

   _____

   _____

5. Il est minuit, et on vient d'annoncer des orages dangereux imminents. Téléphonez-vous au couple âgé d'à côté ou pas? _____

   _____

Questions écologiques

Activités de compréhension

A. **La prise de conscience de Jean-Yves.** Jean-Yves vient d'entendre un reportage sur l'environnement à la radio. Il arrive chez Agnès et commence à en discuter. Écoutez leur conversation, puis répondez aux questions suivantes.

NOUVEAU VOCABULAIRE

prise de conscience	*awakening of one's conscience*	un sujet d'actualité	*a current news topic*
(il) vient d'entendre	*(he's) just heard*	jusqu'à présent	*up to now*
ça m'a fait réfléchir	*that made me think*	Zut!	*Darn!*

1. Qu'est-ce que Jean-Yves vient d'entendre?

   _____

2. À quel lac est-ce qu'il a pensé?

   _____

3. Qu'est-ce que Jean-Yves fait qui n'est pas bon pour l'environnement?

   _____

4.   Qu'est-ce qu'il a décidé de faire maintenant?

   _____

5.   Pourquoi est-ce qu'il dit «Zut!» à la fin de la conversation?

   _____

B.   Savoir vivre en société. Francis et son petit-fils Emmanuel sont assis à la terrasse d'un café et ils regardent passer les gens. Indiquez dans quel ordre les activités sont mentionnées en mettant les numéros 1–5 sous les images correspondantes.

NOUVEAU VOCABULAIRE

avoir du culot (*fam.*)	*to have a lot of nerve*	faire des saletés (un chien)	*to do its business*
distraire	*to entertain*	la politesse	*politeness*
pas forcément	*not necessarily*		

a. _____

b. _____

c. _____

d. _____

e. _____

f. _____

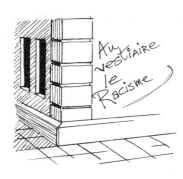 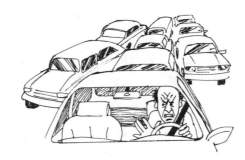 

g. ____   h. ____   i. ____

j. ____

Activités écrites

A. Vocabulaire: Règles écolos. Trouvez un synonyme pour chaque terme en italique.

1. ____ utiliser les *transports en commun*

2. ____ ne pas *gaspiller* les ressources

3. ____ *baisser* le volume de la radio

4. ____ *éviter* de contribuer à la pollution

5. ____ *établir* des centres de recyclage

6. ____ *trier* les déchets pour les recycler

7. ____ ne pas *se servir d'*insecticides

     a. utiliser
     b. moyens de transport public
     c. consommer excessivement
     d. sélectionner, classer
     e. diminuer
     f. installer, créer
     g. refuser

★ **Attention! Étudier Grammaire 8.4 et 8.5.**

B. Conscience écologique. Complétez chaque phrase avec la forme correcte du verbe **devoir** au conditionnel.

     MODÈLE: On *devrait* essayer de réparer les appareils électroniques avant d'en acheter des nouveaux.

1. Le gouvernement _____ aider les compagnies qui veulent diminuer la pollution de l'air et de l'eau.

2. Nous _____ refuser d'acheter des 4 × 4, parce qu'ils consomment beaucoup d'essence.

3. Moi, je _____ aller au travail et à la fac à vélo.

4. Les gens _____ rester plus souvent à la maison, au lieu de sortir tout le temps en voiture.

5. Toi, tu _____ recycler tes bouteilles et tes journaux.

6. Vous, les étudiants, vous _____ essayer de consommer moins de ressources naturelles.

C. **Une ville plus agréable à vivre.** La ville de Strasbourg a fait des changements et des réhabilitations pour préserver sa qualité de vie. Regardez la photo et complétez chaque phrase en utilisant l'imparfait.

La place du Marché Gayot débarrassée des véhicules offre terrasses de cafés, un bel espace de détente en plein cœur de ville.

Geneviève ENGEL

Une ville plus agréable à vivre

1. On a débarrassé (*cleared*) la place du Marché Gayot de ses véhicules. Avant, les gens y

   _____ (stationner) leurs voitures.

2. On a créé des terrasses et planté des arbres au centre de la ville. Avant, les gens ne

   _____ (pouvoir) pas s'y promener tranquillement.

3. On a restauré les édifices historiques. Avant, beaucoup d'édifices _____
   (tomber) en ruines, ou presque.

4. On a amélioré l'éclairage public (les lumières). Avant, beaucoup de gens

   _____ (avoir) peur de se promener la nuit.

5. On a créé des promenades le long des rivières. Avant, on y _____
   (voir) des zones industrialisées.

D. **Une scène paisible.** Regardez de nouveau la photo de Strasbourg. Qu'est-ce qui se passait au moment où on a pris la photo? Écrivez on paragrape où vous décrivez la scène. Que faisaient les gens? Est-ce qu'ils mangeaient et buvaient? Où étaient-ils? Quels types de vêtements est-ce qu'ils portaient? Quel temps faisait-il?

MODÈLE: Il faisait beau. Les gens bavardaient; ils prenaient... On mangeait du...

_____

_____

_____

_____

Changement de temps. Maintenant, imaginez la même scène à l'arrivée soudaine d'un orage. Décrivez ce qui s'est passé en employant le passé composé. Qu'est-ce que les gens ont fait?

_____

_____

_____

_____

E.   **Quel temps fait-il?** Adrienne Petit a fait une excursion en montagne avec un club écolo. Mettez les verbes à l'imparfait ou au passé composé, selon le cas.

MODÈLE: Il *faisait* frais quand Adrienne *s'est levée.*

1.   Il _____ (faire) du soleil quand le groupe _____ (partir).

2.   Le ciel _____ (être) couvert quand Adrienne et ses amis _____ (arriver) à la montagne.

3.   Il _____ (faire) plus frais quand ils _____ (commencer) leur randonnée.

4.   Ils _____ (déjeuner) quand un grand rocher _____ (tomber).

5.   Il _____ (neiger) quand ils _____ (arriver) au sommet.

Intégration

À l'écoute!

Légende africaine
D'après Tchicaya U Tam'si, République du Congo

Il y avait, avant que toutes les choses soient° sur la terre et dans le ciel, deux créatures très puissantes°: le Guéla-d'En-Haut et le Guéla-d'En-Bas. Le Guéla-d'En-Bas était sur la terre. En ce temps-là, la nuit était toujours sur la terre et le jour était toujours dans le ciel. Le Guéla-d'En-Bas n'avait que° le feu pour voir, et le Guéla-d'En-Haut avait le soleil.

    Un jour, le Guéla-d'En-Bas a fait des hommes, des femmes, des poissons, des animaux et des plantes avec de l'argile.° Mais ces créations n'avaient pas de vie. Puis, le Guéla-d'En-Haut les a vues et il les a trouvées amusantes. Il a demandé au Guéla-d'En-Bas de lui en donner quelques-unes. Il a promis de leur donner la vie et, d'ailleurs,° il a promis aussi de mettre la lumière du soleil sur la terre. Le Guéla-d'En-Bas a accepté son offre, mais quand le Guéla-d'En-

étaient
powerful

*n'avait... avait
seulement*

clay

moreover

Haut avait fini son travail, le Guéla-d'En-Bas a refusé de lui donner quelques-unes de ses créations. Alors, les deux créatures ont commencé à se disputer et elles se disputent toujours.

Quand le Guéla-d'En-Haut cherche à reprendre° la vie, il y a des morts sur la terre. Quand les deux Guélas se disputent, c'est aussi le temps de la tempête° et de la guerre. La nuit existe sur la terre parce que le Guéla-d'En-Haut reprend le soleil. La lune est son œil qui surveille° les mouvements du Guéla-d'En-Bas pendant la nuit.

prendre une autre fois
mauvais temps

regarde

Mettez les phrases dans le bon ordre.

_____ a.   Le Guéla-d'En-Haut a voulu quelques-unes des créations du Guéla-d'En-Bas.

_____ b.   Le Guéla-d'En-Bas a créé des personnes, des animaux et des plantes.

_____ c.   Le Guéla-d'En-Haut a donné la vie aux créations du Guéla-d'En-Bas.

_____ d.   Le Guéla-d'En-Haut reprend le soleil de la terre tous les jours.

_____ e.   Au début, la nuit était toujours sur la terre.

À vos stylos!

Situation: Votre correspondant(e) français(e) sur Internet vous a demandé votre opinion sur le rôle de l'individu dans la conservation des ressources naturelles et la protection de la nature.

Intention: Vous voulez expliquer vos idées et donner vos raisons.

Méthode: D'abord, pensez à autant d'exemples que possible. Avec lesquels est-ce que vous êtes d'accord? Lesquels vous semblent exagérés? Faites-en la liste. Ensuite, écrivez vos idées sur ce que l'individu devrait faire ou ne pas faire, en vous servant du conditionnel de **devoir.** Pour chaque phrase, expliquez vos raisons. Enfin, lisez votre composition et corrigez-la.

MODÈLE: À mon avis, les gens devraient recycler le verre et le plastique. Ils devraient aussi… Ils ne devraient pas… On dit qu'on devrait aussi… mais je ne suis pas d'accord, parce que…

_____

_____

_____

_____

_____

_____

_____

_____

_____

_____

Rencontres

Épisode 8: Au restaurant

Avant l'écoute. D'après les informations de l'épisode précédent, indiquez si les phrases suivantes sont vraies (**V**) ou fausses (**F**).

1. _____ Jean-Claude et Annick se sont retrouvés à l'hôpital parce que Steve a eu un accident.

2. _____ C'est bientôt l'anniversaire de Raphaël.

3. _____ Les Lefèvre veulent inviter Steve au restaurant.

4. _____ Steve doit choisir un restaurant.

Situation: C'est au restaurant «le Marrakech: Spécialités marocaines» que nos amis ont décidé d'aller pour célébrer l'anniversaire de Steve. Rachid travaille comme serveur dans ce restaurant. Après avoir garé leur voiture devant le restaurant, ils y entrent. Pendant ce temps, une voiture rouge est arrivée et s'est garée de l'autre côté de la rue.

NOUVEAU VOCABULAIRE

garer	*to park*
avoir le droit de	*to be entitled to*
se souvenir (de)	*to remember*
un apéritif	*a drink typically served before a meal*
un kir	*white wine drink with blackcurrant liqueur, usually served as an aperitif*
À votre santé	*Cheers; To your health*
un bordeaux	*wine from the Bordeaux region*
étrange	*strange*
arbitrer	*to referee*
gâter	*to spoil*

Après l'écoute. Mettez les événements de l'épisode dans leur ordre chronologique (de 1 à 8).

_____ a. Christelle remarque un homme mystérieux.

_____ b. Jean-Claude commande des boissons.

_____ c. Les Lefèvre arrivent au restaurant marocain.

_____ d. Steve invite Isabelle à aller au cinéma.

_____ e. Les Lefèvre rencontrent Rachid au restaurant.

_____ f. Fido disparaît pendant une promenade dans le parc.

_____ g. Rachid apporte la nourriture.

_____ h. Les Lefèvre offrent des chaussures de randonnée à Steve.

🎧 La prononciation et l'orthographe

More on consonants

The following consonants in French are quite different from their English counterparts.

A. The letter *h*. The letter **h** is never pronounced in French. However, it functions in two different ways.

- Most words that begin with **h** behave exactly like a word that begins with a vowel. Consequently, elision or liaison may occur. For example, in the pronunciation of the phrase **trois_heures,** there is liaison; in the phrase **l'homme,** elision occurs (the vowel of **le** is deleted).
- For a few words that begin with **h,** elision and liaison do not occur. In French, the **h** that prevents elision and liaison is called **h aspiré.** However, in spite of its name, it is not aspirated or breathy like the English **h**; in fact, it is entirely silent. An example is the word **huit.** Since the **h** of **huit** is an **h aspiré,** there is no elision or liaison, and we say **la huitième leçon** and **les huit garçons.**

There is no way for you to tell by looking at a word whether it begins with **h aspiré.** When writing, you may wish to consult a dictionary to be sure.

Écoutez. Listen to the following words and indicate whether or not the **h** is an **h aspiré.**

		h aspiré	h non-aspiré
1.	les herbes	_____	_____
2.	l'heure	_____	_____
3.	l'histoire	_____	_____
4.	le héros	_____	_____
5.	les haricots	_____	_____
6.	l'hiver	_____	_____
7.	la harpe	_____	_____
8.	la huitième classe	_____	_____

B. The dental consonants. D, l, n, and **t** are called dental consonants because they are produced in the area behind the upper front teeth. The English sounds are made with the tongue tip touching the gum ridge behind the upper front teeth, whereas in French the tongue tip is pressed directly against the front teeth. Keep this in mind when repeating the following words.

Écoutez et répétez: du / dos / livre / lisez / non / n'est-ce pas / timide / toi

Dictée

Une amie d'Adrienne raconte un voyage mémorable. Vous entendrez la dictée trois fois. La première fois, écoutez. La deuxième fois, écrivez ce que vous entendez. La troisième fois, écoutez pour vérifier ce que vous avez écrit.

_____

_____

_____

_____

_____

_____

_____

_____

Le verbe français

More on irregular verbs (present tense)

In the last chapter you studied irregular verbs that delete their stem-final consonant for the singular stem. The other principal irregularity in French verbs affects the vowel of the stem: in the L-forms, the stem vowel of these particular irregular verbs changes.*

A. *Vouloir* and *pouvoir*. The stem-vowel combination **ou** of the verbs **pouvoir** and **vouloir** becomes **eu** in the L-forms. The stem-final consonants in the plural are dropped in the singular.

Écoutez et répétez:

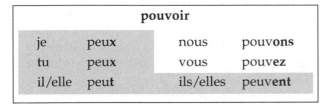

pouvoir			
je	peux	nous	pouv**ons**
tu	peux	vous	pouv**ez**
il/elle	peut	ils/elles	peuv**ent**

vouloir			
je	veux	nous	voul**ons**
tu	veux	vous	voul**ez**
il/elle	veut	ils/elles	veul**ent**

Note that the personal ending for the **je** and **tu** forms is **-x**. Final **-s** is replaced by **-x** after vowel combinations that have **u** as their second element.

---

*Note: In this lesson, L-forms are highlighted to show the same stem vowel in the written forms. These forms are not all pronounced the same, except for **voir** and **croire**.

B. *Devoir* **and** *recevoir*. The stem-vowel **e** of the verbs **devoir** and **recevoir** becomes the combination **oi** in the L-forms. The stem-final **v** is deleted throughout the singular. Note the cedilla in the L-forms of **recevoir**.

Écoutez et répétez:

devoir			
je	dois	nous	dev**ons**
tu	dois	vous	dev**ez**
il/elle	doit	ils/elles	doiv**ent**

recevoir			
je	reçois	nous	recev**ons**
tu	reçois	vous	recev**ez**
il/elle	reçoit	ils/elles	reçoiv**ent**

C. *Boire*. The verb **boire** has **buv-** as its stem for the **nous** and **vous** forms. This verb has the stem vowel combination **oi** in the L-forms and the infinitive. There is no **v** throughout the singular or for the infinitive.

Écoutez et répétez:

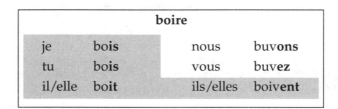

boire			
je	bois	nous	buv**ons**
tu	bois	vous	buv**ez**
il/elle	boit	ils/elles	boiv**ent**

D. *Venir*. The verb **venir** changes the stem-vowel **e** to the combination **ie** in the four L-forms. In addition, the singular forms are all pronounced with nasal vowels, but the **n** sound *is* pronounced in all the plural forms. Notice that the stem-final **n** is doubled in the **ils** form.

Écoutez et répétez:

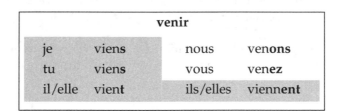

venir			
je	viens	nous	ven**ons**
tu	viens	vous	ven**ez**
il/elle	vient	ils/elles	vien**nent**

Stop the recording and look over the following list of verbs conjugated like **venir: revenir** (*to return, come back*), **devenir** (*to become*), **prévenir** (*to prevent, warn*), **intervenir** (*to intervene*), and **se souvenir de** (*to remember*). Other verbs conjugated like **venir** include **tenir** (*to hold*), **maintenir** (*to maintain*), **obtenir** (*to obtain*), **retenir** (*to retain*), **contenir** (*to contain*), and **appartenir à** (*to belong to*).

E. *Voir* and *croire.* These verbs have the combination **oy** for the plural stem that appears in the **nous** and **vous** forms. They have the stem-vowel combination **oi** in the L-forms and the infinitive.

Écoutez et répétez:

voir			
je	vois	nous	voy**ons**
tu	vois	vous	voy**ez**
il/elle	voit	ils/elles	voi**ent**

croire			
je	crois	nous	croy**ons**
tu	crois	vous	croy**ez**
il/elle	croit	ils/elles	croi**ent**

Note that, in French, the letters **i** and **y** are both used as second letters of vowel combinations. The letter **y** is used when a pronounced vowel follows. This is the same spelling rule that we saw earlier for first conjugation verbs such as **payer** and **envoyer.**

F. *Savoir* and *prendre.* **Savoir** has **sav-** as the stem that appears throughout the plural. The stem-final **v** is deleted in the singular, and the stem-vowel changes to **ai: je sais.**

Écoutez et répétez:

SAVOIR

SINGULAR STEM:	**sai-**	PLURAL STEM:	**sav-**
je	sa**is**	nous	sav**ons**
tu	sa**is**	vous	sav**ez**
il/elle	sa**it**	ils/elles	sav**ent**

The verb **prendre** has **pren-** as the plural stem. And since the plural endings all begin with a vowel, the **n** sound of the stem is pronounced: **nous prenons.** This verb is unusual in that the **d** of the infinitive is written throughout the singular, although not pronounced. Note, however, that the **n** is not pronounced and the preceding vowel is nasalized: **je prends** [prã].

Écoutez et répétez:

PRENDRE

SINGULAR STEM:	**prend-**	PLURAL STEM:	**pren-**
je	prend**s**	nous	pren**ons**
tu	prend**s**	vous	pren**ez**
il/elle	prend	ils/elles	prenn**ent**

Stop the recording and look over this list of verbs conjugated like **prendre: apprendre** (*to learn*), **comprendre** (*to understand*), **surprendre** (*to surprise*), and **entreprendre** (*to undertake*).

Vérifions!

Cover the preceding information with a piece of paper and see if you can complete the following charts. Then check your answers and review any areas of uncertainty.

	pouvoir	vouloir	devoir	recevoir	boire
je	*peux*				
nous			*devons*		
Claudine				*reçoit*	

	venir	voir	croire	savoir	prendre
vous	*venez*				
tu			*crois*		
les enfants					*prennent*

Intégration des verbes

La nouvelle génération. Francis et Marie Lasalle dînent avec Bernard, Christine et leurs petites-filles. Ils parlent de l'évolution des choses depuis l'enfance des grands-parents. Complétez la conversation avec le présent des verbes indiqués.

MARIE: Je _____[1] (comprendre) que les jeunes ne _____[2] (vouloir) plus écrire de lettres. Ça prend tellement plus de temps que le courriel ou le téléphone. Mais moi je me _____[3] (souvenir) du temps où la seule façon de communiquer avec quelqu'un, c'était par lettre.

FRANCIS: Oui, vous les jeunes, vous êtes tellement gâtés (*spoiled*). Aujourd'hui on _____[4] (recevoir) des nouvelles de partout dans le monde, presqu'à l'instant même où les événements se passent. Et en plus, vous _____[5] (pouvoir) obtenir des informations sur n'importe quel sujet par le simple fait de taper quelques mots à l'ordinateur.

CHRISTINE: Oui, au point où on _____[6] (devenir) presque submergé par toutes ces informations!

CAMILLE: Quelquefois je regrette de vivre dans le monde moderne parce que nous les jeunes, nous _____[7] (devoir) apprendre beaucoup plus de choses que vous, n'est-ce pas, papi et mami?

MARIE: C'est vrai que les scientifiques d'aujourd'hui _____[8] (savoir) beaucoup plus de choses sur le monde, sur les êtres humains, sur tout! Mais tu ne _____[9] (devoir) pas regretter de vivre aujourd'hui, Camille. Pense à tous les bienfaits de la science—de la médecine, par exemple.

CHRISTINE: Oui, parce que nous _____[10] (comprendre) beaucoup mieux comment fonctionne le corps humain, les médecins _____[11] (pouvoir) prévenir et guérir beaucoup plus de maladies.

FRANCIS: Oui, personnellement, je _____[12] (croire) que nous avons tous de la chance de vivre à notre époque!

CHAPITRE 9

L'enseignement, les carrières et l'avenir

Thèmes et grammaire

L'enseignement et la formation professionnelle

Activités de compréhension

A.   Le Quartier latin. Mme Martin fait une présentation à la classe sur le Quartier latin. Complétez les phrases suivantes d'après ce qu'elle dit.

NOUVEAU VOCABULAIRE

fonder	*to establish*	flâner	*to stroll*
(ils) se donnent rendez-vous	*(they) make arrangements to meet*	couramment	*commonly*

1.   La Sorbonne a été fondée en _____.

2.   Quand on a fondé l'université, les étudiants parlaient _____.

3.   Les étudiants se retrouvent dans les _____, dînent dans les petits _____

     et passent des heures dans les _____.

4.   Le Boul'Mich est _____ principale du quartier.

5.   Le Quartier latin est comme un petit _____ en plein cœur de Paris.

B. La vie de bohème. Agnès et Jean-Yves sont assis à la terrasse d'un café et discutent de leur vie d'étudiant. Écoutez leur discussion, puis indiquez si les phrases suivantes sont vraies ou fausses.

NOUVEAU VOCABULAIRE

tu n'as pas le moral	you're down in the dumps	l'insouciance (*f.*)	*carefree life*
		fauché(e) (*fam.*)	*broke*
des partiels (*m.*)	*midterms*	tu ne te rends pas compte	*you don't realize*
bûcher (*fam.*)	*to study hard (to cram)*	métro-boulot-dodo	*the usual routine (metro-work-sleep)*
j'en ai marre de... (*fam.*)	*I'm sick of . . .*		

Vrai (**V**) ou faux (**F**)?

1. _____ Agnès n'a pas le moral aujourd'hui.

2. _____ Elle a peur des examens en février.

3. _____ Jean-Yves lui dit qu'elle n'a pas besoin de travailler pour les examens.

4. _____ Agnès est fatiguée de la vie d'étudiante.

5. _____ Pour Jean-Yves, la vie d'étudiant est bien préférable à la vie de quelqu'un qui travaille.

Activités écrites

A. Vocabulaire: À la fac. Sarah Thomas écrit à ses parents pour leur expliquer un peu la vie à la fac. Complétez sa lettre avec les mots appropriés de la liste.

assister	Master	recevoir
bac	s'inscrire	sèchent
bûcher	licence	un stage
des frais d'inscription		

D'abord, tous les étudiants à la fac ont déjà réussi au _____[1] avant de pouvoir

_____[2] à l'université. Les études coûtent beaucoup moins cher ici qu'en

Amérique, mais on est tout de même obligé de payer _____.[3]

   Théoriquement, on doit _____[4] aux conférences des profs, mais beaucoup

d'étudiants _____[5] régulièrement leurs cours. Pourtant, avant les examens, on les

voit partout en train de _____,[6] même dans les cafés. À la fin de trois ans d'études, si

tout va bien aux examens, ils peuvent _____[7] un diplôme qui s'appelle une

_____.[8] La plupart font encore deux ans d'études spécialisées après cela, ce qui

aboutit (finit) au _____.[9] Ensuite, on fait souvent _____[10] en

industrie ou ailleurs. Et bientôt, on est obligé de chercher du boulot (un job), ce qui n'est pas très

facile.

✳ **Attention! Étudier Grammaire 9.1 et 9.2.**

B. Les cracks. Lisez la description des bons étudiants en France, publiée dans *Francoscopie*. Ensuite, dites si les phrases suivantes sont (probablement) vraies ou fausses, et expliquez pourquoi. Employez le pronom **y** dans vos réponses.

Les cracks

Une enquête réalisée auprès de très bons élèves des lycées (de la 3ᵉ à la terminale) montre l'influence du milieu familial sur les résultats scolaires. Plus que les moyens financiers de la famille, l'ambiance culturelle, l'entente des parents, leur disponibilité,[a] la communication avec les enfants jouent un rôle prépondérant.

Indépendamment de leurs qualités intellectuelles, les cracks sont en général de grands travailleurs, ils jouissent d'une grande capacité de concentration et participent activement à la classe. Ils n'ont guère[b] de certitudes intellectuelles. Plutôt conformistes, ils accumulent les connaissances avant de prendre position.

---

[a]*availability*   [b]pas

MODÈLE: Les parents des cracks ne réussissent pas à communiquer avec leurs enfants. →
Ce n'est pas vrai. Ils *y* réussissent. La communication est un facteur important dans le succès des cracks.

1. Les parents des cracks s'intéressent au succès de leurs enfants.

_____

_____

2. Les cracks prennent plaisir à recevoir des mauvaises notes.

_____

_____

3. Ils participent activement aux discussions en cours.

_____

_____

4. Ils n'assistent pas souvent aux cours.

_____

_____

5. Ils réussissent aux examens.

_____

_____

6. Les parents pensent à chercher des distractions pour amuser leurs enfants.

_____

_____

C. **Associations.** Répondez aux questions en employant un de ces pronoms accentués, **moi, elle, lui, eux, elles** ou **nous.**

> MODÈLE: Avez-vous passé les dernières vacances chez *vos parents*? →
> Oui, j'ai passé mes dernières vacances chez *eux*. (Non, je n'ai pas…)

1. Est-ce que vous parlez français avec *vos camarades de classe* en dehors de la classe? _____

   _____

   _____

2. En général, est-ce que vos camarades de classe sont plus sérieux ou moins sérieux que *vous*? ____

   _____

   _____

3. Comment s'appelle votre meilleur ami (meilleure amie)? Habitez-vous avec *cet ami* (*cette amie*)?

   _____

   _____

4. En général, faites-vous vos devoirs avec ou sans *votre ami(e)*? _____

   _____

   _____

5. D'habitude, est-ce que vous déjeunez avec ou sans *vos parents*? _____

   _____

   _____

6. Qu'est-ce que vous aimez faire avec *vos amis* le week-end? _____

   _____

   _____

Le travail et les métiers

 Activités de compréhension

A. **La nouvelle affaire.** Christine Lasalle déjeune avec son amie Nicole. Nicole et son mari ont décidé de monter leur propre compagnie. Nicole parle de leurs projets à Christine. Indiquez si les phrases sont vraies ou fausses.

NOUVEAU VOCABULAIRE

votre fameux projet	*your famous plan*	dès que nous aurons	*as soon as we*
monter notre propre	*to start our own*	monté	*have set up*
compagnie	*company*	je visiterai	*I will visit*

Vrai (**V**) ou faux (**F**)?

1. _____ Christine pense que Nicole et son mari prennent un grand risque.

2. _____ Ils ont déjà trouvé un nom de domaine.

3. _____ Ils veulent créer un site pour les adolescents.

4. _____ Leur idée est de regrouper toutes les informations sur ce sujet qui sont déjà sur Internet.

5. _____ Ils ont déjà monté leur page Web.

B. La blague du perroquet. Vous allez écouter une blague. C'est un homme qui veut acheter un perroquet. Il entre dans un magasin et parle au marchand de perroquets. Pour chaque perroquet, indiquez le prix et ce qu'il sait faire.

NOUVEAU VOCABULAIRE

un perroquet	*parrot*	pour me tenir compagnie	*to keep me company*
Vous n'êtes pas bien!	*You're joking!*		
taper à la machine	*to type*	Je vais m'asseoir.	*I'm going to sit down.*
l'ordinateur (*m.*)	*computer*	le patron	*boss*

Prix: _____   Prix: _____   Prix: _____

_____   _____   _____

_____   _____   _____

Activités écrites

A. Vocabulaire: Devinettes. Identifiez le métier ou la profession des personnes décrites.

a. avocat(e)
b. cuisinier/cuisinière
c. coiffeur/coiffeuse
d. chirurgien(ne)
e. fonctionnaire
f. PDG

1. __*d*__ Ces médecins sont spécialistes en chirurgie et opèrent les malades.

   Ce sont des chirurgiens et des chirurgiennes.

2. _____ Ces personnes défendent les accusés.

_____

3. _____ Ils ont pour profession de couper les cheveux et de coiffer.

_____

4. _____ Ces personnes s'occupent de la cuisine dans un restaurant. Si leurs plats sont bons, toute la clientèle est très contente.

_____

5. _____ Leur travail facilite le bon fonctionnement du gouvernement municipal, régional ou national.

_____

6. _____ Ces personnes sont importantes. Leur titre est *Président-directeur général*.

_____

★ **Attention! Étudier Grammaire 9.3 et 9.4.**

B. **Qui est-ce?** Complétez les phrases avec **il/elle est, ils/elles sont** ou **c'est / ce sont**. Ensuite, dites le nom de la personne.

| Naomi Judd | Stephen Hawking | Julia Roberts et Cameron Diaz |
| Gérard Depardieu | Astérix | Martin Luther King |

1. _____ un acteur français. _____ très doué. _____

2. _____ des vedettes américaines. _____ très aimées et très riches.

_____

3. _____ la mère d'une vedette qui s'appelle Ashley. _____ un peu

âgée mais toujours active dans sa carrière de chanteuse. _____

4. _____ un professeur brillant à Cambridge. Malgré son infirmité,

_____ très actif professionnellement. _____

5. _____ un des grands leaders américains. _____ très connu et on

fête sa naissance au mois de janvier. _____

6. _____ le personnage principal de la bande dessinée *Astérix*.

_____ petit et très malin (intelligent). _____

C. Le travail. Vous préparez-vous déjà à votre future carrière? Répondez à ces questions en utilisant **depuis** avec une expression de temps.

> MODÈLE: Depuis combien de temps pensez-vous à votre future carrière? →
> Je pense à ma future carrière *depuis deux ans.* (J'y pense *depuis deux ans.*)

1. Qu'est-ce que vous étudiez à l'université? Depuis combien de temps?

   _____

   _____

2. Est-ce que vous travaillez maintenant? Si oui, où travaillez-vous et depuis quand?

   _____

   _____

3. Avez-vous déjà décidé de votre future carrière? Depuis quand le savez-vous?

   _____

   _____

4. Connaissez-vous quelqu'un qui fait déjà le travail que vous avez choisi? Que fait cette personne? Depuis combien de temps la connaissez-vous?

   _____

   _____

5. Est-ce que vos parents travaillent maintenant? Que font-ils? Depuis combien de temps font-ils ce travail?

   _____

   _____

D. Composition: Votre travail. Écrivez un paragraphe sur votre travail actuel ou le travail que vous voudriez avoir. Quelles sont vos responsabilités? Est-ce que vous aimez ce travail? Expliquez pourquoi. Quels sont les aspects positifs de ce travail? Et les aspects négatifs? (Suggestion: regardez l'Activité 10, Enquête: Le poste idéal, dans *Deux mondes*.)

   _____

   _____

   _____

   _____

   _____

   _____

   _____

E. **Casse-tête.** Dans cette activité, vous devez deviner le métier de chaque personne. Écrivez les
    réponses et justifiez-les.

LES MÉTIERS POSSIBLES

agent de police   pisteur secouriste en montagne
médecin aux urgences à l'hôpital   serveur/serveuse

LES PISTES

Laure doit porter un uniforme pour son travail.   Alain s'occupe de cas urgents.
D'habitude, Alain travaille en plein air (*outdoors*). Laure s'occupe de malfaiteurs.
Les clients laissent un pourboire à François.   Sabrina a fait des stages médicaux.
Souvent, Sabrina travaille toute la nuit.

1. Laure _____

    _____

    _____

2. François _____

    _____

    _____

3. Alain _____

    _____

    _____

4. Sabrina _____

    _____

    _____

L'avenir

Activités de compréhension

A. **Les prédictions de Marie et Francis.** Marie et Francis Lasalle essaient d'imaginer ce que feront
    leurs petits-enfants dans l'avenir. Écrivez une profession qu'ils imaginent pour chaque enfant.

NOUVEAU VOCABULAIRE

deviendront	(they) will become	un aventurier	adventurer
je la verrai bien...	I can see her . . .	tu me taquines	you're teasing me
une Grande École	small, highly competitive university-level school	un écrivain	writer
		enseignera	(he/she) will teach
tout lui sera possible	(he/she) can do anything	la santé	health

Clarisse: _____

Marise: _____

Charles: _____

Emmanuel: _____

Joël: _____

Camille: _____

Marie-Christine: _____

Nathalie: _____

B. L'horoscope. Voici l'horoscope de la station de radio Europa. Écoutez et trouvez la prédiction qui est annoncée (ou une de ses conséquences) pour chacun des signes suivants.

NOUVEAU VOCABULAIRE

le Bélier	*Aries*	chercher à	*to try to*
s'engager	*make a commitment*	la Balance	*Libra*
le Taureau	*Taurus*	faire des économies	*to save (money)*
les Gémeaux (*m.*)	*Gemini*	de très bonnes nouvelles	*very good news*

1. _____ Béliers
2. _____ Taureaux
3. _____ Gémeaux
4. _____ Cancers
5. _____ Lions
6. _____ Balances
7. _____ Capricornes

a. Ils vont se concentrer sur leur carrière.
b. Ils essaieront de rencontrer des gens.
c. Ils n'achèteront pas de produits de luxe.
d. Ils réfléchiront bien avant de s'engager financièrement.
e. Ils prendront des décisions importantes.
f. Ils voyageront et reverront d'anciens amis.
g. Ils seront physiquement plus actifs.

Activités écrites

A. Vocabulaire: C'est la vie! Choisissez la bonne fin de phrase pour compléter chaque prédiction.

1. _____ Les chercheurs continueront de faire…
2. _____ Les étudiants choisiront…
3. _____ Les voitures utiliseront de moins en moins…
4. _____ Les gens continueront à chercher des moyens d'améliorer…
5. _____ Nous voudrons toujours savoir ce que…
6. _____ Il y aura moins de déchets…
7. _____ Les médecins se serviront de plus en plus…
8. _____ L'ordinateur et Internet ne remplaceront pas…
9. _____ Beaucoup plus de gens travailleront…
10. _____ Les gens utiliseront des sources alternatives d'énergie…

a. la salle de classe.
b. l'avenir nous réserve.
c. de la recherche.
d. grâce au recyclage.
e. la qualité de la vie.
f. pour climatiser leur maison.
g. à la maison.
h. de combustibles fossiles.
i. de la thérapie génétique.
j. des études variées.

★ **Attention! Étudier Grammaire 9.5.**

B. **Prédictions.** Qu'est-ce que l'avenir nous réserve? Complétez les phrases avec la forme correcte du verbe indiqué au futur. Ensuite, cochez (✓) les phrases avec lesquelles vous êtes d'accord.

   MODÈLE: ___✓___ Beaucoup de gens *travailleront* à la maison.

   1. _____ Les chercheurs _____ (savoir) toutes les causes du cancer.

   2. _____ Nous _____ (découvrir) que le chocolat est essentiel à la santé.

   3. _____ Il y _____ (avoir) toujours beaucoup de violence à la télé.

   4. _____ Nous _____ (voir) une femme présidente à la Maison Blanche.

   5. _____ On _____ (pouvoir) aller sur la lune quand on voudra.

   6. _____ Vous les étudiants ne _____ pas (être) obligés de payer vos cours.

   7. _____ Notre climat _____ (être) différent.

   8. _____ Nous _____ (faire) la plupart de nos achats sur Internet.

C. **Le rêve de Nathalie.** D'abord mettez les verbes de Nathalie au *futur*. Ensuite, mettez ses phrases dans l'ordre logique en leur donnant un numéro de 1 à 7.

   a. _____ Mes sœurs ne _____ pas (pouvoir) piloter mon avion.

   b. _____ Je _____ (devenir) PDG d'une entreprise Internet.

   c. _____ Je _____ (pouvoir) acheter un grand avion et apprendre à le piloter. Mes

   sœurs _____ (être) très jalouses!

   d. _____ D'abord, je _____ (m'inscrire) à des cours d'informatique et je

   _____ (faire) des bonnes études.

   e. _____ En tant que PDG, je _____ (devenir) riche et célèbre. Mes parents ne

   _____ plus (pouvoir) me forcer à faire certaines choses.

   f. _____ Ensuite, tout le monde _____ (voir) que j'ai beaucoup de talent et

   j'_____ (avoir) un succès fou!

   g. _____ Quand je _____ (être) vieille, vers l'âge de 30 ans, je _____

   (prendre) ma retraite.

D. **Mon avenir.** Quand vous recevrez votre diplôme, que ferez-vous? Répondez en employant le futur.

   MODÈLE: Que ferez-vous quand vous aurez plus de temps libre? →
   Je lirai davantage, j'assisterai à plus de concerts et de pièces, je verrai plus souvent mes amis.

   1. Chercherez-vous un travail tout de suite ou continuerez-vous vos études?

   _____

   _____

2. Voyagerez-vous? Où irez-vous?

_____

_____

3. Aurez-vous plus d'argent que maintenant? Que ferez-vous de cet argent?

_____

_____

4. Où choisirez-vous de vivre?

_____

_____

5. Vous marierez-vous? Quand? Combien d'enfants aurez-vous?

_____

_____

E. **Au boulot!** Imaginez que vous avez enfin reçu votre diplôme et que vous avez trouvé un travail. Vous écrivez à vos parents ou à un ami (une amie) pour annoncer la bonne nouvelle. Lisez la publicité de la société Canina, où vous allez travailler, et expliquez ce que vous ferez comme travail et tous les avantages de cette situation. Dites aussi ce que vous ferez en plus du travail, maintenant que vous n'aurez plus à étudier et que vous aurez de l'argent pour poursuivre vos intérêts. Employez le futur.

DEUX ANIMATEURS DES VENTES

- NORMANDIE - NORD - BASSIN PARISIEN (Réf. 80122)
- SUD OUEST (Réf. 80123)

Diplômés débutants, IUT, techniques de commercialisation ou BTS distribution, venez faire vos premières armes au sein de notre groupe multinational.
Vous développerez les ventes d'aliments Chiens - Chats - Oiseaux auprès de notre Distribution.
Mettre en place et promouvoir les nouveaux produits, animer un réseau de concessionnaires et de détaillants, prospecter des grossistes, renforcer notre image de marque au sein des expositions canines, telles seront vos principales missions.
Du dynamisme il en faut, de la disponibilité également pour voyager 90% du temps sur plusieurs départements.
Rémunération motivante liée à vos résultats (fixe + primes).
Position cadre. Formation permanente à nos techniques de vente et à nos produits.
Écrivez nous avec lettre manuscrite, CV détaillé et photo en précisant la référence du secteur qui vous intéresse à

Selecom
225, Fbg Saint Honoré 75008 Paris.

MODÈLE: *Chers Maman et Papa,*
Bonne nouvelle! J'ai été embauché(e) par Canina. Canina, c'est un groupe de distribution...
En plus, maintenant que je n'ai plus à étudier, j'ai décidé de... Je m'amuserai beaucoup, vous verrez!
Je vous embrasse très fort,

_____

_____

_____

_____

_____

_____

_____

_____

Intégration

À l'écoute!

Les habits° neufs de l'empereur

Autrefois, vivait un empereur qui avait la passion des habits neufs. Tout lui était prétexte à changer de toilette. Il avait un habit pour chaque heure de la journée.

Un jour, deux escrocs° sont arrivés dans la capitale. Ils ont annoncé à tout le monde qu'ils étaient des tisserands° et qu'ils pouvaient tisser de l'or,° pour en faire un tissu extraordinaire. Ce tissu, d'une beauté remarquable, était magique; il était visible seulement aux personnes de grande intelligence. Les sots° ne pouvaient pas le voir.

L'empereur a voulu un habit confectionné° de ce tissu extraordinaire. Alors, il a fait venir les escrocs et les a installés au palais dans une vaste pièce. Personne ne pouvait y entrer, car la méthode devait rester secrète. Chaque matin, les escrocs recevaient des sacs d'or pour leur travail. Mais chaque soir, ils quittaient le palais furtivement.

Enfin, l'habit remarquable était prêt.° Mais quelle déception°! Personne ne pouvait le voir. Quel dilemme! Si l'empereur admettait qu'il ne pouvait pas voir son habit, cela prouverait qu'il était un sot! Enfin, l'empereur a exclamé à la beauté du tissu et il a mis son nouvel habit. Quand il est sorti, tous les courtisans et tous ses sujets ont crié d'admiration. Seul un petit enfant a crié que l'empereur n'avait pas d'habit du tout, qu'il se promenait tout nu. Les gens ont entendu la voix° de l'innocence et le monarque a bien compris que c'était vrai. Pourtant, il a continué sa promenade portant fièrement° son habit inexistant!

vêtements

criminels
weavers / tisser... weave gold
idiots

fait

fini / désappointement

voice

proudly

Indiquez si les phrases suivantes sont vraies (**V**) ou fausses (**F**).

1. _____ Les deux escrocs savaient vraiment faire un tissu splendide.

2. _____ L'empereur ne pouvait pas voir son nouvel habit.

3. _____ L'empereur avait peur d'avoir l'air d'un sot.

4. _____ Beaucoup de personnes ont fait des compliments à l'empereur.

5. _____ L'empereur était méchant: il a puni le petit enfant.

À vos stylos!

Situation: Vous ne savez pas ce que vous voudriez faire à l'avenir. Puisque vous êtes obligé(e) de traiter ce sujet dans votre journal français, vous décidez de réfléchir à la question.

Intention: Vous voulez identifier ce que vous aimeriez et ce que vous n'aimeriez pas dans votre futur travail.

Méthode: Écrivez vos préférences (travailler en plein air, heures flexibles…). Ensuite, faites la liste de ce que vous voudriez éviter (travailler dans une grande ville…). Puis, expliquez vos raisons. Ensuite, mettez ces éléments par ordre d'importance et écrivez votre composition.

MODÈLE: Je suis une personne ouverte: j'aime beaucoup travailler avec les autres, et j'adore les grandes villes, les voyages, les rencontres. Je n'aime pas du tout… Je pense donc être…

_____
_____
_____
_____
_____
_____
_____
_____

Rencontres

Épisode 9: Bizarre, bizarre

Avant l'écoute. D'après les informations de l'épisode précédent, indiquez si les phrases suivantes sont vraies (**V**) ou fausses (**F**).

1. _____ Steve invite Isabelle à aller voir un match de basket.

2. _____ Fido a disparu.

Situation: Isabelle a accepté d'accompagner Steve au cinéma. Steve est en train de se préparer dans sa chambre. Il entend Annick parler dans la cour avec Mme Dugravot, la voisine des Lefèvre.

NOUVEAU VOCABULAIRE

les phares (*m.*)	*headlights*
avait disparu	*had disappeared*
Quel malheur!	*What a pity!*
en sécurité	*safe*
rejoindre	*to join*
réviser	*to review*
je n'en peux plus	*I can't take it anymore*
je vais craquer	*I'm going to break down*
au cours de	*during*
la Savoie	*a mountainous region close to the Alps and Italy*
ringard	*old-fashioned*
Tu parles d'une histoire!	*What a story!*
un caniche	*poodle*
bousculer	*to bump into*
se relever	*to get up*
une perruque	*wig*
s'enfuir	*to run away*

Après l'écoute. Indiquez si les phrases suivantes sont vraies (**V**) ou fausses (**F**).

1. _____ Annick a perdu Fido pendant une promenade.

2. _____ Annick n'a pas encore contacté la police.

3. _____ Steve offre un ticket de cinéma à Isabelle.

4. _____ Christelle étudie au café pour ses examens.

5. _____ Christelle a beaucoup aimé le film «Romances».

6. _____ Isabelle a trouvé le film trop conservateur.

7. _____ Steve invite Isabelle à aller en vacances à la montagne avec lui.

8. _____ Isabelle aimerait trouver un travail de journaliste à l'étranger.

9. _____ L'amie de Christelle a aussi perdu son chien.

10. _____ Sophie vient de rencontrer une personne mystérieuse.

La prononciation et l'orthographe

Masculine and feminine adjectives

As you know, the masculine form of an adjective frequently ends in an unpronounced consonant: **grand.** The feminine form often ends in a silent **e,** with the preceding consonant pronounced: **grande.** Here are a few other common patterns.

A. No change in pronunciation. Some adjectives end in **-e** in both the masculine and feminine forms. Therefore, their pronunciation does not change.

Écoutez et répétez: un examen facile   une leçon facile

un chapeau rouge   une cravate rouge

un ami suisse   une amie suisse

Other adjectives end with a vowel or with a *pronounced* consonant in the masculine form and add an **-e** in the feminine. These forms, too, are pronounced the same.

Écoutez et répétez: un joli manteau   une jolie robe

un ciel clair   une vue claire

un escalier intérieur   une cour intérieure

B. Spelling changes. This section reviews pronunciation and spelling rules for many adjectives with which you are already familiar.

- If a masculine adjective ends in **e** followed by a silent consonant, the feminine form ends in **e instable,** but the **e** before the consonant is written with a grave accent: **secret, secrète.** This same rule applies to words ending in **-er: ouvrier, ouvrière.**

  Écoutez et répétez: un livre complet   une œuvre complète

  un parfum discret   une couleur discrète

  le premier fils   la première fille

  un mot familier   une attitude familière

- In a few cases, the final consonant is doubled when **e instable** is added: **cruel, cruelle; tel, telle.**
- If the final consonant is **n,** the vowel is nasal in the masculine form but non-nasal in the feminine: **bon, bonne; ancien, ancienne.**

  Écoutez et répétez: un bon devoir   une bonne note

  un état américain   une ville américaine

  un agent italien   une amie italienne

- The feminine forms of masculine adjectives ending in **-x** can end in **-ce, -sse,** or **-se.** Listen to the [z] sound in **heureuse.**

  Écoutez et répétez: un homme doux   une femme douce

  un moment heureux   une vie heureuse

  un homme roux   une femme rousse

- There are a few adjectives whose final consonant is changed in the feminine form: **-f** to **-ve** and **-c** to **-che**.

  Écoutez et répétez: un homme actif   une femme active

                    un chapeau neuf   une robe neuve

                    un tissu blanc   une fleur blanche

                    un air franc   une attitude franche

- In addition, the spelling **-c** sometimes changes to **-que**, but the pronunciation remains the same: **public, publique**.

Dictée

Actualités: Fin de la grève (*strike*) **à la SNCF.** Vous entendrez la dictée trois fois. La première fois, écoutez. La deuxième fois, écrivez ce que vous entendez. La troisième fois, écoutez pour vérifier ce que vous avez écrit.

_____

_____

_____

_____

_____

_____

_____

_____

 # Le verbe français

The future tense

The future of most verbs is formed by adding the following endings directly to the infinitive: **-ai, -as, -a, -ons, -ez,** and **-ont.** Note that the L-form endings are identical to the present tense of the verb **avoir.**

A. **Formation of the future tense.** Here are the future forms of the three regular conjugations.* Note that the **e** before the future endings of **-er** verbs becomes an **e muet: parlerai, parleras,** etc.

---

*Note that the final **-e** of infinitives like **attendre** is dropped before the future endings are added.

Écoutez et répétez:

parler			
je	parler**ai**	nous	parler**ons**
tu	parler**as**	vous	parler**ez**
il/elle	parler**a**	ils/elles	parler**ont**

finir			
je	finir**ai**	nous	finir**ons**
tu	finir**as**	vous	finir**ez**
il/elle	finir**a**	ils/elles	finir**ont**

attendre			
j'	attendr**ai**	nous	attendr**ons**
tu	attendr**as**	vous	attendr**ez**
il/elle	attendr**a**	ils/elles	attendr**ont**

B. ***-Er* verbs with spelling changes.** Review the spelling changes in **-er** verbs discussed earlier (see *Le verbe français, Chapitre* 2). These same changes occur in all forms of the future tense. Look over the following chart and repeat the future forms you hear.

Écoutez et répétez:

payer	je paie	je paierai / nous paierons
jeter	je jette	je jetterai / nous jetterons
mener	je mène	je mènerai / nous mènerons

Note, however, that verbs with the stem vowel **é**, like **espérer,** keep the acute accent throughout the future: **j'espérerai, nous espérerons,** etc.

C. **Irregular verbs with regular future stems.** Most irregular verbs form the future in the same manner as regular ones: the future endings are added directly to the infinitive, with **-re** verbs dropping the final **-e.**

Écoutez et répétez:

boire	je boirai		écrire	j'écrirai
connaître	je connaîtrai		ouvrir	j'ouvrirai
croire	je croirai		prendre	je prendrai
dire	je dirai		suivre	je suivrai

D. **Irregular verbs with small stem changes.** Certain verbs ending in **-ir** or **-oir** have irregular future stems. Sometimes the **i** or **oi** preceding the **r** is dropped; sometimes other minor spelling changes occur. Stop the recording and look over the following chart, then repeat the future forms.

Écoutez et répétez:

courir	courr-	il **courr**a
devoir	devr-	il **devr**a
recevoir	recevr-	il **recevr**a
pleuvoir	pleuvr-	il **pleuvr**a
avoir	aur-	il **aur**a
savoir	saur-	il **saur**a
pouvoir	pourr-	il **pourr**a
venir	viendr-	il **viendr**a
obtenir	obtiendr-	il **obtiendr**a
vouloir	voudr-	il **voudr**a
falloir	faudr-	il **faudr**a

E. Irregular verbs with irregular future stems. Five verbs have completely irregular future stems. The normal future endings are added to these stems. Stop the recording and look over the following chart, then repeat the future forms.

Écoutez et répétez:

être	ser-	je **ser**ai
aller	ir-	j'**ir**ai
faire	fer-	je **fer**ai
voir	verr-	je **verr**ai
envoyer	enverr-	j'**enverr**ai

Vérifions!

Cover the preceding information with a piece of paper, then see whether you can complete the following chart. Check your answers and review any areas of uncertainty.

	chanter	réussir	vendre	employer	prendre	avoir	être
je (j')	*chanterai*						
les Colin					*prendront*		
Marie			*vendra*				
vous				*emploierez*			*serez*
nous						*aurons*	
tu		*réussiras*					

Intégration des verbes

Le site «ABC Enfance». Ce site offre aux futurs et aux nouveaux parents des prédictions sur le caractère de leur enfant selon son signe astral. Voici les prédictions pour le signe du Cancer. Complétez les prédictions avec le futur des verbes indiqués.

L'enfant né sous le signe du Cancer se _____[1] (distinguer) par sa gentillesse, son calme, sa simplicité et son hypersensibilité. Il _____[2] (être) toujours très attaché à sa famille, ses souvenirs, ses choses. Son humeur _____[3] (être) changeante, on _____[4] (avoir) du mal à le cerner (définir). Il _____[5] (être) assez renfermé (*withdrawn*) et comme il ne s'extériorisera pas beaucoup, on ne _____[6] (comprendre) pas ses antipathies soudaines pour certaines personnes ou ses changements d'humeur inattendus. Il _____ [7] (avoir)

la larme facile (*will cry easily*), il s'en _____ [8] (servir) d'ailleurs pour obtenir ce

qu'il _____ [9] (désirer). S'il est affectueux, il _____ [10]

(pouvoir) devenir aussi possessif. Il _____ [11] (réussir) bien à l'école car il

n'_____ [12] (avoir) pas besoin de surveillance très étroite pour travailler. C'est

d'ailleurs dans la solitude qu'il _____ [13] (accomplir) le mieux les tâches qui lui

_____ [14] (être) assignées.

CHAPITRE 10

Les voyages

Voyages à l'étranger

Activités de compréhension

A. Bon voyage! Adrienne Petit va finalement réaliser son rêve: aller en vacances à Tahiti. Le téléphone sonne; c'est son ami Ousmane qui veut lui souhaiter bon voyage. Écoutez leur conversation, puis indiquez si les phrases suivantes sont vraies ou fausses.

NOUVEAU VOCABULAIRE

Tu es prêt(e)?	*Are you ready?*	un maillot (de bain)	*swimsuit*
l'excédent de bagages	*excess baggage*	tu peux t'asseoir dessus	*you can sit on it*

Vrai (**V**) ou faux (**F**)?

1. _____ Adrienne est prête à partir, ou presque.

2. _____ Elle a oublié de prendre son billet d'avion.

3. _____ Elle n'a pas assez de vêtements.

4. _____ Selon Ousmane, Adrienne a seulement besoin d'un maillot de bain.

5. _____ Adrienne ne veut pas avoir de problèmes à la douane.

6. _____ Elle promet d'envoyer une carte postale à Ousmane.

B. Un voyage d'études aux États-Unis. Comme la plupart des jeunes Français, Emmanuel Colin va faire un séjour linguistique à l'étranger pour améliorer son anglais. Écoutez les conseils de sa mère avant le départ. Puis cochez (✓) les conseils de Claudine.

mon chéri	*sweetie, honey*	la famille d'accueil	*host family*
le mél	*e-mail*	un coup de fil	*phone call*
avoir de bonnes relations (avec)	*to get along (with)*		

1. _____ Ne bois pas d'alcool.

2. _____ Ne dépense pas ton argent trop rapidement.

3. _____ Envoie-nous souvent des courriels.

4. _____ Aide ta famille d'accueil à la maison.

5. _____ Ne sors jamais le soir.

6. _____ Aie de bonnes relations avec ta famille d'accueil.

7. _____ Reste avec ton groupe de Français.

Activités écrites

A. **Vocabulaire: Savoir-voyager.** Trouvez le mot approprié pour compléter les phrases.

se débrouiller	emporter	queue
une déclaration de douane	enregistrer	la salle d'attente
déclarer	fouiller	un vol
douanier		

1. La plupart des voyageurs prennent _____ pour aller à l'étranger.

2. Quand il y a beaucoup de monde qui attend, il faut faire la _____.

3. Avant de prendre l'avion, il faut _____ tous ses gros bagages.

4. On peut _____ deux bagages à main dans la cabine.

5. On attend le départ de son avion dans _____.

6. Avant d'arriver à destination, on doit remplir _____.

7. L'agent de la douane qui contrôle les passeports et les bagages à l'arrivée s'appelle le

   _____.

8. À la douane, il faut _____ les articles qu'on a achetés à l'étranger.

9. Le douanier peut décider de _____ vos bagages, s'il pense que vous avez

   fait une fausse déclaration.

10. Il n'est pas toujours facile de voyager; alors, les voyageurs doivent apprendre à

    _____.

★ **Attention! Étudier Grammaire 10.1 et 10.2.**

B. **Vacances en famille.** Les Colin partent ensemble au Maroc cette semaine et Claudine s'inquiète pour tout. Complétez ses phrases avec le subjonctif des verbes indiqués.

1. Charles, tu as trouvé ton maillot de bain? Il ne faut pas que tu l'_____ (oublier).

2. Victor, il est essentiel que tu _____ (finir) de faire tes achats aujourd'hui.

   Nous partons demain soir!

3. Marise et Clarisse, il faut que vous n'_____ (emporter) que trois valises:

   une grande et deux petites.

4. Joël, il est essentiel que tu _____ (obéir) sans te plaindre pendant ce voyage.

5. Emmanuel, est-il vraiment essentiel que nous _____ (acheter) le *guide*

   Michelin que tu veux? Nous sommes très occupés.

6. Oh là là! Je viens de me rappeler! Il faut que je _____ (mettre) ma crème

   solaire spéciale sur ma liste.

C. Voyage en groupe. Vous allez voyager en France avec votre professeur et vos camarades de classe et tout le monde vous donne des conseils. Complétez les phrases suivantes avec le subjonctif des verbes indiqués.

1. VOTRE MÈRE: Il faut que tu _____ (être) toujours à l'heure.

2. LE PROFESSEUR: Il est indispensable que nous _____ (prendre) un taxi le

   soir dans les grandes villes.

3. VOTRE CAMARADE DE CLASSE: Il est essentiel que le prof _____ (boire) un

   verre de vin à chaque repas pour rester calme.

4. LA CLASSE: Il ne faut pas que nous _____ (aller) au musée tous les jours.

   Ça serait trop ennuyeux.

5. VOTRE FRÈRE: Il vaut mieux que tu _____ (avoir) ton passeport sur toi

   quand tu sors.

6. VOTRE PÈRE: Il ne faut pas que tu _____ (faire) le pitre dans les endroits

   publics.

7. LA CLASSE: Il faut que nous _____ (avoir) du temps libre pour faire des

   achats et nous promener dans les rues.

8. LE PROFESSEUR: Il est essentiel que vous _____ (faire) attention quand vous

   traversez la rue.

9. VOS PARENTS: Il faut que tu _____ (prendre) le temps de nous appeler de

   temps en temps.

10. LE PROFESSEUR: Il est important que vous n'_____ (avoir) pas peur de

   parler français avec les Français!

D. Composition: Deux voyages. Choisissez un sujet et répondez aux questions pour écrire la composition. Ajoutez d'autres détails si vous voulez.

1. UN VOYAGE QUE J'AI AIMÉ

Où êtes-vous allé(e)? Quand? Est-ce que vous y êtes allé(e) seul(e) ou avec des copains? Comment était cette ville (ce pays...)? (grand[e], ancien[ne]...) Où avez-vous logé? Où avez-vous mangé? Qu'est-ce qu'il y avait comme distractions et qu'est-ce que vous avez fait? Vous avez aimé les habitants? Pourquoi? Qu'est-ce que vous avez aimé le plus pendant votre voyage? Pourquoi?

2. UN VOYAGE QUE JE N'AI PAS AIMÉ

Vous êtes allé(e) où? Quand et avec qui? Pourquoi n'avez-vous pas aimé ce voyage? Est-ce que vous avez eu des expériences désagréables? Qu'est-ce qui s'est passé?

_____

_____

_____

_____

_____

_____

_____

_____

En voiture!

Activités de compréhension

A. Des ennuis sur l'autoroute. Hier, Victor Colin est tombé en panne sur l'autoroute entre Paris et Clermont-Ferrand. Il raconte à sa femme Claudine ce qui s'est passé. Indiquez si les phrases suivantes sont vraies ou fausses.

NOUVEAU VOCABULAIRE

un bruit	*noise*	c'était grave	*it was serious*
tu avais crevé	*you had blown a tire*	une panne d'essence	*out of gas*
elle n'a pas démarré	*it wouldn't start*		

Vrai (**V**) ou faux (**F**)?

1. _____ Victor a eu un accident sur l'autoroute.

2. _____ Il a entendu un bruit bizarre.

3. _____ Il a vérifié le moteur et le radiateur.

4. _____ Un mécanicien a réparé la voiture.

5. _____ Victor était tombé en panne d'essence.

B. Le métro, c'est votre deuxième voiture. Voici un message de la RATP (la Régie autonome des transports parisiens). Écoutez la publicité, puis cochez (✓) les avantages qui sont mentionnés dans la publicité.

NOUVEAU VOCABULAIRE

les gaz (*m.*) d'échappement	*exhaust fumes*	les correspondances (*f.*)	*connections*
efficace	*efficient*		

1. _____ la diminution des risques d'accidents

2. _____ les attractions musicales des stations de métro

3. _____ ses avantages pour l'environnement

4. _____ sa rapidité

5. _____ son caractère reposant

6. _____ son silence relatif

7. _____ la possibilité de lire le journal

8. _____ ses avantages économiques

Activités écrites

A. Vocabulaire: La voiture. Trouvez les mots appropriés pour compléter les phrases.

le capot	essence	le pare-brise
le coffre	faire le plein	les phares
une contravention	les freins	
crevé	louer	

1. _____ servent à ralentir ou à arrêter la voiture.

2. Une voiture économique ne consomme pas beaucoup d'_____.

3. Bernard passe à la station-service et décide de _____.

4. Hier, j'ai entendu un bruit—j'avais un pneu _____ sur l'autoroute.

5. Les essuie-glaces essuient _____.

(continued)

6. Julien aime bien _____ une voiture lorsqu'il est en voyage.

7. Il faut ouvrir _____ pour vérifier le niveau d'huile.

8. D'habitude, on met ses bagages dans _____.

9. On doit mettre _____ quand on conduit le soir.

10. On risque d'avoir _____ si on brûle un feu rouge.

✷ **Attention! Étudier Grammaire 10.3.**

B. **On conduit.** Répondez aux questions en employant les verbes **suivre** et **conduire**. (Si vous ne conduisez pas, parlez de quelqu'un que vous connaissez.)

MODÈLE: Est-ce que vos parents conduisent bien ou mal, à votre avis? →
À mon avis, ils conduisent très bien. (Ils conduisent mal, à mon avis, parce qu'ils ont une main sur le volant, l'autre sur le portable.)

1. Est-ce que vous conduisez une voiture? Quel type de voiture? Conduisez-vous souvent?

_____

_____

2. En général, suivez-vous les règles du code de la route? Quand est-ce que vous ne les suivez pas? Pourquoi?

_____

_____

3. En voiture, qu'est-ce que vous faites si une autre voiture vous suit de très près? Pensez-vous aux conséquences éventuelles de la rage au volant?

_____

_____

4. Vos amis et vous, conduisez-vous prudemment? Comment conduisez-vous quand vous êtes pressés? Est-ce que vous conduisez quand vous avez bu?

_____

_____

5. Qui dans votre famille conduit le plus souvent? Pourquoi?

_____

_____

6. En général, est-ce que les gens de votre ville conduisent bien ou mal? Quelles erreurs font-ils le plus souvent?

_____

_____

C. La signalisation routière—1ère partie. Identifiez chacun des panneaux en écrivant la lettre qui lui correspond à côté de la description appropriée.

1. _____ Carrefour à sens giratoire (*traffic circle*)

2. _____ Arrêt interdit

3. _____ Passage piéton (pour les gens qui traversent la rue)

4. _____ Chaussée particulièrement glissante

5. _____ Interdiction de tourner à gauche à la prochaine intersection

6. _____ Accès interdit à tous les véhicules à moteur

7. _____ Hôpital ou clinique assurant les urgences

8. _____ Virage (*Curve*) à droite

9. _____ Sens interdit

10. _____ Signaux sonores interdits

La signalisation routière—2ème partie. Regardez de nouveau les panneaux indicateurs et écrivez la lettre qui correspond au panneau à côté de l'instruction appropriée.

1. _____ Ne klaxonnez pas.

2. _____ Ne stationnez (*park*) pas ici.

3. _____ Attention! Il va y avoir un tournant à droite.

4. _____ Ne tournez pas à gauche.

5. _____ Ne continuez pas dans cette direction.

6. _____ Attention! Il n'y a pas de feu de signalisation.

7. _____ Faites très attention! Évitez de freiner ou d'accélérer.

8. _____ Arrêtez-vous. Les voitures ne sont pas permises.

D. Conseils. Quelles recommandations pouvez-vous faire sur l'emploi des objets suivants? Qu'est-ce qu'on ne doit pas faire? Employez **il faut / il ne faut pas** avec le subjonctif.

> MODÈLE: les feux de signalisation → Il faut qu'on les regarde avec attention. Il faut qu'on s'arrête avant que le feu ne passe au rouge.

1. les freins _____

   _____

2. les clignotants _____

   _____

3. la ceinture de sécurité _____

   _____

4. les phares _____

   _____

5. les limitations de vitesse _____

   _____

6. le klaxon _____

   _____

7. les essuie-glaces _____

   _____

Comment se débrouiller

Activités de compréhension

 A. L'arrivée en France. On a toujours des surprises quand on arrive dans un pays étranger. Vous allez entendre plusieurs étudiants étrangers raconter leur première aventure à Paris. Choisissez le dessin qui représente la mésaventure de chaque étudiant.

NOUVEAU VOCABULAIRE

récupérer	*to get (something) back*	après coup	*afterward*
rire	*to laugh*	léger/légère	*lightweight*
des affaires (*f.*)	*things, belongings*	des cuisses (*f.*) de grenouille	*frogs' legs*
ramasser	*to pick up, collect*		
je me suis aperçu	*I noticed, realized*	faire une drôle de tête	*to make a strange face*

1. Louise   a.    b.

2. David   a.    b.

3. Luzolo   a.    b.

4. Giorgio   a.    b.

B. La douane. Agnès vient de rentrer de l'île de la Réunion, où elle a passé quinze jours de vacances. Elle parle avec Jean-Yves de son voyage. Indiquez si les phrases sont vraies ou fausses.

NOUVEAU VOCABULAIRE

qui habite là-bas	*who lives there*	un renseignement	*piece of information*
bavard(e)	*talkative*	mignon(ne)	*cute*

Vrai (**V**) ou faux (**F**)?

1. _____ Dans l'avion, Agnès a parlé longtemps avec une Réunionnaise.

2. _____ La dame a invité Agnès à venir chez elle.

3. _____ La dame est partie sans Agnès.

4. _____ Agnès est restée dans l'avion plus longtemps que les autres passagers.

5. _____ Jean-Yves trouve que les questions du douanier n'étaient pas du tout normales.

6. _____ Le douanier a passé une demi-heure à fouiller les valises d'Agnès et à regarder ses papiers.

7. _____ À la fin, Jean-Yves pense que le douanier cherchait de la drogue ou de la contrebande.

Activités écrites

A. Vocabulaire: Situations. Dites ce que le voyageur branché (bien informé) devrait faire dans les situations suivantes.

1. _g_ On ne sait pas un numéro de téléphone.

2. _____ On se trouve dans une situation difficile.

3. _____ On veut utiliser un téléphone public.

4. _____ On finit de dîner au restaurant.

5. _____ On est invité et on va arriver en retard.

6. _____ Quelqu'un vous rend un grand service.

7. _____ On veut payer sa note dans un hôtel.

8. _____ On perd son passeport.

9. _____ On laisse son manteau dans un grand magasin.

a. aller à la réception
b. laisser un pourboire
c. contacter le consulat de son pays
d. se servir d'une carte téléphonique prépayée
e. aller au bureau des objets trouvés
f. passer un coup de fil
g. chercher dans l'annuaire
h. se débrouiller
i. remercier la personne

‹ **Attention! Étudier Grammaire 10.4.**

B. **Le débrouillard en voyage.** Savez-vous ce qu'il faut faire dans les situations suivantes? Répondez à ces questions en employant les pronoms **le/la/les lui, le/la/les leur, lui/leur en.**

> MODÈLE: Au supermarché, est-ce qu'on donne <u>ses achats</u> <u>à la caissière</u>? → Oui, on *les lui* donne.

1. À l'aéroport, est-ce qu'on montre <u>son passeport</u> <u>au douanier</u>?

   _____

2. Donne-t-on <u>de l'argent</u> <u>à un agent de police qui montre le chemin</u>?

   _____

3. Dit-on <u>son code personnel</u> <u>à ses amis ou à d'autres personnes</u>?

   _____

4. Laisse-t-on <u>de l'argent</u> <u>aux serveurs</u> si le service est compris?

   _____

5. Dit-on <u>l'heure</u> <u>à quelqu'un qui la demande dans la rue</u>?

   _____

6. Donne-t-on <u>de l'argent</u> <u>à quelqu'un dans la rue qui a trop bu</u>?

   _____

7. Dit-on <u>où on loge</u> <u>aux gens qu'on rencontre dans un bar</u>?

   _____

8. Après un accident de voiture, faut-il donner <u>ses coordonnées</u> (nom, adresse, numéro de téléphone) <u>à l'autre conducteur</u>?

   _____

C. **Les qualités des débrouillards.** Indiquez l'importance de ces qualités en leur attribuant un nombre de 1 à 10 (1 correspond à la qualité la plus importante.)

_____ le goût de l'aventure		_____ l'organisation	
_____ une nature calme		_____ la tolérance	
_____ le sens de l'humour		_____ le courage	
_____ l'indépendance		_____ l'imagination	
_____ la discipline		_____ l'enthousiasme	

Maintenant, en vous servant de vos réponses ci-dessus, écrivez une description de la personne qui sait bien se débrouiller.

_____

_____

_____

_____

_____

_____

_____

_____

Les achats, les produits et les matières

Activités de compréhension

Un marché au Maroc. Christine et Bernard Lasalle font du tourisme à Marrakech, au Maroc. Ils vont dans un marché pour acheter quelques souvenirs. Répondez par écrit aux questions.

NOUVEAU VOCABULAIRE

le tissu brodé	*embroidered fabric*	Vous plaisantez?	*Are you kidding?*
marchander	*to bargain*	fait(e) à la main	*handmade*
Ne t'en fais pas.	*Don't worry.*	le dirham	*Moroccan unit of currency*

1. Quel conseil Bernard donne-t-il à Christine?

   _____

2. Combien coûte le masque au début?

   _____

3. Combien est-ce que Christine le paie à la fin?

   _____

4. Combien est-ce que le marchand qui est juste en face demande pour le même masque?

   _____

Activités écrites

A. Vocabulaire: Les produits et les matières. Associez une matière avec chacun des articles suivants.

1. _____ les cardigans d'hiver
2. _____ les assiettes ordinaires
3. _____ les assiettes élégantes
4. _____ les robes du soir
5. _____ les chandeliers
6. _____ les ceintures
7. _____ les robes d'été
8. _____ les voitures

a. la soie
b. le cuir
c. le coton
d. l'acier
e. la laine
f. la terre cuite
g. le cristal
h. la porcelaine

★ **Attention! Étudier Grammaire 10.5 et 10.6.**

B. Décisions. Vous achetez des cadeaux. Choisissez le(s) meilleur(s) objet(s) dans chaque cas et expliquez votre raison.

MODÈLE: pour une petite fille: la poupée en porcelaine, en plastique ou en bois →
Moi, je trouve que le meilleur choix est la poupée en plastique. C'est la plus belle et la plus durable.

1. pour votre mère: la montre en or, en argent ou celle avec Mickey

_____

_____

2. pour votre meilleur(e) ami(e): le cardigan en soie, en coton ou en laine d'Irlande

_____

_____

3. pour votre chien: le collier en cuir, en argent ou avec des diamants

_____

_____

4. pour votre chambre: des petits tapis en soie, en coton ou en laine

_____

_____

5. pour votre tante qui est assez forte (*heavy-set*): la robe rouge avec des grandes fleurs, la bleue toute simple, ou la beige en coton avec d'énormes girafes

_____

_____

C. **Au magasin.** Quand vous faites des courses, les vendeurs vous demandent de faire des choix et vous leur expliquez ce que vous voulez acheter. Inventez des petits dialogues entre quelques vendeurs (vendeuses) et vous.

VOCABULAIRE UTILE

lequel / lesquels   celui / ceux

laquelle / lesquelles   celle / celles

MODÈLE: un bracelet en or ou en argent →
    LE BIJOUTIER: Lequel de ces bracelets préférez-vous? Celui en or ou celui en argent?
           MOI: Celui en or, s'il vous plaît. Il coûte plus cher, mais il est plus joli.

1. des biscuits (*m.*) au chocolat, à la vanille ou à la frangipane (*almond paste*)

   LE PÂTISSIER: _____

          MOI: _____

2. une eau de cologne au parfum de lavande, de fruits, de jungle ou de pin

   LA VENDEUSE: _____

          MOI: _____

3. un papier à lettres avec une bordure de dessins ou avec des lignes

   LE VENDEUR: _____

          MOI: _____

4. une pizza aux 4 fromages, avec de la saucisse et des champignons ou aux fruits

   LE SERVEUR: _____

          MOI: _____

D. **Stéréotypes.** Chaque pays est connu pour certains produits et certaines spécialités. D'après les stéréotypes communs, quels pays associez-vous avec ces produits? Employez **meilleur(s)/meilleure(s).**

MODÈLE: les tulipes et les produits laitiers (l'île Maurice ou la Hollande?) →
           La Hollande a *les meilleures* tulipes et *les meilleurs* produits laitiers.

1. la vodka et le caviar (l'Argentine ou la Russie?)

   _____

2. les bonbons (*m.*) au chocolat et les montres (*f.*) (la Suisse ou la Chine?)

   _____

3. les ordinateurs (*m.*) et l'équipement (*m.*) électronique (le Japon ou le Brésil?)

   _____

4. le vin et les pâtisseries (*f.*) (le Danemark ou la France?)

   _____

5. la bière et les saucisses (*f.*) (l'Allemagne ou l'Italie?)

   _____

E. **Composition: Le cadeau idéal.** Écrivez une petite composition au sujet d'un cadeau que vous avez acheté. Dans la composition, dites quel cadeau vous avez acheté, pour qui vous l'avez acheté, et pour quelle occasion. Expliquez les facteurs qui ont influencé votre décision (les goûts de la personne, vos propres goûts, l'originalité ou la qualité du produit, le fait que le produit était en solde…). Est-ce que la personne a aimé ce cadeau? Pourquoi?

_____

_____

_____

_____

_____

_____

_____

_____

_____

_____

Intégration

À l'écoute!

Diassigue-le-Caïman°
D'après Le salaire *de Birago Diop*

Crocodile

Un enfant a trouvé Diassigue-le-Caïman dans la brousse.° Le caïman lui a demandé de le porter jusqu'à l'eau et l'enfant est parti pour chercher une natte° et des lianes.° Ensuite, il a enroulé Diassigue dans la natte, qu'il a attachée avec les lianes. Enfin, il l'a chargée° sur sa tête, a marché jusqu'au fleuve, a déposé° la natte et a coupé les lianes.

forêt tropicale
mat
vines
mise / mis par terre

Diassigue lui a demandé de s'approcher et de l'aider à entrer dans l'eau, puisqu'il avait de la difficulté à marcher. Mais quand l'enfant est entré dans l'eau jusqu'à la poitrine, le caïman lui a saisi le bras. L'enfant a poussé des cris et a demandé au caïman de le laisser partir. Le caïman a refusé, en disant qu'il avait très faim parce qu'il n'avait rien mangé depuis trois jours. L'enfant lui a dit qu'une bonne action se paie par une bonté° et non par une méchanceté.° Le caïman a dit le contraire et les deux ont commencé à se disputer.

bonne action /
   mauvaise action

Leuk-le-lièvre,° qui passait au galop, s'est arrêté pour savoir ce qui se passait. Le caïman lui a raconté l'histoire. Le lièvre a fait semblant° de ne pas croire qu'un petit enfant puisse emporter un caïman sur sa tête. Pour le prouver, l'enfant a de nouveau enroulé le caïman dans la natte. Il l'a attaché avec des lianes et l'a chargé sur sa tête encore une fois. En voyant cela, le lièvre a dit à l'enfant:

lapin sauvage
a… *pretended*

«Emporte ta charge chez toi; ton père et tous tes parents te remercieront, puisque vous en° mangez chez vous. C'est comme ça qu'on paie ceux qui oublient les bonnes actions.»

des caïmans

Mettez les phrases dans le bon ordre (de 1 à 6).

_____ a.   Le caïman a saisi le bras de l'enfant.

_____ b.   Le lièvre est passé au galop.

_____ c.   L'enfant a trouvé le caïman dans la brousse.

_____ d.   L'enfant a enroulé le caïman dans la natte une deuxième fois.

_____ e.   Le lièvre a conseillé à l'enfant d'emporter le caïman à la maison.

_____ f.   Le caïman et l'enfant se sont disputés.

À vos stylos!

Situation: Pour mieux connaître une ville francophone, vous avez décidé de préparer l'itinéraire d'une journée dans cette ville.

Intention: Vous voulez faire une liste de ce que vous ferez du matin jusqu'au soir. Vous allez faire du tourisme, choisir des restaurants et décider comment vous voulez passer la soirée.

Méthode: Utilisez un guide touristique, Internet ou un ouvrage de référence pour découvrir des possibilités intéressantes. Décidez ce que vous voudrez faire, en calculant le temps pour chaque activité. Ensuite, écrivez votre itinéraire en utilisant des verbes au futur.

MODÈLE: Itinéraire: Dakar
8–10 h: Je découvrirai le marché de Kermel.
10–13 h: Je visiterai le musée Ethnographique…

_____

_____

_____

_____

_____

_____

_____

_____

Rencontres

Épisode 10: Péripéties avant le départ

Avant l'écoute. Indiquez si les phrases suivantes sont vraies (**V**) ou fausses (**F**).

1. _____ Jean-Claude a perdu Fido au parc.

2. _____ Christelle se prépare pour le bac.

3. _____ Steve invite Christelle et Isabelle à partir en vacances.

4. _____ Le chat de l'amie de Christelle a disparu.

5. _____ On voit une personne mystérieuse dans les rues de la ville.

Situation: Trois semaines plus tard, les Lefèvre sont toujours sans nouvelles de Fido. Christelle et Isabelle ont réussi à leurs examens et Isabelle a accepté de partir en vacances en train avec Steve. Ce matin chez les Lefèvre, Annick, Christelle et Jean-Claude apprennent deux nouvelles importantes à la radio.

NOUVEAU VOCABULAIRE

des péripéties (*f.*)	*ups and downs*
sans nouvelles	*without news*
de race	*pedigree*
mener une enquête	*to conduct an investigation*
proche	*close*
se rendre	*to go*
la SNCF	la Société nationale des chemins de fer français (*French National Railroad Company*)
une grève	*strike*
perturber	*to disrupt*
les grandes lignes	*main railroad lines*
rôder	*to lurk around*
surveiller	*to watch*
nous aurions prévenu	*we would have informed*
pourvu que	*let's hope (that)*
faire contrôler	*to have checked*
en avoir assez	*to be tired of*
ça ne me dérange pas	*it doesn't bother me*

Après l'écoute. Mettez les événements suivants dans l'ordre chronologique (de 1 à 10).

_____ a. L'équipe d'Annick gagne le match de basket.

_____ b. Annick avertit Steve qu'il y a une grève des trains.

_____ c. Raphaël rencontre une jolie jeune fille blonde.

_____ d. Christelle révèle qu'elle a observé une femme mystérieuse.

_____ e. Steve appelle Isabelle au téléphone pour parler de leur voyage.

_____ f. Les Lefèvre apprennent à la radio l'existence d'un trafic de chiens.

_____ g. Isabelle dit qu'elle va amener la voiture de son frère au garage.

_____ h. Jean-Claude prévient la police.

_____ i. Raphaël remarque une jolie joueuse pendant le match.

_____ j. Jean-Claude est en colère contre Annick.

🎧 La prononciation et l'orthographe

Accentuation, rhythm, and intonation

A. Accentuation. You have probably noticed that the rhythm of French is quite different from that of English. One important difference concerns unstressed syllables. In English words, unaccented or unstressed vowels frequently have the "uh" sound. Listen to the difference between the first, accented *a* in *fatal*, and that same *a* in the word *fatality*, where it is not accented. Listen again: *fatal, fatality*. In French, this process does not occur. Most syllables have equal stress, with the final syllable slightly emphasized; and all vowels (except **e instable**) are always pronounced with their full value.

Listen to each English word, then listen to and repeat the corresponding French word. Pay careful attention to the highlighted syllables.

Écoutez et répétez:

capital	capi**tale**
America	Amé**rique**
actor	act**eur**
documentary	documen**taire**
nationality	nationali**té**

B. Rhythm. The French rhythm—equal emphasis on all syllables, with a slight increase of stress on the final syllable—applies to phrases and short sentences, as well.

Listen to and repeat these phrases and sentences. Pay careful attention to the highlighted syllables.

Écoutez et répétez:

un chap**eau**	ma **sœur**
un beau chap**eau**	ma petite **sœur**
un beau chapeau **rouge**	ma petite sœur ar**rive**
Elle a un beau chapeau **rouge**.	Ma petite sœur arrive de**main**.

C. Intonation. Intonation is the pattern of pitch levels in a sentence. In an English sentence, pitch levels may rise and fall several times within a sentence. In French sentences, intonation patterns are typically very smooth.

- Yes-no questions usually have rising intonation, whereas statements and commands generally have falling intonation.

Écoutez et répétez:

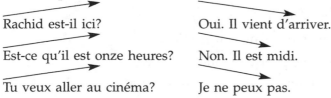

Rachid est-il ici?   Oui. Il vient d'arriver.

Est-ce qu'il est onze heures?   Non. Il est midi.

Tu veux aller au cinéma?   Je ne peux pas.

- Questions that begin with an interrogative word (**que, quand, où,** etc.) usually have falling intonation.

Écoutez et répétez:

Comment vous appelez-vous?

Qu'est-ce que tu prends le matin?

Pourquoi est-ce qu'elle pleure?

• In longer sentences, there is typically a series of rising intonations until the final phrase, when the pitch falls.

Écoutez et répétez:

Annick, / sa petite sœur / et ses amis / sont au restaurant.

Dans un restaurant / Annick commande habituellement / un steak au poivre/

et des pommes frites.

Sa petite sœur / aime beaucoup un dessert / composé d'œufs, / de lait /

et d'un peu de sucre.

Dictée

Une publicité pour les trains de neige de la SNCF. Vous entendrez la dictée trois fois. La première fois, écoutez. La deuxième fois, écrivez ce que vous entendez. La troisième fois, écoutez pour vérifier ce que vous avez écrit.

_____

_____

_____

_____

_____

_____

_____

_____

_____

_____

The subjunctive (regular forms)

A. Regular verbs in the subjunctive. Stop the recording and look over the following table of subjunctive endings.

je	-e	nous	-ions
tu	-es	vous	-iez
il/elle	-e	ils/elles	-ent

These endings are added to a special subjunctive stem: the present tense indicative **ils** form minus the **-ent** ending. Again, stop the recording and look over the table.

ils **parl**ent	parl-
ils **finiss**ent	finiss-
ils **attend**ent	attend-

Here are the present subjunctive forms for the three regular conjugations.*

Écoutez et répétez:

parler			
je	parle	nous	parl**ions**
tu	parle**s**	vous	parl**iez**
il/elle	parle	ils/elles	parl**ent**

finir			
je	finisse	nous	finiss**ions**
tu	finisse**s**	vous	finiss**iez**
il/elle	finisse	ils/elles	finiss**ent**

attendre			
j'	attend**e**	nous	attend**ions**
tu	attend**es**	vous	attend**iez**
il/elle	attend**e**	ils/elles	attend**ent**

B. Irregular verbs with regular subjunctive formations. Many verbs that are irregular in the present indicative form the subjunctive according to the regular pattern: the **-ent** ending is dropped from the present-tense **ils** form, and the subjunctive endings are added to this stem. Stop the recording and look over the following table.

INFINITIVE	PRESENT INDICATIVE	SUBJUNCTIVE (**je**)
connaître	ils **connaiss**ent	je connaisse
dire	ils **dis**ent	je dise
dormir	ils **dorm**ent	je dorme

---

*Note: The **nous** and **vous** forms of the present subjunctive are identical to the corresponding forms of the imperfect; the third-person plural form of the subjunctive is always identical to the third-person plural present tense form; the L-forms of regular **-er** verbs are identical in the subjunctive and in the present tense. Also notice that for *any* verb, all the L-forms of the subjunctive are pronounced the same.

écrire	ils **écriv**ent	j'écrive
lire	ils **lis**ent	je lise
mettre	ils **mett**ent	je mette
partir	ils **part**ent	je parte

Since all of these subjunctive stems end with consonants, this has important consequences for the pronunciation of these verbs in the subjunctive: stem-final consonants that are not pronounced in the singular of the present tense are *always* pronounced in the subjunctive.

Listen to the following present and subjunctive forms, and repeat the subjunctive forms.

Écoutez et répétez:

PRESENT	SUBJUNCTIVE
je connais	je connaisse
je dis	je dise
je lis	je lise
je peins	je peigne

Vérifions!

Cover the preceding information with a piece of paper, then see whether you can complete the following chart. Check your work, and review any areas of uncertainty.

	chanter	**réfléchir**	**attendre**	**dire**	**connaître**	**écrire**
je (j')			*attende*			
tu	*chantes*					
Emmanuel						*écrive*
nous		*réfléchissions*				
vous					*connaissiez*	
les sœurs				*disent*		

Intégration des verbes

Un courriel d'Adrienne. Adrienne Petit, que vous avez rencontrée pendant une visite à Marseille, va venir dans deux mois vous rendre visite et faire du tourisme. Adrienne vous a écrit un courriel avec beaucoup de questions. Complétez ses questions avec le subjonctif des verbes indiqués.

Salut!

Je pense beaucoup à ce voyage chez toi et j'ai beaucoup de questions à te poser. Quel temps

fera-t-il? Vaut-il mieux que j'_____[1] (emporter) seulement des vêtements chauds?

À quel moment faut-il que je _____[2] (partir), si je veux avoir des chances de voir

les cerisiers (*cherry trees*) en fleurs à Washington? Et quand auras-tu besoin que je te

_____[3] (dire) les dates exactes de mon séjour?

Est-il nécessaire que nous _____[4] (établir) tout notre itinéraire à l'avance, ou pourrons-nous faire des projets après mon arrivée? Il faut aussi que je _____[5] (lire) un guide et que je _____[6] (réfléchir) encore à toutes les possibilités. Il y a tant de choses à faire chez toi!

À propos de mon arrivée, vaut-il mieux que je _____[7] (dormir) dans l'avion, ou bien est-ce que je pourrai dormir en arrivant? J'aurai probablement du mal à me reposer dans l'avion, alors je pense qu'il vaudra peut-être mieux que nous _____[8] (attendre) un ou deux jours avant de partir.

Est-il absolument essentiel que je _____[9] (connaître) quelques mots d'anglais? Y a-t-il des Américains qui parlent français? Et une dernière question: faudra-t-il que nous _____[10] (manger) des hamburgers tous les jours? J'espère que non! ☺

Amitiés,

Adrienne

P.S. Ne t'inquiète pas. Il n'est pas nécessaire que tu _____[11] (écrire) toutes tes réponses dans un message—je te téléphonerai la semaine prochaine. D'accord?

À bientôt,

Adrienne

Les moyens de communication

Thèmes et grammaire

L'univers de l'électronique

Activités de compréhension

A. Pour ou contre l'ordinateur? Francis Lasalle ne réussit pas à comprendre pourquoi tous ses petits-enfants passent tant de temps devant leur ordinateur. Écoutez sa discussion avec sa petite-fille Marise. Ensuite, cochez (✓) les avantages et les inconvénients de l'ordinateur mentionnés par Francis ou Marise.

NOUVEAU VOCABULAIRE

ça enlève le plaisir   *it takes away the pleasure*   ça facilite la vie   *it makes life easier*

AVANTAGES	INCONVÉNIENTS
_____ c'est amusant	_____ on y passe trop de temps
_____ c'est en couleur	_____ ça fait du bruit
_____ on tape sur le clavier	_____ ça enlève le plaisir de recevoir des lettres
_____ on peut parler avec le monde entier	_____ ça coûte très cher
_____ on peut faire des recherches sans sortir	_____ on n'a pas le plaisir de parler aux gens en personne

B. Une famille branchée. Comme Francis Lasalle vient d'apprendre que sa femme envoie maintenant des SMS à toute la famille, il demande à Marise de lui montrer comment le faire. Indiquez si les phrases sont vraies ou fausses.

NOUVEAU VOCABULAIRE

(les) SMS	*text messages*	l'envoi (*m.*)	*sending*
(le service de		tu souhaites	*you wish*
messages courts)		branché	*in the know*
autant	*as much, as many*		

Vrai (**V**) ou faux (**F**)?

1. _____ Marise pense qu'envoyer des textos sera trop difficile pour Francis.

2. _____ Francis a fait des fautes d'orthographe.

3. _____ Francis trouve que c'est facile d'envoyer un SMS.

4. _____ Francis semble être fasciné par la possibilité d'envoi le même SMS à plusieurs personnes.

5. _____ Francis a envie d'envoyer un message à sa femme.

6. _____ À la fin, Francis demande à Marise d'envoyer son message pour lui.

C. La vente par correspondance. Voici une publicité pour du matériel électronique. Répondez aux questions d'après la publicité.

NOUVEAU VOCABULAIRE

la vente par	*mail-order sales*	performant(e)	*high-performance*
correspondance		livrer	*to deliver*
un numéro vert	*toll-free number*		
la technologie de pointe	*latest technology*		

1. Pour recevoir le catalogue Tech-Service, faites le numéro vert _____.

2. Cochez (✓) les articles qui sont mentionnés dans la publicité.

   _____ claviers   _____ logiciels

   _____ DVD   _____ agendas

   _____ écrans   _____ ordinateurs

   _____ imprimantes   _____ PC de poche

   _____ lecteurs CD   _____ lecteurs MP3

3. Les commandes sont livrées en _____ heures.

Activités écrites

A. Vocabulaire: Définitions. Identifiez l'emploi de ces objets qui font partie du monde de l'électronique.

1. _____ Cet objet vous permet de changer de chaîne sans vous déplacer.

2. _____ On s'en sert pour taper des messages et des documents.

3. _____ Si vous cliquez dessus, ça vous permet d'accéder à un autre site Web.

4. _____ On l'utilise la plupart du temps pour déplacer le curseur sur l'écran.

5. _____ On le regarde en tapant des messages à l'ordinateur.

6. _____ Ce sont des documents que vous envoyez avec un courriel.

7. _____ Ce petit appareil a les fonctions d'un ordinateur, d'un agenda et d'un portable.

8. _____ Ce programme fait fonctionner l'ordinateur.

9. _____ Cet appareil permet le transfert sur papier d'un document sauvegardé sur son ordinateur.

10. _____ Ce système permet de recevoir et d'envoyer des messages par ordinateur.

a. les fichiers joints
b. le logiciel
c. l'écran
d. le courriel
e. le clavier
f. la souris
g. un PC de poche
h. l'imprimante
i. la télécommande
j. un lien

★ **Attention! Étudier Grammaire 11.1.**

B. Un autre monde. Sarah et Jean-Yves imaginent comment la vie serait différente sans certaines technologies modernes. Complétez leurs phrases avec la forme appropriée du conditionnel.

MODÈLE: Sans portable, on *aurait* la paix de temps en temps!

1. Sans courriel, nous _____ (écrire) plus de lettres.

2. Sans voiture, on _____ (se servir) toujours de chevaux.

3. Sans télé, les familles _____ (se parler) plus.

4. Sans ordinateur, beaucoup de gens _____ (avoir) une machine à écrire.

5. Sans radio ou télé, on _____ (connaître) moins bien les voix des célébrités.

6. Sans lumière électrique, je _____ (lire) moins la nuit parce que je

   _____ (voir) moins bien à la lumière de la bougie.

7. Sans frigo, on _____ (faire) la cuisine tous les jours puisqu'on

   _____ (ne pas pouvoir) conserver la nourriture.

8. Sans avion, tu _____ (être) obligée, Sarah, de prendre le bateau pour

   traverser l'Atlantique.

C. Donnez des ailes à vos conversations. Lisez cette publicité pour le logiciel Skype, puis indiquez si les phrases sont vraies (**V**) ou fausses (**F**).

_____ 1. Les appels entre les utilisateurs de Skype sont gratuits.

_____ 2. On peut faire des appels vidéo.

_____ 3. Il faut s'abonner à Skype si on veut téléphoner.

_____ 4. Tous les appels et les envois de texte sont cryptés pour les sécuriser.

_____ 5. On peut parler à n'importe qui sur Internet avec Skype.

_____ 6. Tous les services offerts par Skype sont gratuits.

_____ 7. On ne peut pas téléphoner à quelqu'un qui utilise son téléphone portable.

_____ 8. On peut se servir du service SMS (textos) sans payer.

_____ 9. Skype vous offre une messagerie vocale à tarif réduit.

SKYPE, QU'EST-CE QUE C'EST?

Skype est un petit logiciel qui vous permet de passer des appels partout dans le monde depuis votre ordinateur. Les appels entre utilisateurs Skype sont gratuits et de qualité excellente. C'est tout simplement gratuit, sans obligation d'achat ni d'abonnement. Skype, c'est aussi des appels vidéo gratuits et des appels dans le monde entier vers des téléphones ordinaires à petit prix.

Ça marche, tout simplement. Pas de soucis. Skype fonctionne sur la plupart des ordinateurs. Les fonctions d'appel, de messagerie instantanée de transfert de fichiers fonctionnent entre tous les types d'ordinateurs. Et Skype crypte automatiquement les appels, les messages instantanés et les transferts de fichiers avant de les envoyer par Internet, alors personne ne peut intercepter vos appels, envois de texte ou de fichier.

Skype offre des produits pratiques vraiment pas chers. Avec Skype, vous pouvez parler à n'importe qui gratuitement sur Internet, et ce sera toujours le cas. Mais Skype a d'autres fonctions très utiles qui ne sont pas gratuites (cela dit, elles ne sont vraiment pas chères):

SkypeOut est un moyen très abordable d'appeler des lignes fixes et mobiles. Vous pouvez aussi utiliser SkypeOut pour transférer des appels depuis Skype vers votre numéro de téléphone à domicile ou vers votre mobile.

SkypeIn est un numéro sur lequel les amis peuvent vous appeler depuis un téléphone, et vous leur répondez sur Skype. Vous pouvez obtenir des numéros dans un ou plusieurs des lieux offerts, et recevoir des appels sur Skype partout dans le monde.

La Messagerie vocale Skype répond à vos appels quand vous êtes occupé ou hors ligne.

Skype SMS vous permet d'envoyer des messages SMS aux téléphones mobiles de vos amis, via Skype.

Visitez Skype en vous servant d'un moteur de recherche français comme _Nomade_.

D. Composition: Les enfants et l'ordinateur. Si vous aviez des enfants, que feriez-vous pour les guider dans l'utilisation du Web? Qu'est-ce que vous leur défendriez complètement de regarder et de faire? Imposeriez-vous des limites au nombre d'heures de «surf»? À quel âge leur donneriez-vous libre accès au Web? Si vous avez déjà des enfants, que feriez-vous s'ils passaient trop de temps à surfer sur Internet? Quels autres problèmes pourriez-vous avoir quand vos enfants Internet surfent sur?

> MODÈLE: Si j'avais des enfants, j'essaierais de leur faire comprendre que l'ordinateur est un outil et non un jouet (*toy*). Je leur défendrais de...

_____

_____

_____

_____

On se distrait, on s'informe

Activités de compréhension

A. La revue *20 ans*. Voici maintenant une publicité radio pour la revue *20 ans*. Est-ce que la lecture de *20 ans* intéresserait probablement ces personnes? Cochez (✓) les bonnes réponses.

NOUVEAU VOCABULAIRE

une revue	*magazine*	(il) exprime	(*it*) *expresses*
restez branché(e)	*keep in the know*	les inquiétudes (*f.*)	*worries*
les nouveautés (*f.*)	*novelties*	en vente	*on sale*
des tas (*m.*) de	*lots of*		

1. _____ une lycéenne qui s'intéresse à la musique pop

2. _____ un étudiant qui aime lire surtout des romans et des pièces de théâtre

3. _____ une mère de famille de 35 ans

4. _____ un homme de 50 ans qui veut mieux comprendre ses deux fils de 18 et 21 ans

(continued)

5. _____ une étudiante qui aime être bien habillée

6. _____ un garçon qui est fanatique d'astronomie

7. _____ une fille de dix ans qui aime les poupées (*dolls*)

8. _____ une jeune fille qui veut tout savoir sur les dernières vedettes du cinéma

B. La télévision en famille. Ce soir la famille Colin n'arrive pas à se décider sur la chaîne et l'émission de télévision qu'ils veulent regarder. Répondez aux questions d'après la conversation.

NOUVEAU VOCABULAIRE

la chaîne	(*TV*) *channel*	Patrick Bruel	*popular singer (France)*
la Coupe du Monde	*World Cup (soccer)*	il ne reste plus que toi	*you're the only one left*
un clip	*video*	une partie (de)	*a game (of)*

1. Qu'est-ce que chacun a envie de faire ce soir?

NOM	ACTIVITÉ
Victor	_____
Claudine	_____
Joël	_____
Clarisse	_____
Charles	_____
Emmanuel	_____
Marise	_____

2. Qu'est-ce qu'ils décident de faire finalement?

_____

Activités écrites

A. Vocabulaire: Devinettes: Le cinéma et la télévision. Cherchez la définition de chaque terme.

1. _____ un film d'animation
2. _____ le metteur en scène
3. _____ la vedette
4. _____ un accro du cinéma
5. _____ l'intrigue
6. _____ les critiques
7. _____ la mise en scène
8. _____ un feuilleton
9. _____ un film d'horreur

a. les décors, places, mouvements et jeu des acteurs dans un film
b. personne qui joue le rôle principal dans un film
c. film qui inspire des sentiments de terreur
d. personne passionnée pour le cinéma
e. genre de film animé, souvent pour les enfants
f. enchaînement des actions d'un film
g. jugements sur la valeur d'un film
h. histoire divisée en épisodes
i. personne qui réalise un film

Attention! Étudier Grammaire 11.2 et 11.3.

B. Le monde de l'électronique. Exprimez votre opinion sur les choses suivantes. Utilisez le pronom **dont** dans vos réponses et expliquez vos raisons.

VOCABULAIRE UTILE

avoir besoin (de)   avoir envie (de)   avoir horreur (de) *(to hate)*   avoir peur (de)

MODÈLE: un téléviseur HD →
C'est une chose *dont* j'ai très envie. (Ce n'est pas une chose *dont* j'ai envie. Je suis contente de mon vieux téléviseur.)

1.   un appareil photo numérique _____

_____

2.   une console à jeux _____

_____

3.   mon propre blog _____

_____

4.   un casque Blue Tooth _____

_____

5.   le service GPS_____

_____

C. Intellectuel ou superficiel? Complétez les phrases avec **ce qui** ou **ce que (ce qu')**. Ensuite, cochez (✓) les activités d'une personne intellectuelle.

1.   __✓__ Elle s'informe sur _____*ce qui*_____ se passe dans le monde.

2.   ____ Elle s'intéresse à _____on dit sur les vedettes.

3.   ____ Elle sait _____ se passe dans tous les feuilletons.

4.   ____ Elle ne croit pas tout _____ elle lit dans le journal.

5.   ____ Elle s'intéresse à _____ son horoscope lui prédit tous les jours.

6.   ____ Elle essaie de comprendre _____ elle lit sur l'économie.

D. Les médias audiovisuels. On n'en est pas toujours bien content, mais les médias représentent une partie importante de la vie moderne. Réfléchissez-y en répondant aux questions suivantes.

1.   La télévision. Est-ce que vous regardez souvent la télé? Quels types d'émissions préférez-vous? Lesquels n'aimez-vous pas? Pourquoi? À votre avis, est-ce que les gens regardent trop la télé? Qu'est-ce que vous passeriez à la télé si vous pouviez choisir?

_____

_____

_____

_____

2. La radio. L'écoutez-vous souvent? À quels moments de la journée? Qu'est-ce que vous écoutez? S'il fallait choisir, choisiriez-vous la radio ou la télé? Pourquoi? Laquelle fait le plus appel à l'imagination des gens?

_____

_____

_____

_____

3. Le cinéma. Quand et avec qui allez-vous au cinéma? Est-ce que vous mangez et buvez pendant la projection du film? Pourquoi choisissez-vous d'aller au cinéma au lieu de voir un DVD à la maison?

_____

_____

_____

Les pièges de l'inforoute

Activités de compréhension

A. **Pas possible d'être si crédule!** Adrienne Petit décrit son amie Sophie à Ousmane. Sophie est une personne qui croit tout ce qu'elle voit et entend. D'après la conversation, cochez (✓) les exemples qui montrent la naïveté de Sophie.

NOUVEAU VOCABULAIRE

une agence matrimoniale	*marriage bureau*	Pas étonnant!	*Not surprising!*
ça n'a pas marché	*it didn't work*		

1. _____ Elle croit qu'elle peut gagner une fortune à la loterie.

2. _____ Elle pense qu'elle va rencontrer l'homme de ses rêves la semaine prochaine.

3. _____ Elle a acheté un régime très cher qui n'a pas marché.

4. _____ Elle croit devenir millionnaire en achetant un livre dont on a fait la publicité à la télé.

5. _____ Elle lit son horoscope tous les jours.

6. _____ Elle consulte des voyantes pour savoir qui elle va épouser.

B. L'invasion de la publicité. Claudine et Victor Colin sont en train de regarder la télé et leur émission est interrompue par des publicités. Indiquez si les phrases sont vraies ou fausses.

NOUVEAU VOCABULAIRE

interrompu(e)	*interrupted*	ça ne m'embête pas	*it doesn't bother me*
agaçant(e)	*irritating*	une marque	*brand name*
distrayant(e)	*entertaining*		

Vrai (**V**) ou faux (**F**)?

1. _____ Claudine aime regarder les pubs.

2. _____ Elle croit que les pubs poussent à la consommation.

3. _____ Victor déteste l'interruption des émissions par les pubs.

4. _____ Claudine pense que les pubs ont trop d'influence sur les enfants.

5. _____ Elle dit que les pubs sont une nécessité de la vie moderne.

6. _____ Victor trouve que quelques pubs sont amusantes.

Activités écrites

A. Vocabulaire. La netiquette et la sécurité en ligne. Cherchez, puis écrivez le terme correct pour compléter chaque conseil.

une barrière de sécurité	un logiciel antivirus	le serveur
les courriels	les logiciels	vérifiez l'identité
les enfants	la permission	
les fichiers joints	protégées	

1. Avant de donner vos coordonnées en ligne, _____ de l'autre personne.

2. Ne copiez jamais _____ achetés par vos amis.

3. Quand _____ de l'université est en panne, on ne peut pas surfer sur Internet depuis

   les ordinateurs à la bibliothèque.

4. Il vaut mieux être présent(e) pendant que _____ surfent sur Internet.

5. Pour surfer en sécurité, vous devriez installer _____.

6. Il ne faut jamais copier des documents sans obtenir _____ de l'auteur ou des auteurs.

7. C'est contre la netiquette de fouiner (*nose around*) dans _____ des autres.

8. Pour protéger votre courriel, vos fichiers personnels et votre ordinateur en général, vous

   devriez installer _____.

9. N'ouvrez jamais _____ qui arrivent d'une source inconnue.

10. Vérifiez que vos coordonnées sont _____ avant d'acheter des produits en ligne.

B. **Conseils.** Donnez des conseils en remplaçant les noms par les pronoms **me/te/se/nous/vous, le/la/les, lui/leur, y** ou **en.**

MODÈLE: Parlez *aux représentants commerciaux* quand vous n'êtes pas occupé(e). →
Parlez-*leur* quand vous n'êtes pas occupé(e).

1. Parlez *aux gens sur Internet* après avoir vérifié leur identité.

   _____

2. Ignorez *les gens qui insistent pour que vous leur donniez de l'argent.*

   _____

3. Allez voir *les films qui vous intéressent* au lieu de lire les critiques.

   _____

4. Achetez *des produits de bonne qualité;* ils sont plus durables.

   _____

5. Sur Internet, vérifiez *la sécurité du site* avant d'utiliser votre carte de crédit.

   _____

6. Envoyez *votre photo* seulement à quelqu'un que vous connaissez bien.

   _____

7. Protégez *le code personnel de votre carte bancaire.*

   _____

8. Lisez *les indications* avant de prendre un médicament.

   _____

9. Réfléchissez *à votre situation financière* avant de dépenser beaucoup d'argent.

   _____

C. **Suppositions.** Si nous changions d'habitudes, est-ce que la consommation des produits changerait? De quelle manière? Employez **si** + l'imparfait et le conditionnel dans vos réponses.

MODÈLE: Imaginez que tout le monde attende quelques jours avant de faire un achat important. →
Si tout le monde *attendait* quelques jours avant de faire un achat important, on *achèterait* moins.

1. Imaginez que les gens lisent le contenu des produits avant de les acheter.

   _____

   _____

2. Imaginez que la publicité n'existe pas.

   _____

   _____

3. Imaginez que les gens refusent d'acheter des produits qui contribuent à la détérioration de l'environnement.

   _____

   _____

4. Imaginez que les lois pour la protection du consommateur n'existent pas.

   _____

   _____

5. Imaginez que les produits que nous achetons durent très longtemps.

   _____

   _____

Intégration

À l'écoute!

Le Chat botté°   qui portait des bottes

Un jeune homme pauvre a hérité un chat de son père. Un jour, quand il se
demandait° comment il allait gagner sa vie, le chat l'a entendu. «Je peux t'aider»   se... was wondering
a dit le chat. «Donne-moi un sac et des bottes pour aller dans la forêt.» Le jeune
homme était un peu sceptique, mais il savait que le chat était intelligent, alors, il
a donné au chat ce qu'il avait demandé.

Le chat a mis les bottes et il est parti, sac au dos. Dans la forêt, il a pris un
beau lapin.° Ensuite, il est allé au palais du roi° et il a offert le lapin au roi, au   rabbit / monarque
nom de son maître,° «le Marquis de Carabas». Le roi en était fort content. Le chat   master
a continué d'offrir des cadeaux au roi pendant plusieurs mois, toujours au nom
du Marquis de Carabas.

Puis, le chat est allé au château d'un ogre très riche et puissant.° L'ogre   fort
possédait des pouvoirs magiques qui lui permettaient de se transformer en toutes
sortes d'animaux. Le chat a persuadé l'ogre de faire la démonstration de ses
pouvoirs° magiques. D'abord, l'ogre s'est transformé en lion. Ensuite, il s'est   powers
changé en souris.° Quand il a vu la souris, le chat l'a prise et l'a mangée.   mouse
Ensuite, il a annoncé aux gens du pays que le Marquis de Carabas avait tué°   assassiné
l'ogre.

Le roi et sa fille sont passés près du château. Le chat les a invités à entrer.
Là, il leur a présenté son maître, le Marquis de Carabas. La princesse est tombée
amoureuse du «marquis» et le roi a arrangé leur mariage. Maître d'un grand
château, époux d'une princesse, le jeune homme n'avait plus de soucis.° Et le   problèmes
chat est devenu un grand seigneur° qui ne chassait plus les souris, sauf pour   lord
s'amuser.

Mettez les événements dans le bon ordre (de 1 à 6).

_____ a. Le chat a tué l'ogre.

_____ b. Le jeune homme a donné un sac et des bottes au chat.

_____ c. L'ogre s'est transformé en souris.

_____ d. La fille du roi est tombée amoureuse du jeune homme.

_____ e. Le chat a offert des cadeaux au roi au nom de son maître.

_____ f. L'ogre s'est transformé en lion.

À vos stylos!

Situation: Vous allez écrire un article pour le journal du club français. Dans l'article, vous ferez le reportage d'un événement qui a eu lieu sur le campus.

Intention: Vous voudriez suivre le format des articles publiés dans un journal typique. Vous allez donner les faits, mais vous n'allez pas faire d'analyse.

Méthode: D'abord, choisissez un événement. Ensuite, organisez vos faits d'après ces questions: Qui? Quand? Quoi? Où? Pourquoi? Utilisez le passé composé et l'imparfait dans votre récit.

MODÈLE: Vendredi dernier à la Maison Internationale, quelque 200 personnes ont assisté à la projection du film *Paris, je t'aime*. C'était une soirée de gala…

_____

_____

_____

_____

_____

_____

_____

_____

_____

Rencontres

Épisode 11: En voiture!

Avant l'écoute. Dans l'épisode précédent, qui a fait les choses suivantes?

1. _____ a fait réparer la voiture.

2. _____ a été très alarmée à l'annonce d'un trafic de chiens.

3. _____ a appelé la police.

4. _____ a rencontré une jolie jeune fille qui l'intéresse.

5. _____ a dû attendre le lendemain pour partir avec son amie.

a. Christelle
b. Annick
c. Isabelle
d. Jean-Claude
e. Steve
f. Raphaël

Situation: Le lendemain matin chez les Lefèvre, Steve va et vient dans le salon en attendant Isabelle avant leur départ.

NOUVEAU VOCABULAIRE

une carte routière	*road map*
un tube	*hit song*
comble	*packed*
ça te manque	*you miss it*
un jerricane	*gas can*
sonner	*to ring* (*the bell*)
aboyer	*to bark*
redémarrer	*to restart*
ça creuse, les émotions	*emotions give you a real appetite*
tu me donnes l'eau à la bouche	*you're making my mouth water*
francisé(e)	*Frenchified*

Après l'écoute. Après avoir écouté l'épisode, complétez les phrases suivantes avec la réponse la plus logique.

1. _____ Isabelle est confiante parce qu'elle…

2. _____ Au début du voyage, Steve est très content parce qu'il…

3. _____ Steve et Isabelle doivent s'arrêter en route parce qu'il…

4. _____ Steve va à une ferme parce qu'il…

5. _____ Steve est très perturbé (*disturbed*) parce qu'il…

6. _____ Steve est surpris parce qu'il…

7. _____ Steve se réjouit (*is delighted*) de s'arrêter à Nîmes parce qu'il…

8. _____ À Nîmes, Steve suggère à Isabelle de ralentir parce qu'il…

a. va pouvoir bien manger.
b. entend des chiens aboyer.
c. a fait contrôler la voiture.
d. y a un problème avec la voiture.
e. a besoin d'eau.
f. apprécie la musique et la compagnie.
g. y a beaucoup de monde.
h. a rencontré un homme à l'air cruel.

La prononciation et l'orthographe

Review of liaison

As you learned earlier, liaison refers to the situation where a final consonant that is normally silent is pronounced before a word beginning with a vowel: **des_amis.** There are times when liaison is obligatory, times when it is prohibited, and times when it is optional.

A. **Obligatory liaison.** Liaison *must* be made in the following situations. Listen to and repeat the French examples:

- between a determiner and the following word: **mes_amis, les_anciens monuments.**
- between an adjective and following noun: **un petit_enfant, mes chers_amis, plusieurs_idées.**
- between a pronoun and a following verb or pronoun: **ils_aiment, nous_en_avons, allez-vous-en.**
- between a one-syllable preposition and the following word: **sans_argent.**
- between a form of the verb **être** and a following article, adjective, or adverb: **c'est_un chien; je suis_américain; elle est_ici.**
- between the component words of a compound expression: **les États-Unis, accent_aigu.**

B. **Prohibited liaison.** Liaison *must not* be made in the following situations. Listen to and repeat the French examples:

- between a singular noun and a following word: **un étudiant / intelligent; le chat / est sur le toit.**
- between the word **et** and a following word: **un homme et / une femme.**

C. **Optional liaison.** Liaison is *optional* in some cases and is not often heard in everyday speech. (Generally speaking, the more formal the context, the more frequently you would opt to use liaison.)
Stop the recording and read the following examples.

- between the word **pas** and a following word: **je ne veux pas / aller; je ne veux pas_aller.**
- between a verb and a following verb: **je suis / arrivé; je suis_arrivé.**
- between a verb and a following preposition: **nous allons / à Paris; nous allons_à Paris.**
- between a plural noun and a following adjective or verb: **des étudiants / intelligents; des étudiants_intelligents.**

Dictée

Une publicité pour le Sicob, une exposition annuelle d'informatique. Vous entendrez la dictée trois fois. La première fois, écoutez. La deuxième fois, écrivez ce que vous entendez. La troisième fois, écoutez pour vérifier ce que vous avez écrit.

_____

_____

_____

Le verbe français

The imperative

Most French verbs have three imperative or command forms:

Mange!	*Eat!* **(tu)**
Mangeons!	*Let's eat!* **(nous)**
Mangez!	*Eat!* **(vous)**

Note that no subject pronoun accompanies the imperative forms.

- For most French verbs, the imperative is identical to the corresponding present tense forms. Exception: **-er** verbs (including the irregular verb **aller**) delete the final **s** of the second-person singular. Note that spelling changes, too, are identical in imperative and present tense forms.

Écoutez et répétez:	**parler**	parle	parlons	parlez
	répéter	répète	répétons	répétez
	commencer	commence	commençons	commencez
	aller	va	allons	allez

- For **-ir** and **-re** verbs, the imperative is identical to the corresponding present tense forms.

Écoutez et répétez:	**choisir**	choisis	choisissons	choisissez
	sortir	sors	sortons	sortez
	attendre	attends	attendons	attendez
	prendre	prends	prenons	prenez

- Three verbs have special stems for the imperative.

Écoutez et répétez:	**être**	sois	soyons	soyez
	avoir	aie	ayons	ayez
	savoir	sache	sachons	sachez

Vérifions!

Cover the preceding information with a sheet of paper, then see whether you can complete the following chart. Check your work and review any areas of uncertainty.

	parler	**aller**	**manger**	**finir**	**vendre**	**être**	**avoir**
(tu)				*finis*			*aie*
(nous)	*parlons*					*soyons*	
(vous)		*allez*					

The conditional

The conditional in French resembles both the future tense and the imperfect. To form the conditional, add the imperfect endings to the infinitive. (Infinitives ending in **-re** drop the final **e**.) Stop the recording and look over the following charts, then listen to and repeat the forms.

Écoutez et répétez:

parler			
je	parler**ais**	nous	parler**ions**
tu	parler**ais**	vous	parler**iez**
il/elle	parler**ait**	ils/elles	parler**aient**

finir			
je	finir**ais**	nous	finir**ions**
tu	finir**ais**	vous	finir**iez**
il/elle	finir**ait**	ils/elles	finir**aient**

vendre			
je	vendr**ais**	nous	vendr**ions**
tu	vendr**ais**	vous	vendr**iez**
il/elle	vendr**ait**	ils/elles	vendr**aient**

The conditional presents few challenges if you already know the future. Those verbs whose infinitives are modified in the future or that have special stems in the future will use the same stems for the conditional. Stop the recording and look over the following list, then repeat the conditional forms.

INFINITIVE	FUTURE	CONDITIONAL
mener	il mènera	il mènerait
jeter	il jettera	il jetterait
espérer	il espérera	il espérerait
employer	il emploiera	il emploierait
courir	il courra	il courrait
venir	il viendra	il viendrait
vouloir	il voudra	il voudrait

devoir	il devra	il devrait
pouvoir	il pourra	il pourrait
savoir	il saura	il saurait
être	il sera	il serait
aller	il ira	il irait
faire	il fera	il ferait
voir	il verra	il verrait
envoyer	il enverra	il enverrait

Vérifions!

Cover the preceding information with a piece of paper, then see whether you can complete the following chart. Check your work, then review any areas of uncertainty.

	chanter	réussir	attendre	devoir	venir	être
je (j')			*attendrais*			
tu				*devrais*		
il/elle/on	*chanterait*					
nous					*viendrions*	
vous						*seriez*
ils/elles		*réussiraient*				

Intégration des verbes

Une panne d'électricité. Les étudiants de Mme Martin imaginent ce qui se passerait s'il y avait un jour une panne d'électricité prolongée. Complétez leurs phrases avec le conditionnel du verbe indiqué.

ALBERT: S'il n'y avait pas d'électricité, Denise ne _____[1] (pouvoir) pas

regarder les feuilletons qu'elle aime tellement.

DENISE: Et Albert, toi qui adores cuisiner, comment _____[2] (faire)-tu la

cuisine?

ALBERT: C'est facile. Je _____[3] (griller) de la viande sur le barbecue.

JACQUELINE: Mais où _____[4] (trouver)-tu de la bonne viande sans frigo pour la

conserver?

DANIEL: Et si on voulait faire une fête, on n'_____⁵ (avoir) pas de musique, à moins d'en faire nous-mêmes.

LOUIS: Oh là là! On _____⁶ (être) obligés de t'écouter jouer de la guitare!

DANIEL: Mais non, puisque c'est une guitare électrique!

BARBARA: Je pense que nous _____⁷ (avoir) tous beaucoup de mal à nous occuper, sans musique, sans télé, sans ordinateur et sans la possibilité de recharger les piles (*batteries*) de nos iPod™, portables et PC de poche.

DENISE: Moi, ça ne m'_____⁸ (embêter) pas du tout. J'_____⁹ (allumer) une bougie et je _____¹⁰ (lire) un bon roman.

ALBERT: Et moi j'_____¹¹ (aller) au lit. Pourquoi ne pas en profiter pour me reposer?

CHAPITRE 12

La santé et les urgences

Thèmes et grammaire

La santé et le corps humain

Activités de compréhension

A. «Un esprit sain dans un corps sain». Claudine et Victor Colin écoutent la radio un lundi matin. C'est le docteur Baraud qui donne des conseils. Que faut-il faire pour garder la forme, d'après le docteur Baraud?

NOUVEAU VOCABULAIRE

l'esprit (*m.*)	*mind*	au lieu de	*instead of*
(ils) font partie de	(*they*) *are a part of*	éviter	*to avoid*
quotidien(ne)	*daily*	sédentaire	*sedentary*
sain(e)	*healthy, sound*	Montaigne	*a sixteenth-century philosopher*

1. Le docteur suggère qu'on mange _____.
   a. une nourriture équilibrée
   b. une nourriture sans matières grasses
   c. beaucoup de protéines

2. Il recommande qu'on évite de boire _____.
   a. trop d'alcool
   b. du coca
   c. de l'eau ou du lait

3. Comme exercice, il recommande _____.
   a. le tennis et la natation
   b. le jogging
   c. des promenades

4. Le docteur recommande surtout _____.
   a. de prendre des vitamines
   b. de faire tout en modération
   c. de prendre souvent des vacances

5. D'après Montaigne, «un _____ sain dans un _____ sain» est le meilleur principe à suivre.

B. Les résolutions. Claudine et Victor Colin ont écouté avec intérêt les conseils du docteur Baraud à la radio et Claudine décide qu'elle va réformer son mari. Écoutez leur conversation et indiquez si les phrases sont vraies (**V**) ou fausses (**F**).

1. _____ Victor croit qu'il devrait vraiment changer sa façon de vivre.

2. _____ Victor admet qu'il est un peu stressé en ce moment.

3. _____ Victor accepte de manger une nourriture plus saine et variée.

4. _____ Victor veut aussi faire plus d'exercice.

5. _____ À la fin, Claudine s'énerve.

Activités écrites

A. Vocabulaire: Explications. Choisissez la meilleure réponse pour compléter chacune des phrases suivantes.

1. _____ Une personne qui se repose au soleil…

2. _____ Quelqu'un qui veut perdre du poids…

3. _____ Une personne furieuse…

4. _____ Quelqu'un qui est vexé…

5. _____ Une personne qui se nourrit bien…

6. _____ Quelqu'un d'anxieux…

7. _____ Une personne qui reste calme…

8. _____ Si on mange moins et qu'on fait plus d'exercice, on…

a. perd du poids.
b. évite les matières grasses.
c. s'inquiète.
d. s'est mise en colère.
e. se sent offensé.
f. se détend.
g. suit un régime équilibré.
h. se contrôle.

★ **Attention! Étudier Grammaire 12.1.**

B. La vie est dure. Les étudiants de Mme Martin discutent des nombreuses exigences que d'autres personnes voudraient leur imposer. Complétez leurs phrases avec la forme appropriée du subjonctif.

MODÈLE: Nos parents veulent que nous *prenions* des vitamines tous les jours.

1. Le médecin suggère que je _____ (dormir) au moins huit heures par nuit.

2. Mon entraîneur de natation exige que je _____ (faire) au moins une heure d'entraînement quatre fois par semaine.

3. Les nutritionnistes recommandent que nous ne _____ (manger) que des aliments naturels préparés à la maison.

4. Mes copains voudraient que je _____ (sortir) avec eux tous les vendredis soirs.

5. Ton patron demande que tu _____ (travailler) trois jours par semaine.

6. Mme Martin exige que nous _____ (venir) en cours tous les jours.

7. Et en plus, elle demande que vous _____ (savoir) tout ce qui est couvert dans la leçon, n'est-ce pas?

8. Ma petite amie veut que je _____ (prendre) le temps de lui téléphoner tous les jours.

9. Elle veut aussi que je _____ (perdre) du poids.

10. Nos parents souhaitent que nous leur _____ (écrire) des lettres ou des courriels de temps en temps.

C. Conseils. Dites si les médecins recommandent ou non de faire les choses suivantes. Utilisez le subjonctif dans vos réponses.

MODÈLES: aller chez le dentiste tous les six mois →
Les médecins recommandent qu'on *aille* chez le dentiste tous les six mois.

prendre des pilules pour s'endormir →
Les médecins ne recommandent pas qu'on *prenne* des pilules pour s'endormir.

1. perdre trois kilos en une semaine _____

_____

2. boire beaucoup d'alcool _____

_____

3. se détendre pendant la journée _____

_____

4. choisir des plats qui ne contiennent pas trop de matières grasses _____

_____

5. omettre de prendre le petit déjeuner _____

_____

6. savoir ce qui constitue un régime équilibré _____

_____

D. C'est facile! Lisez les réclames pour CROQ'MINCE et BODY MUST et indiquez si les phrases sont vraies ou fausses d'après les réclames. Si une phrase est fausse, corrigez-la.

JE CROQ' MINCE

RÉGIME AMINCISSANT 5 JOURS

Mincir avec plaisir... **CROQ'MINCE** une délicieuse barre à croquer. **CROQ'MINCE** est un substitut de repas équilibré composé de céréales, protéines, fibres, vitamines et minéraux.
Perdez du poids en 5 jours en remplaçant chacun des 3 repas journaliers par une barre **CROQ'MINCE**.

DEMANDEZ CONSEIL
A VOTRE PHARMACIEN.

ARKOCHIM B.P. 28 06511 CARROS Tél : 01.93.29.11.28

CROQ'MINCE:
POUR FONDRE DE PLAISIR

Secret de beauté

Mon secret pour être toujours mince et en forme, pour garder un corps ferme et souple?
C'est simple : deux heures par semaine dans mon Centre Body Must, et le tour est joué, sans fatigue et sans effort. Le concept Body Must est basé sur sept tables d'exercice isotonique.
Chacune de ces sept tables fait travailler un groupe musculaire particulier : bras, taille, ventre, hanches, cuisses, fessiers, buste.
Au lieu de l'effort, c'est la répétition qui va agir : près de 200 mouvements sur chaque appareil, en huit minutes ; 1.400 mouvements en l'espace d'une heure : *pratiquement l'équivalent de dix séances de gymnastique traditionnelle !!* Pas étonnant si les résultats sont là !
Pas étonnant si chaque jour, de nouveaux Centres Body Must ouvrent leurs portes ...

BODY must

MODÈLE: Au centre BODY MUST, il y a des machines pour skier sur place. →
C'est faux. Il y a un groupe de sept tables d'exercice isotonique qui font travailler des groupes musculaires particuliers.

1. CROQ'MINCE est une boisson délicieuse.

_____

_____

2. CROQ'MINCE est composé de légumes et de fruits.

_____

_____

3. On garde un corps ferme et souple en allant dans un centre BODY MUST deux heures par semaine.

_____

_____

4. Pour maigrir, on remplace chacun des trois repas par une barre de CROQ'MINCE pendant 5 jours.

_____

_____

5. Les machines du salon BODY MUST substituent l'effort à la répétition.

_____

_____

6. Chaque séance sur les machines BODY MUST est l'équivalent de 10 séances de gymnastique traditionnelle.

_____

_____

E. Composition: La meilleure méthode pour maigrir. Écrivez un paragraphe en vous servant des questions suivantes.

*   Laquelle des deux méthodes (BODY MUST, CROQ'MINCE) est plus facile, à votre avis?
*   Si on veut se servir d'une telle méthode, que faut-il faire pour s'assurer du succès?
*   Est-ce qu'il vaut mieux que nous nous servions de produits commerciaux ou que nous suivions les conseils des médecins? Pourquoi?
*   Que faut-il que vous fassiez pour rester en forme et pour garder la ligne?

MODÈLE: À mon avis, la méthode… est plus facile parce que… Pour réussir, je crois qu'on doit…

_____

_____

_____

_____

_____

_____

_____

_____

_____

_____

_____

_____

Les maladies et les traitements

Activités de compréhension

 Chez le docteur Bobo. Le docteur Bobo est très occupé aujourd'hui. Plusieurs personnes téléphonent au cabinet pour prendre rendez-vous. Son assistante répond. Identifiez les symptômes de chaque personne et l'heure de son rendez-vous.

> ## *Docteur BOBO*
> CONSULTATIONS
> tous les jours
> 9 h 30 à midi • 14 h 30 à 18 h
> sauf lundi et jours fériés

NOUVEAU VOCABULAIRE

le cabinet	*office*	couvert(e) de taches	*covered with spots*
il m'a prescrit	*he prescribed (for me)*	ça la démange	*it's itching (her)*
dépressif/dépressive	*depressed*	la varicelle	*chicken pox*
à l'appareil	*speaking (on the phone)*	la visite à domicile	*house call*

Les symptômes:

1. _____ Adrienne Petit…

2. _____ M. Dupont…

3. _____ La fille de Mme Lasserre…

4. _____ M. Junot…

a. a mal à la gorge, tousse beaucoup.
b. a perdu du poids, souffre de dépression.
c. a des taches rouges qui la démangent.
d. a mal au ventre, vomit.

L'heure du rendez-vous:

1. _____ Adrienne Petit

2. _____ M. Dupont

3. _____ La fille de Mme Lasserre

4. _____ M. Junot

a. après 5 h (à la maison)
b. à 13 h 45 le même jour
c. à 14 h 30 le même jour
d. à 11 h 15 mercredi

Activités écrites

A. Vocabulaire: Les remèdes. Identifiez ces remèdes traditionnels.

1. _____ On en prend pour la toux, surtout la nuit.

2. _____ C'est un médicament en forme de petite boule. On l'avale.

3. _____ Elles servent à déboucher le nez, quand on a un rhume.

4. _____ Ils guérissent certaines maladies microbiennes. On les prend sous forme de pilules ou en piqûres.

5. _____ Beaucoup de gens en prennent comme supplément alimentaire.

6. _____ Les médecins en prescrivent aux gens qui ont du mal à s'endormir.

7. _____ On met ce médicament sur la peau pour calmer une irritation.

a. de la pommade
b. des vitamines
c. des antibiotiques
d. du sirop
e. une pilule
f. des gouttes pour le nez
g. des somnifères

B. Vocabulaire: Les maladies. Quels sont les symptômes des maladies suivantes? Connaissez-vous quelqu'un qui en souffre de temps en temps? Comment est-ce que cette personne se soigne?

SYMPTÔMES

avoir...
   de la diarrhée
   de la fièvre

avoir des frissons
   des rougeurs
   des vertiges
   des vomissements
   la nausée
   le nez bouché

avoir mal (à la tête,
   au ventre, à la
   gorge...)
éternuer
se sentir faible
tousser

MODÈLE: mal au cœur →
Mon petit frère a parfois mal au cœur. Il a la nausée et il n'a pas envie de manger. Il préfère se coucher et dormir.

1. un rhume

_____

_____

2. une indigestion

_____

_____

3. la grippe intestinale

_____

_____

4. une allergie

_____

_____

5. des rhumatismes

_____

_____

6. un mal de tête

_____

_____

✴ **Attention! Étudier Grammaire 12.2 et 12.3.**

C. **Histoire médicale.** Raoul Durand raconte les maladies de son enfance. Complétez ses phrases avec le temps passé approprié. **À noter:** Nous avons indiqué si le verbe consiste d'un seul mot (imparfait) ou de deux mots (passé composé).

En gros, mon enfance s'est passée sans grave problème de santé. Bien sûr, j'_____[1]

(attraper) régulièrement tous les rhumes et les grippes qui circulaient à l'école. Et j'_____ aussi

_____[2] (avoir), à l'âge de deux ou trois ans, les principales maladies de l'enfance, comme la

rougeole et les oreillons (*mumps*).

À l'âge de neuf ans, j'_____ _____[3] (attraper) une maladie un peu

mystérieuse. Je me rappelle que j'_____[4] (avoir) des taches rouges et de la fièvre.

Quelle chance! Je ne me _____[5] (sentir) pas trop mal, mais j'_____ _____[6]

(pouvoir) rester à la maison et regarder la télé pendant quinze jours. Grâce à des analyses de sang,

nous _____ _____[7] (savoir) finalement que c'était un petit insecte (une certaine tique des

montagnes Rocheuses!) qui m'avait rendu malade.

L'autre incident que je n'oublierai pas s'_____ _____[8] (passer) à la colonie

de vacances où j'allais tous les étés. Je me rappelle qu'une fois j'_____ _____[9]

(pleurer) parce que j'_____[10] (avoir) extrêmement mal à l'oreille. Cette fois-là,

je n'_____[11] (être) pas du tout heureux d'être malade. J'_____ _____[12]

(devoir) rester à l'infirmerie.

Moi, je trouve que j'_____ _____¹³ (avoir) de la chance: je ne me _____ jamais

_____¹⁴ (casser) de jambe ni de bras et je n'_____ jamais _____¹⁵ (devoir)

aller à l'hôpital!

D. Il faut se contrôler. Comment est-ce qu'on peut rester calme face à certaines situations? Utilisez le participe présent dans vos réponses.

MODÈLE: si on s'énerve quand quelqu'un téléphone au début du dîner →
On peut rester calme *en comptant* jusqu'à 10 et *en répondant* sur un ton agréable.

1. si on se met en colère quand il y a beaucoup de circulation et des embouteillages

_____

_____

2. si on s'inquiète pendant les examens de fin d'année

_____

_____

3. si on s'énerve pendant une discussion politique

_____

_____

4. si on se fâche quand quelqu'un d'autre fait une bêtise

_____

_____

5. si on s'impatiente quand on fait la queue

_____

_____

Les accidents et les urgences

Activités de compréhension

Les mauvais souvenirs. Jean-Yves, Sarah et Agnès sont au café et ils commencent à parler des accidents qui leur sont arrivés quand ils étaient petits. Écoutez leur conversation une ou deux fois, puis cochez (✓) la situation et l'accident de chaque personne.

NOUVEAU VOCABULAIRE

un casse-cou	*daredevil*	se noyer	*to drown*
le patin à roulettes	*roller-skating*	après coup	*afterward*
une course	*race*	une arête	*fishbone*
les «grands»	*the older kids*	la mie de pain	*soft part of the bread*
boire la tasse	*to swallow water*		

	Jean-Yves	Sarah	Agnès
voulait suivre «les grands»			
un casse-cou			
victime d'un accident classique			
s'est cassé le bras			
a avalé une arête			
s'est presque noyé(e)			

Activités écrites

A. Vocabulaire: Les urgences. Trouvez le mot qui correspond à chaque description.

1. _____ Celui qui observe un accident.

2. _____ Ce qu'on crie en cas d'urgence pour attirer l'attention des autres.

3. _____ Ce qui reste sur la peau après la guérison d'une blessure.

4. _____ Ce que le docteur vous met pour immobiliser une partie du corps en cas de fracture.

5. _____ Ce qui vous aide à marcher quand vous avez une jambe cassée ou une cheville foulée.

6. _____ Le prendre, c'est en compter les pulsations.

7. _____ Une sorte de lit rigide qui sert à transporter des blessés.

8. _____ Une situation qui nécessite une intervention médicale rapide.

9. _____ Une voiture employée par les services de secours.

a. une ambulance
b. des béquilles
c. une cicatrice
d. une civière
e. un plâtre
f. le pouls
g. «au secours»
h. un témoin
i. une urgence

✱ **Attention! Étudier Grammaire 12.4 et 12.5.**

B. Petits soucis familiaux et en cours. Lisez les questions, puis répondez en employant **venir de** + infinitif.

MODÈLE: MME LEROUX: Tu as vu le médecin récemment?
JULIEN: Oui maman, je *viens de le voir.*

1. MARIE: Tu as pris tes vitamines aujourd'hui?

   FRANCIS: Mais oui, chérie, _____.

2. CLAUDINE: Vous avez déjà fini vos devoirs pour demain?

   MARISE ET CLARISSE: Oui maman, _____.

3. FRANCIS: Tu as lu l'article que je t'ai passé hier?

   MARIE: Oui mon amour, _____.

4.   MME MARTIN: Avez-vous regardé l'épisode (*m.*) du *Chemin du retour* pour aujourd'hui?

ALBERT ET DANIEL: Oui madame, _____.

5.   BERNARD LASALLE: Mais tu tousses, ma puce! Tu as pris du sirop?

NATHALIE: Oui papa, _____.

C. Quel dommage! Regardez les dessins et dites quels accidents ont eu lieu et ce qui se passait au moment de l'accident. Utilisez le passé composé et l'imparfait.

VOCABULAIRE UTILE

s'approcher   faire attention   le courant
être heurté(e) par une voiture   poursuivre un chat   la rivière

MODÈLE: Bernard s'est coupé le doigt. Il était dans la cuisine avec sa femme Christine et sa fille Nathalie. Ils préparaient le dîner. Christine faisait le dessert et Nathalie mettait le couvert. Bernard ne faisait probablement pas très attention.

1.   _____

_____

_____

2. _____
   _____
   _____

3. _____
   _____
   _____

D. Un mensonge dangereux. Adrienne Petit raconte une aventure de son adolescence. Complétez les phrases suivantes avec la forme appropriée du passé composé ou de l'imparfait.

Un jour j'_____[1] (être) à la plage avec mes copains. Mon meilleur ami,

Stéphane _____[2] (vouloir) me montrer de gros rochers dans la mer, pas très

loin de la plage. Je ne _____[3] (savoir) pas très bien nager, mais je lui

_____[4] (dire), pour l'épater (*impress him*), que je n'_____[5]

(avoir) pas besoin de bouée (*life preserver*) et nous _____[6] (partir).

Nous _____[7] (arriver) près des rochers sans problème, puisque l'eau

n'_____[8] pas (être) très profonde. Nous _____[9] (être) très

contents. Mais au retour, le vent s'est levé et la mer a commencé à s'agiter. Stéphane

_____[10] (nager) tranquillement, mais moi, j'_____[11] (avoir)

du mal à avancer. Je _____[12] (sauter) pour rester à la surface et je

_____[13] (boire) la tasse (*swallow water*) malgré (*despite*) tous mes efforts.

Tout d'un coup, j'_____[14] (avoir) très peur. J'_____[15]

(penser): «Je vais mourir!» Je _____[16] (continuer) à m'agiter désespérément et

à avaler de l'eau salée. Je _____[17] (se demander): «Mais où est donc la plage?

Ce n'était pas si loin que ça!» Quand nous _____[18] (arriver), je

_____[19] (se coucher) sur le sable et j'_____[20] (pleurer).

Je _____[21] (se promettre) de prendre des leçons de natation.

E. Une histoire bizarre. Lisez cet article de journal et faites les activités suivantes.

Escroc° en soutane°

Un homme de 23 ans, se faisant passer pour un séminariste de la cité du Vatican, a été interpellé° il y a quelques jours devant une église à Paris, après avoir été légèrement blessé dans un accident de voiture.

Hans Alfonso Sarrès-Rilke avait dérobé° les papiers d'identité d'un vrai séminariste de la cité du Vatican.

Hébergé° chez «un bon Samaritain» domicilié à Boulogne-Billancourt, il lui avait volé sa voiture et avait exigé de lui une rançon de 25.000 euros pour la lui rendre. Ils avaient rendez-vous à l'église Saint-Esprit, mais là les policiers l'attendaient. Sarrès-Rilke, en essayant de s'enfuir, a heurté une voiture qui passait dans la rue. L'escroc possédait de nombreux chéquiers et cartes bancaires dérobés à Paris et à Tours. Il était aussi en possession d'un cachet° au nom de l'archevêque° de Paris.

Con man / vêtement de clergé

arrêté

volé

Logé

seal
archbishop

Partie 1. Mettez les événements dans l'ordre chronologique, en les numérotant de 1 à 10.

_____ a. Le «bon Samaritain» a offert d'héberger le jeune homme.

_____ b. L'escroc, qui s'appelle Sarrès-Rilke, a décidé de se faire passer pour un prêtre.

_____ c. L'escroc a eu un accident en essayant de s'enfuir.

_____ d. Le «bon Samaritain» a averti la police.

_____ e. L'escroc a volé la voiture du «bon Samaritain».

_____ f. Des agents de police sont allés au rendez-vous pour attendre l'escroc.

_____ g. L'escroc a demandé au «bon Samaritain» une rançon de 25.000 euros pour la voiture.

_____ h. Les policiers ont découvert le cachet de l'archevêque de Paris parmi les objets que l'escroc avait déjà volés.

_____ i. L'escroc a été blessé dans l'accident.

_____ j. Le «bon Samaritain» a pris rendez-vous avec l'escroc pour payer la rançon.

Partie 2. Au commissariat de police, les personnes suivantes portent témoignage devant le juge d'instruction. Imaginez et écrivez ce qu'ils disent.

1. Le «bon Samaritain» décrit ses rapports avec l'accusé et ses impressions de celui-ci:

_____

_____

_____

_____

2. L'accusé donne ses impressions du «bon Samaritain» et dit pourquoi il croyait pouvoir réussir à obtenir la rançon:

_____

_____

_____

_____

3. Un policier qui attendait l'escroc à l'église Saint-Esprit et qui a vu l'accident raconte ce qui se passait au moment de l'accident:

_____

_____

_____

_____

Intégration

À l'écoute!

Deux portraits
D'après Jean de La Bruyère
(1645–1696)

Giton a l'œil fixe et assuré, les épaules larges, l'estomac haut; il parle avec confiance. Il crache° fort loin, il éternue fort haut. Il dort le jour, il dort la nuit. On ne l'interrompt pas, on l'écoute aussi longtemps qu'il veut parler. Il est riche.

spits

   Phédon a le visage maigre; il dort peu. Il a l'air stupide, il oublie de dire ce qu'il sait. Il applaudit, il sourit à ce que les autres disent. Il est flatteur, timide. Il n'ouvre la bouche que° pour répondre; il tousse, il se mouche sous son chapeau. Il attend qu'il soit seul pour éternuer. Il est pauvre.

ne... que = seulement

Indiquez si la phrase parle de Giton (**G**) ou de Phédon (**P**).

1. _____ Il ne veut pas que les autres l'entendent quand il éternue.

2. _____ Il dort bien, le jour et la nuit.

3. _____ Il est timide et applaudit les autres.

4. _____ Il est important et tout le monde l'écoute.

5. _____ Il ne dit pas tout ce qu'il sait.

6. _____ Les gens le respectent et ne l'interrompent pas.

Est-ce que vous pensez que La Bruyère critique ces deux hommes, ou est-ce qu'il fait une critique de la société?

_____

_____

À vos stylos!

Situation: En classe demain, vous devez décrire un accident que vous avez eu ou que vous avez vu. Préparez vos notes.

Intention: Vous voulez décrire très clairement tout ce qui s'est passé, pour que les autres comprennent bien tous les détails.

Méthode: D'abord, décrivez la situation, en vous servant de l'imparfait pour expliquer ce qui se passait avant l'accident. Ensuite, expliquez ce qui s'est passé, en utilisant le passé composé.

_____

_____

_____

_____

_____

_____

_____

_____

_____

🎧 Rencontres

Épisode 12: Mésaventures à Nîmes

Avant l'écoute. D'après les informations de l'épisode précédent, indiquez si les phrases suivantes sont vraies (**V**) ou fausses (**F**).

1. _____ Steve et Isabelle ont eu une panne d'essence.

2. _____ Steve a rencontré un homme à l'air cruel dans une ferme.

3. _____ Isabelle et Steve ont voulu aller à Nîmes pour y manger.

4. _____ À la fin de la scène, on a entendu un grand bruit.

Situation: Dans une rue de Nîmes, Steve et Isabelle viennent d'avoir un accident.

NOUVEAU VOCABULAIRE

rentrer dedans	_to crash into_
le pare-chocs	_bumper_
tordu(e)	_bent_
enfoncé(e)	_smashed_
en gesticulant	_gesticulating_
en titubant	_walking unsteadily_
Qu'est-ce qui vous prend?	_What's up with you?_
sourd(e)	_deaf_
frais/fraîche	_sober_ (_fam._)
faire passer l'alcootest à quelqu'un	_to give somebody a Breathalyzer test_

ivre	*drunk*
un bonhomme	*guy*
régler	*to settle*
souffler	*to blow*
déranger	*to disturb*
vieillot(te)	*old-looking*
j'ai une faim de loup	*I could eat a horse*
Bof!	*Well!*

Après l'écoute. Choisissez la meilleure réponse pour compléter les phrases suivantes.

1. _____ Un accident est arrivé quand…
   a. la voiture d'Isabelle et de Steve est rentrée dans une autre voiture.
   b. une voiture est rentrée dans la voiture d'Isabelle et de Steve.
   c. Isabelle a renversé (*ran over*) un enfant.

2. _____ Dans la rue,…
   a. un automobiliste insulte Isabelle.
   b. Isabelle insulte un policier.
   c. un automobiliste insulte un policier.

3. _____ L'automobiliste impliqué dans l'accident…
   a. était ivre.
   b. conduisait trop lentement.
   c. a blessé une vieille dame.

4. _____ Au commissariat, un policier,…
   a. téléphone aux parents d'Isabelle.
   b. demande à Steve de remplir des papiers.
   c. veut faire passer l'alcootest à Steve.

5. _____ À Nîmes, Steve et Isabelle vont chez…
   a. des amis d'Isabelle.
   b. des amis des parents d'Isabelle.
   c. des amis de Steve.

6. _____ Pour le dîner,…
   a. Isabelle ne veut pas aller au restaurant.
   b. Steve choisit un restaurant très populaire.
   c. Isabelle et Steve veulent aller dans des restaurants différents.

7. _____ Après le dîner, Steve et Isabelle vont…
   a. regarder un film.
   b. manger un dessert dans une pâtisserie.
   c. danser dans un club.

8. _____ À la fin de l'épisode, Steve…
   a. a trop bu.
   b. est malade.
   c. n'a pas assez dansé.

La prononciation et l'orthographe

Summary of French accent marks

A. L'accent aigu. You have already learned the difference in pronunciation between a final **e** without an accent mark and one with an acute accent: **fatigue, fatigué.** The acute accent can occur only with the vowel **e.**

B. L'accent grave. The grave accent over **e** indicates that the vowel is pronounced [è]: **j'espère.** It has no effect on pronunciation when used over **a** and **u,** where it is used primarily to distinguish pairs of words that are spelled alike: **là** (*there*) vs. **la** (*the, her, it*); **où** (*where*) vs. **ou** (*or*). It also appears in several short words: **voilà, déjà.**

C. L'accent circonflexe. The circumflex accent affects pronunciation in two cases.

- Over **e,** the circumflex indicates the [è] pronunciation: **être.**
- Over **o,** the circumflex indicates the [ó] pronunciation: **côté.**

Over the letters **a, i,** and **u,** the circumflex generally does not affect pronunciation: **château, île, goût.*** It can also serve to distinguish words otherwise spelled the same way: **du** (*some, of the*) vs. **dû** (past participle of **devoir**).

Pay careful attention to the accented vowels as you listen to and repeat these words.

Écoutez et répétez:

écrivez	mère	vous êtes
épaule	père	bête
généreux	nièce	être
téléphone	modèle	fenêtre

D. Le tréma. The last French accent mark is the **tréma,** two dots over a vowel. It appears only over the second of two contiguous vowels.

- When the **tréma** appears over the letter **i** preceded by **a** or **u,** it indicates that the two vowels do not create a single sound but represent distinct sounds and separate syllables. Listen carefully: **naïf, laid; égoïste, loi; ambiguïté, lui.**
- A **tréma** over final, silent **e** indicates that the preceding **u** is pronounced: **ambiguë.** Compare this to the word **fatigue,** where both the **u** and the **e** are silent.

Dictée

Un message diffusé à la radio canadienne. Vous entendrez la dictée trois fois. La première fois, écoutez. La deuxième fois, écrivez ce que vous entendez. La troisième fois, écoutez pour vérifier ce que vous avez écrit.

_____

_____

_____

*The circumflex accent sometimes has a historical basis, indicating that the vowel carrying the accent was followed by the letter **s** in archaic French. Compare the following pairs of French and English words: **coûter,** *to cost;* **château,** *castle;* **hôpital,** *hospital;* **hôte,** *host.*

_____

_____

_____

_____

_____

_____

Le verbe français

The present participle

The present participle of most French verbs is derived from the **nous** form of the present tense, by replacing the **-ons** ending with **-ant.** Stop the recording and look over the following chart.

INFINITIVE	**nous** FORM OF PRESENT	STEM	PRESENT PARTICIPLE
parler	parlons	parl-	parl-ant
mener	menons	men-	men-ant
commencer	commençons	commenç-	commenç-ant
employer	employons	employ-	employ-ant
finir	finissons	finiss-	finiss-ant
vendre	vendons	vend-	vend-ant
dormir	dormons	dorm-	dorm-ant
ouvrir	ouvrons	ouvr-	ouvr-ant
mettre	mettons	mett-	mett-ant
voir	voyons	voy-	voy-ant
écrire	écrivons	écriv-	écriv-ant
faire	faisons	fais-	fais-ant
connaître	connaissons	connaiss-	connaiss-ant
aller	allons	all-	all-ant

There are only three irregular present participles: for **être, étant;** for **avoir, ayant;** for **savoir, sachant.**

Écoutez et répétez: parlant / commençant / finissant / dormant / mettant / voyant / allant / étant / ayant / sachant

Vérifions!

Cover the preceding information with a piece of paper, then see whether you can complete the following chart. Check your work and review any areas of uncertainty.

	manger	obéir	répondre	avoir	être	savoir
present participle				*ayant*		

Intégration des verbes

Des petits accidents. Des étudiants de Mme Martin discutent avec Raoul des petits malheurs dont ils ont souffert pendant leur enfance. Complétez leur conversation avec le participe présent du verbe indiqué.

DENISE: Je me suis cassé une dent en _____1 (jouer) avec un bâton, un jour où je

faisais semblant d'être une majorette. C'était vraiment bête.

RAOUL: Moi je me rappelle, je faisais de la bicyclette et je suis tombé en _____2

(descendre) une très grande colline. C'est en _____3 (arriver) en bas, où

il fallait tourner, que j'ai perdu contrôle. Je me suis cassé le bras gauche.

ALBERT: Moi, je me suis coupé la main en _____4 (faire) la cuisine. Je me servais

d'un gros couteau. Regardez, j'ai encore la cicatrice.

BARBARA: Moi, en _____5 (aller) à l'école un jour, je suis passée devant l'église où

on faisait des travaux et je me souviens qu'une pierre m'est tombée sur la tête. C'est

bizarre, mais je le vois encore comme si c'était hier. Bien sûr, je suis rentrée chez moi en

_____6 (courir) et en _____7 (pleurer). Ma pauvre

mère, en me _____8 (voir) avec la tête couverte de sang, elle a eu

vraiment très peur!

La famille et les valeurs en société

Thèmes et grammaire

L'amour, l'amitié et la famille

Activités de compréhension

A. Quel beau mariage! Agnès parle du mariage de sa meilleure amie Murielle. Elle raconte à son ami Jean-Yves comment ça s'est passé. Écoutez, puis indiquez si les phrases suivantes sont vraies ou fausses.

NOUVEAU VOCABULAIRE

environ	*about*	un voyage de noces	*wedding trip*
le coup de foudre	*love at first sight*	toujours aussi bien s'entendre	*always get along just as well*

Vrai (**V**) ou faux (**F**)?

1. _____ Les mariés se sont rencontrés il y a cinq ans.

2. _____ Après le mariage, ils sont partis en Grèce en voyage de noces.

3. _____ Le garçon d'honneur a momentanément perdu les alliances.

4. _____ Agnès n'est pas heureuse pour son amie.

5. _____ Agnès est un peu inquiète parce que son amie s'est mariée.

6. _____ D'après Agnès, Jean-Yves est une personne curieuse.

B. L'agence matrimoniale. Écoutez cette publicité pour l'agence matrimoniale «L'avenir à deux», puis complétez la réclame suivante.

vous vous plaignez	*you complain*	plus de	*no more*
l'âme (*f.*) sœur	*soul mate*	le bonheur	*happiness*
un fichier	*file*		

CÉLIBATAIRES

Est-ce que tous vos amis sont _____[1]?

Vos parents s'inquiètent-ils de ne

jamais être _____[2]?

Vous vous plaignez d'être _____[3] le samedi soir?

Ne cherchez pas plus loin!

L'AVENIR À DEUX vous aidera à

trouver la personne _____.[4]

Venez consulter nos _____[5] et choisissez vous-même!

Appelez le ____-____-____-____-____,[6] et dites NON

à la _____[7] et OUI au _____[8]!

Nous sommes aussi sur _____[9] à www.aveniradeux.com.

Activités écrites

A. Vocabulaire: Explications. Choisissez le meilleur verbe pour compléter chacune des phrases suivantes.

1. _____ Des gens qui bavardent entre eux _____.

2. _____ Parfois, les enfants qui ne sont pas d'accord _____.

3. _____ Deux hommes qui ne se disent pas la vérité _____.

4. _____ Les copains partagent les mêmes intérêts et _____ bien.

5. _____ Dans le monde francophone, les amis _____ quand ils se rencontrent.

6. _____ Les gens qui se racontent leurs secrets _____.

a. se mentent
b. se confient
c. s'entendent
d. s'embrassent
e. se parlent
f. se battent

✱ Attention! Étudier Grammaire 13.1 et 13.2.

B. Entre nous. Résumez la situation à l'aide d'un verbe pronominal.

MODÈLE: Je vous aime et vous m'aimez. → Nous nous aimons.

1. Je vous regarde et vous me regardez. _____

2. Albert admire Caroline et elle admire Albert. _____

3. Elle te ment et tu lui mens. _____

4. Vous téléphonez à vos parents et ils vous téléphonent. _____

5. Je ne vous mens pas et vous ne me mentez pas. _____

6. Les profs disent bonjour à leur classe et la classe leur dit bonjour.

   _____

7. Les optimistes ne comprennent pas les pessimistes et les pessimistes ne comprennent pas les

   optimistes. _____

C. **Les amis.** Décrivez les relations qui existent entre vos amis et vous. Répondez aux questions et ajoutez des détails.

   MODÈLE: Vous aidez-vous parfois? →
   Oui, nous nous aidons souvent. Si nous avons des problèmes, nous nous en parlons.

1. Est-ce que vous vous voyez souvent? Qu'est-ce que vous aimez faire ensemble? _____

   _____

2. Vous disputez-vous parfois? Pour quelles raisons? _____

   _____

3. Que faites-vous pour vous aider? _____

   _____

4. Est-ce que vous vous faites des confidences quand vous avez des ennuis ou des décisions

   importantes à prendre? Pourquoi? _____

   _____

5. Vous prêtez-vous des choses de temps en temps? Qu'est-ce que vous vous prêtez? _____

   _____

D. **Le rêve de Denise.** Complétez ce récit de façon logique à l'aide des adverbes suivants.

brusquement	couramment	follement	sérieusement
constamment	élégamment	malheureusement	seulement

   Pendant une visite à Paris, j'ai rencontré un bel Italien riche qui s'habillait très

   _____.[1] Il parlait _____[2] le français et

   l'anglais et nous sommes tombés _____[3] amoureux l'un de l'autre.

   Nous nous sommes parlé _____[4] de notre passé et de nos projets

   d'avenir pendant huit jours. Nous pensions _____[5] au mariage. Mais

   juste au moment où il proposait de me montrer son chalet en Suisse et sa villa sur la Côte d'Azur,

   je me suis réveillée! J'ai découvert _____[6] que ce n'était qu'un rêve.

   _____,[7] mon bel Italien et toute sa fortune se sont évaporés. Et moi,

   j'étais _____[8] une étudiante fatiguée, en retard pour son premier

   cours de la journée.

E. Pour décrire les actions. Complétez chaque phrase avec l'adverbe logique.

> MODÈLE: Un professeur attentif écoute *attentivement* ses étudiants.

1. C'est un homme sérieux. Il fait tout très _____.

2. Ce monsieur est brusque. Il parle _____.

3. Un escroc nerveux répond _____ à la police.

4. Une personne élégante s'habille _____.

5. Des étudiants tardifs arrivent _____ en cours.

6. Les gens discrets parlent _____ des autres.

F. Une histoire d'amour. Voici une histoire d'amour. Elle est incomplète. Pourquoi? Parce que c'est à vous de l'écrire. Servez-vous des verbes proposés au passé composé.

Deux amoureux

Épisode 1: La Rencontre (s'aimer, s'embrasser, se fiancer, se parler, se rencontrer, se trouver intéressants,...)

Cette histoire a commencé quand Odile et Philippe, qui ne se connaissaient alors pas du tout, ont décidé d'aller au parc Montsouris (chacun de son côté) un bel après-midi de printemps.

_____

_____

_____

_____

_____

Épisode 2: La Brouille (se brouiller, se détester, se disputer, se séparer, se trouver ennuyeux [antipathiques, égoïstes, matérialistes...],...)

Odile et Philippe, comme tous les fiancés, étaient très amoureux et presque inséparables. Ils se

voyaient tous les jours. Pourtant, après quelque temps, _____

_____

_____

_____

_____

_____

Épisode 3:   La Réconciliation (se demander pardon, se marier, se réconcilier, se regarder, se revoir,…)

Quelques mois ont passé. Odile et Philippe se sentaient très seuls et déprimés. Mais un bel

après-midi d'automne, _____

_____

_____

_____

_____

_____

Épisode 4:   Le Dénouement

Maintenant, c'est à vous de terminer cette histoire. Est-ce qu'Odile et Philippe ont passé le reste de leur vie ensemble? Ont-ils divorcé? Ont-ils eu une famille nombreuse? Sont-ils devenus riches? Utilisez votre imagination pour écrire le dénouement que vous préférez.

_____

_____

_____

_____

_____

La vie de famille

Activités de compréhension

A.   La famille avant tout. En ce moment, Victor Colin est très préoccupé parce qu'il n'a pas assez de temps pour sa famille. Il discute avec sa femme Claudine. Cochez (✓) les problèmes mentionnés par Victor ou Claudine.

NOUVEAU VOCABULAIRE

on mène une vie	*we're leading a life*	il va falloir	*it's going to be necessary*
ce qui compte le plus	*what counts the most*	(ils) se plaignent	*(they) are complaining*
surveiller	*to keep an eye on*		

1. _____ Joël a besoin qu'on l'aide avec ses devoirs.

2. _____ Marise sort avec un garçon qu'ils n'aiment pas.

3. _____ Charles se lève trop tard.

4. _____ Marise et Clarisse regardent trop la télé.

5. _____ Joël refuse d'aider à la maison.

6. _____ Les enfants se plaignent que Victor et Claudine sont trop stricts.

7. _____ Claudine se sent abandonnée par son mari.

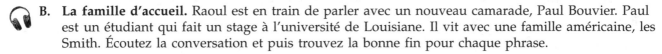

B. La famille d'accueil. Raoul est en train de parler avec un nouveau camarade, Paul Bouvier. Paul est un étudiant qui fait un stage à l'université de Louisiane. Il vit avec une famille américaine, les Smith. Écoutez la conversation et puis trouvez la bonne fin pour chaque phrase.

NOUVEAU VOCABULAIRE

Tu te plais?	*Are you happy?*	volontiers	*gladly*
incroyable	*unbelievable*	avoir le mal du pays	*to be homesick*
Ça te change de la France?	*Is that a change for you from France?*		

1. _____ Pour Paul, les Smith ont une vie incroyable…

2. _____ Paul n'aime pas trop…

3. _____ Chez Paul, en France, il y a…

4. _____ Le week-end, quand les Smith sont à la maison,…

5. _____ Paul dit qu'il a un peu…

6. _____ Raoul invite Paul à l'appeler…

a. être seul à la maison.
b. chacun est occupé.
c. le mal du pays.
d. quand il a envie de bavarder.
e. toujours quelqu'un à la maison.
f. parce qu'ils ne sont pratiquement jamais à la maison.

Activités écrites

A. **Vocabulaire: Définitions.** Trouvez le mot qui correspond à chaque définition.

1. _____ une bouteille utilisée pour nourrir les bébés
2. _____ l'établissement où on s'occupe des petits enfants
3. _____ le linge absorbant que portent les bébés
4. _____ quelqu'un qui n'est pas marié(e)
5. _____ l'état de quelqu'un qui a éprouvé une déception

   (un désappointement)
6. _____ quelqu'un qui rejette l'idée de l'existence de Dieu
7. _____ l'action de mettre au monde un enfant
8. _____ l'état d'une femme qui attend un enfant

a. un(e) célibataire
b. un(e) athée
c. enceinte
d. un biberon
e. les couches
f. déçu(e)
g. une crèche
h. l'accouchement

◄ **Attention! Étudier Grammaire 13.3.**

B. **Réactions et opinions.** Choisissez la forme correcte de l'indicatif ou du subjonctif.

1. C'est dommage que tu ne (lis / lises) pas les journaux.
2. Bernard est surpris qu'aux États-Unis on (peut / puisse) se marier sans une cérémonie civile.
3. C'est normal qu'on (peut / puisse) se marier si on veut.
4. Certains parents ont peur que l'éducation sexuelle (détruit / détruise) la moralité des élèves.
5. Vous êtes tous les deux nos amis et nous sommes désolés que vous (pensez / pensiez) à divorcer.
6. Je regrette que le gouvernement ne (veut / veuille) pas changer cette loi.
7. Certains étudiants sont ravis (qu'il y a / qu'il y ait) des professeurs non-conformistes à la fac.
8. Mme Leroux est heureuse que son fils (vient / vienne) passer les vacances avec elle.

C. **Ça change!** Les valeurs d'une femme conservatrice de 85 ans sont probablement différentes de celles des jeunes d'aujourd'hui. Imaginez ce que la dame de 85 ans dirait des décisions suivantes et ensuite, donnez votre propre opinion. Employez le subjonctif dans vos réponses.

MODÈLE: Deux jeunes filles décident de partager leur appartement avec un jeune homme. →
   LA DAME DE 85 ANS: C'est honteux que ces jeunes filles habitent avec un jeune homme.
   VOUS: C'est normal aujourd'hui que des jeunes de sexe opposé partagent un appartement.

avoir honte (peur)	être surpris(e) (content[e], triste…)
c'est absurde/admirable/déplorable	regretter
dommage/étonnant…	

1. Une femme choisit de travailler au lieu de rester à la maison avec ses enfants.

   LA DAME: _____

   VOUS: _____

2. Un couple décide de ne pas avoir d'enfants parce qu'ils trouvent que le monde est déjà surpeuplé.

   LA DAME: _____

   VOUS: _____

3. Un grand-père qui a perdu sa femme l'année précédente annonce à ses enfants qu'il va se remarier.

   LA DAME: _____

   VOUS: _____

4. Un homme refuse une promotion dans son entreprise parce que sa famille serait obligée de déménager pour la troisième fois en cinq ans.

   LA DAME: _____

   VOUS: _____

5. Un couple n'approuve pas le système d'enseignement public et décide de se charger de l'éducation de ses enfants.

   LA DAME: _____

   VOUS: _____

6. Une femme décide de mettre sa mère malade dans une maison de retraite.

   LA DAME: _____

   VOUS: _____

D. **Peurs d'enfance.** Lisez l'enquête tirée de *L'Événement du jeudi* à la page suivante, et répondez aux questions.

   1. Quelles sont les trois choses dont les petits Français ont le plus peur?

   _____

   _____

   2. Quelles sont les trois choses dont ils ont le moins peur?

   _____

   _____

Mon ours et moi on a pas peur du noir!

LES PEURS

QUESTION 3: As-tu très peur, un peu
peur ou pas du tout...

	TRÈS PEUR	UN PEU PEUR	PAS DU TOUT PEUR	SANS OPINION
de te perdre dans la rue	44	19	37	–
de mourir	39	39	37	5
qu'il y ait la guerre	31	20	37	12
des gens que tu ne connais pas	22	29	48	1
du noir	20	22	58	–
quand tes parents se disputent	16	26	53	5
d'être malade	15	22	60	3
des chiens	9	21	70	–
de ta maîtresse ou de ton maître	4	10	85	1
quand tu es en voiture	4	6	89	1
du chômage	3	8	27	62
de grandir	2	8	88	2

3. Et vous, quand vous étiez enfant, de quoi aviez-vous peur? Pourquoi? Est-ce que vos parents
essayaient de vous aider à surmonter vos peurs? Qu'est-ce qu'ils vous conseillaient de faire?

MODÈLE: Moi, quand j'étais petit(e), j'avais très peur d'entrer dans le garage. Je pensais qu'il y
avait des monstres...

_____

_____

_____

_____

_____

_____

_____

_____

Valeurs et décisions

Activités de compréhension

A. **À chacun son opinion!** Maintenant, Agnès parle avec sa grand-mère et, comme d'habitude, sa grand-mère lui demande quand elle va se marier. Pour lesquelles de ces raisons est-ce que la grand-mère voudrait qu'Agnès se marie? Cochez (✓) les bonnes réponses.

NOUVEAU VOCABULAIRE

une époque différente	*a different era*

1. _____ l'argent

2. _____ le fait qu'Agnès vit seule

3. _____ la santé d'Agnès

4. _____ l'âge d'Agnès

5. _____ la tradition

6. _____ le chômage

7. _____ la curiosité

8. _____ le désir d'avoir des petits-enfants

B. **Pour ou contre la censure?** Christine Lasalle discute du Web avec un collègue. Faut-il imposer une censure ou non? Écoutez la conversation, puis indiquez si les phrases suivantes sont vraies ou fausses.

NOUVEAU VOCABULAIRE

choquant(e)	*shocking*	un organisme	*organization*
bloquer l'accès	*to block access*	le monde entier	*the whole world*

Vrai (**V**) ou faux (**F**)?

1. _____ Le collègue trouve que le Web est dangereux.

2. _____ Christine pense que le Web est un média extraordinaire.

3. _____ Le collègue aimerait voir des sites réservés aux adultes.

4. _____ Christine dit que les parents doivent contrôler ce que font leurs enfants.

5. _____ Christine dit que tous les pays doivent créer des règles ensemble.

6. _____ Les deux se disputent et décident de ne plus se parler.

Activités écrites

A. Vocabulaire: Mots en contexte. En vous servant du contexte de la phrase, choisissez le synonyme de chacun des mots soulignés.

1. _____ Ma grand-mère a <u>abandonné</u> ses études à l'âge de 17 ans.

2. _____ Ce jeune homme n'est pas d'accord avec les vues de son père. Ils ont des <u>valeurs</u> très différentes.

3. _____ Après s'être <u>brouillée</u> avec son petit ami, cette femme a épousé un autre homme.

4. _____ Le <u>bonheur</u> conjugal ne peut pas exister si les époux ont du mal à communiquer.

5. _____ Ce sénateur est contre la censure. Ses idées nous <u>paraissent</u> raisonnables.

   a. disputée
   b. semblent
   c. bien-être
   d. idéaux
   e. arrêté

◄ **Attention! Étudier Grammaire 13.4 et 13.5.**

B. Tel père, tel fils. On dit que nous imitons nos parents. En supposant que cela soit vrai, dites ce que les parents des gens suivants avaient choisi de faire. Employez le plus-que-parfait dans vos réponses.

   MODÈLE: Marie-Germaine a voulu que ses enfants aident avec les travaux ménagers. →
   Ses parents *avaient voulu* qu'elle aide avec les travaux ménagers quand elle était petite.

1. Marianne a abandonné ses études et s'est mariée à 17 ans.

   Sa mère _____

2. Serge a abandonné ses études et est devenu apprenti à 16 ans.

   _____

3. Marie-Louise a divorcé parce qu'elle ne s'entendait pas avec son mari.

   _____

4. Jean-Paul et sa femme ont eu une famille nombreuse.

   _____

5. Hervé a souvent privé ses enfants de dîner quand ils étaient désobéissants.

   _____

(*continued*)

6. Georges a exigé que sa femme reste à la maison avec leurs enfants.

   _____

7. Marie a gardé sa mère âgée chez elle au lieu de la mettre dans une maison de retraite.

   _____

8. François n'a jamais permis à ses enfants de regarder les dessins animés.

   _____

C. **Valeurs.** Complétez les phrases avec des pronoms possessifs: **le mien, la tienne, les nôtres,** etc.

   MODÈLE: Moi, j'ai mes idées et Vincent, il a *les siennes.*

   1. Moi, j'ai mon opinion (*f.*) du monde et toi, tu as _____.

   2. Les autres ont leurs droits (*m.*) et nous voudrions avoir _____.

   3. Chez nous, tout le monde a ses tâches (*f.*) à faire. J'ai _____, mes frères ont

      _____ et ma sœur a _____.

   4. Nous trions les déchets chez nous. Est-ce que vous triez _____?

   5. Un enfant exige son indépendance (*f.*) et les parents veulent aussi _____.

   6. J'aime avoir ma liberté. Est-ce que vous aimez avoir _____?

D. **Composition: Courrier du cœur.** Imaginez que vous êtes Hélène, l'auteur du site «Courrier du cœur pour ados». Vous devez répondre aux lettres d'adolescents qui vous écrivent pour demander des conseils concernant leurs problèmes sentimentaux, familiaux, et autres. Écrivez une réponse à la lettre suivante dans laquelle vous suggérez à Mylène ce qu'elle devrait faire. Employez, si possible, des expressions d'attitude et des verbes au subjonctif.

   MODÈLE: C'est triste que votre amie vous traite comme ça, mais il faut que vous… Il serait bon que vous…

Chère Hélene,

Si je vous écris aujourd'hui, c'est que j'ai un très gros problème qui me fait beaucoup de peine. J'avais une amie, Chloé. On n'arrêtait pas de se dire qu'on était meilleures amies pour la vie. Il n'y a pas longtemps, eh bien ma "meilleure amie" Chloé m'a laissé tomber. Depuis ce temps-là, tout va mal. Elle n'arrête pas de m'embêter ou de m'ignorer. J'ai beaucoup d'autres amies avec qui je m'entends bien, mais je suis quand même super triste d'avoir perdu Chloé comme amie. Le pire, c'est qu'elle est maintenant super copine avec ma pire ennemie… Pourquoi est-ce qu'elle m'a fait ça? Je ne lui ai rien fait, moi! Qu'est-ce vous me conseillez de faire?

Merci!
Nadia

Chère Nadia,

_____

_____

_____

_____

_____

Intégration

À l'écoute!

Aucassin et Nicolette
Conte anonyme du Moyen Âge

Aucassin était le fils du comte° de Beaucaire. Il aimait Nicolette, une belle femme que le vicomte de la ville avait achetée aux Sarrasins.° Son père lui avait promis de le laisser épouser Nicolette à son retour de la guerre. Aucassin est donc parti à la guerre, où il a capturé l'ennemi mortel de son père. À son retour, le père d'Aucassin a refusé de tenir° ses promesses.

    Nicolette avait très peur du père d'Aucassin et elle s'est cachée dans la forêt. Aucassin l'y a trouvée et les deux amoureux se sont enfuis° ensemble, mais ils ont été capturés par les Sarrasins et mis dans deux bateaux différents. Le bateau d'Aucassin a fait naufrage° et il a pu s'échapper.° À son retour à Beaucaire, comme ses parents étaient morts, il est devenu le comte de Beaucaire.

    Le bateau de Nicolette est retourné à Carthage. Quand elle a vu les tours du château, elle s'est rappelée° qu'elle était la fille du roi de Carthage. Elle n'a jamais pu oublier Aucassin. Quand son père a voulu lui faire épouser un roi espagnol, elle s'est enfuie. Finalement, Nicolette est retournée à Beaucaire et a retrouvé Aucassin. Ils se sont mariés et ils ont vécu heureux ensemble jusqu'à la fin de leurs jours. Depuis plusieurs siècles, ce couple représente l'amour fidèle.

Count

musulmans (ennemis des chrétiens au Moyen Âge)

honorer

se... sont partis

fait... eu un accident / escape

s'est... remembered

Indiquez si les phrases suivantes sont vraies (**V**) ou fausses (**F**).

1. _____ Nicolette était la reine des Sarrasins.

2. _____ Aucassin a refusé de faire la guerre.

3. _____ Le père d'Aucassin a consenti au mariage d'Aucassin et Nicolette.

4. _____ Le père d'Aucassin a envoyé son fils à Carthage.

5. _____ Aucassin et Nicolette se sont mariés après la mort du père d'Aucassin.

6. _____ Nicolette était la fille d'un roi.

À vos stylos!

Situation: Aujourd'hui, votre groupe international sur Internet parle de la famille: Est-il préférable qu'un parent reste à la maison pour élever les enfants? Le groupe n'est pas d'accord.

Intention: Avant de répondre aux autres, vous voulez faire un brouillon et corriger vos erreurs.

Méthode: Écrivez votre opinion. Ensuite, faites la liste de vos arguments. Pour chaque point, donnez vos raisons. Ensuite, corrigez les fautes.

MODÈLE: Je crois qu'un parent doit rester à la maison pour élever ses enfants. Avant tout, il
          faut que l'enfant…

_____

_____

_____

_____

_____

_____

_____

_____

🎧 *Rencontres*

Épisode 13: Délais

Avant l'écoute. D'après les informations de l'épisode précédent, indiquez si les phrases suivantes sont vraies (**V**) ou fausses (**F**).

1. _____ Steve et Isabelle ont dîné chez M. et Mme Rémy.

2. _____ Steve a mangé beaucoup de pâtisseries.

3. _____ Steve et Isabelle sont allés danser.

4. _____ Le soir, Steve avait mal à la tête.

Situation: Steve ne se sent pas bien après avoir mangé des fruits de mer le soir précédent.

NOUVEAU VOCABULAIRE

se traîner	*to drag oneself*
vous n'avez pas l'air dans votre assiette	*you don't look too well*
une visite à domicile	*housecall*
une intoxication alimentaire	*food poisoning*
une ordonnance	*prescription*
méfiant(e)	*cautious, wary*
en profiter	*to take the opportunity*
du pastis	*a licorice-flavored alcoholic drink, a favorite in Southern France*
un doigt de	*a drop of (lit., a finger of)*
l'efficacité	*efficiency*
c'est vous qui le dites	*if you say so*
sur le point de	*about to*

Après l'écoute. Indiquez si les phrases suivantes sont vraies (**V**) ou fausses (**F**).

1. _____ Steve ne se sent pas bien.

2. _____ Steve va chez le docteur pour une visite.

3. _____ Le docteur pense que Steve a une grippe intestinale.

4. _____ Le docteur recommande des antibiotiques et du repos.

5. _____ Isabelle suggère à Steve d'être plus prudent dans son choix de restaurant.

6. _____ Isabelle reste avec Steve pendant qu'il est malade.

7. _____ Le garage répare la voiture de Steve et d'Isabelle très rapidement.

8. _____ Steve et Isabelle rentrent directement à Toulouse après leur séjour à Nîmes.

La prononciation et l'orthographe

Numbers (0–20) and liaison

Before you start, take a few moments to review the information on liaison in **Chapitres 2** and **5** of your *Cahier.*

A. **Numbers with three pronunciations.** The numbers **six** and **dix** are pronounced differently depending on the context in which they appear.

- In isolation, the final **x** is pronounced as [s].

   Écoutez et répétez: six, dix

- Before a vowel sound, it is pronounced as [z].

   Écoutez et répétez: six_heures, dix_heures

- Before a consonant sound, it is silent.

   Écoutez et répétez: six minutes, dix minutes

B. **Numbers with two pronunciations.** The final consonant of **un, deux,** and **trois** is not pronounced when the number occurs in isolation or before a consonant sound. However, it *is* pronounced before a vowel sound.

   Écoutez et répétez: un / un garçon / un_homme

   deux / deux minutes / deux_heures

   trois / trois minutes / trois_heures

Because the number *one* is identical to the indefinite articles **un** and **une,** it is the only number to have both masculine and feminine forms. The feminine form is always pronounced **une.** The masculine form always has a nasalized vowel, but the **n** sound is pronounced before a vowel sound. Listen again: **un_homme.**

C. **Other numbers with two pronunciations.** The final consonant of **huit** is pronounced when the number occurs in isolation or before a vowel sound. Before a consonant sound, it is not pronounced. The **e muet** at the end of **quatre** is not pronounced in isolation or before a vowel. However, it is pronounced before a consonant to avoid having three consonant sounds come together: **quatre minutes.**

Écoutez et répétez: huit / huit_heures / huit minutes

quatre / quatre heures / quatre minutes

D. **Numbers with a single pronunciation.** The final consonants of the numbers **cinq, sept,** and **neuf** are pronounced in all contexts. One exception: the final **f** of **neuf** is pronounced **v** in the expressions **neuf_ans** and **neuf_heures.**

Écoutez et répétez: neuf_ans / neuf_heures

E. **The numbers 11 to 16.** These numbers all end in **ze,** and the pronunciation is the same in all contexts.

Écoutez et répétez: onze / onze heures / onze minutes

douze / douze heures / douze minutes

F. **The numbers 17 to 19.** These numbers are compounds built on **dix** plus another number. The final **x** has the [s] sound before **sept** and the [z] sound before **huit** and **neuf.**

Écoutez et répétez: dix-sept / dix-huit / dix-neuf

G. **Intégration.** Pronounce each of the following words and phrases, then listen to the recording for confirmation. Repeat the correct answer.

1. six garçons
2. cinq livres
3. neuf ans
4. dix
5. quatre enfants
6. six heures
7. huit
8. huit chemises
9. sept minutes
10. deux amis
11. six
12. trois étudiants
13. onze heures
14. dix-sept livres
15. dix-neuf dollars

Dictée

Nathalie Sabatier, lycéenne à Lille, parle de sa famille. Vous entendrez la dictée trois fois. La première fois, écoutez. La deuxième fois, écrivez ce que vous entendez. La troisième fois, écoutez pour vérifier ce que vous avez écrit.

_____

_____

_____

_____

_____

_____

_____

_____

_____

Le verbe français

Irregular subjunctives

In this chapter we work with some verbs whose subjunctive stems cannot be derived entirely from their third-person plural, present tense forms.

A. **Verbs with L-forms.** Verbs with stem-vowel changes in the present tense have the same changes in the subjunctive. An example is the verb **venir.** Stop the recording and look over the charts.

PRESENT INDICATIVE

third-person plural: ils viennent →
subjunctive stem: **vienne-**

venir (SUBJUNCTIVE)			
je	vienne	nous	**ven**ions
tu	viennes	vous	**ven**iez
il/elle	vienne	ils/elles	viennent

This pattern also applies to first conjugation verbs with spelling changes in their L-forms: **j'espère, je m'appelle.**

Compare the first-person singular and plural present tense forms with the first-person singular and plural subjunctive forms. Note that the only difference between the indicative and subjunctive of the **nous** (and **vous**) forms is the insertion of **i** in the latter. Stop the recording and look over this chart.

INFINITIVE	SINGULAR INDICATIVE (je)	SINGULAR SUBJUNCTIVE (je)	PLURAL INDICATIVE (nous)	PLURAL SUBJUNCTIVE (nous)
se lever	je me lève	je me lève	nous nous levons	nous nous levions
s'appeler	je m'appelle	je m'appelle	nous nous appelons	nous nous appelions
espérer	j'espère	j'espère	nous espérons	nous espérions
envoyer	j'envoie	j'envoie	nous envoyons	nous envoyions
voir	je vois	je voie	nous voyons	nous voyions
croire	je crois	je croie	nous croyons	nous croyions
devoir	je dois	je doive	nous devons	nous devions
recevoir	je reçois	je reçoive	nous recevons	nous recevions
boire	je bois	je boive	nous buvons	nous buvions
venir	je viens	je vienne	nous venons	nous venions
obtenir	j'obtiens	j'obtienne	nous obtenons	nous obtenions
prendre	je prends	je prenne	nous prenons	nous prenions

B. Verbs with special subjunctive stems. Several verbs have unique stems in the subjunctive. Here are the most important ones.

• In the four L-forms, the verb **aller** has the stem **aill-** and the verb **vouloir** has the stem **veuill-**.

Écoutez et répétez:

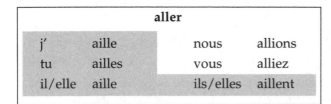

aller			
j'	aille	nous	allions
tu	ailles	vous	alliez
il/elle	aille	ils/elles	aillent

vouloir			
je	veuille	nous	voulions
tu	veuilles	vous	vouliez
il/elle	veuille	ils/elles	veuillent

• Five verbs have unique stems throughout the subjunctive. Stop the recording and observe the subjunctive stems of **faire, pouvoir,** and **savoir.** Then listen to and repeat these verbs.

Écoutez et répétez:

faire			
je	**fass**e	nous	**fass**ions
tu	**fass**es	vous	**fass**iez
il/elle	**fass**e	ils/elles	**fass**ent

pouvoir			
je	**puiss**e	nous	**puiss**ions
tu	**puiss**es	vous	**puiss**iez
il/elle	**puiss**e	ils/elles	**puiss**ent

savoir			
je	**sach**e	nous	**sach**ions
tu	**sach**es	vous	**sach**iez
il/elle	**sach**e	ils/elles	**sach**ent

• The verbs **être** and **avoir** have additional irregularities, particularly in the singular endings. Again, stop the recording and look over the charts, then listen to and repeat the verbs.

Écoutez et répétez:

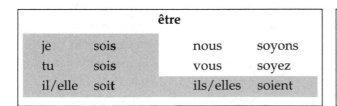

être			
je	sois	nous	soyons
tu	sois	vous	soyez
il/elle	soit	ils/elles	soient

avoir			
j'	aie	nous	ayons
tu	aies	vous	ayez
il/elle	ait	ils/elles	aient

Vérifions!

Cover the preceding information with a piece of paper, then see whether you can complete the following chart. Then check your work and review any areas of uncertainty.

	venir	aller	vouloir	pouvoir	faire	être	avoir
je (j')	vienne					sois	
tu		ailles					aies
il/elle/on							
ils/elles					fassent		
nous				puissions			
vous			vouliez				

Intégration des verbes

Un avenir avec ou sans enfant? Christine Lasalle parle avec son amie Martine qui, avec son mari Jean-Paul, réfléchit à la possibilité d'avoir des enfants. Complétez leur conversation avec le subjonctif du verbe indiqué.

MARTINE: Mes parents veulent absolument que nous _____[1] (avoir) des enfants,

mais moi, je ne suis pas sûre.

CHRISTINE: Évidemment, il faut que toi, tu _____[2] (vouloir) vraiment en avoir. Et

Jean-Paul, qu'est-ce qu'il en pense?

MARTINE: Il veut que je _____[3] (être) contente, alors si moi j'en veux, il est

d'accord.

CHRISTINE: Attention! Il ne faut pas qu'il _____[4] (pouvoir) te dire plus tard que

c'est toi qui voulais des enfants et pas lui.

MARTINE: Oui, je sais. Il faudra qu'il _____[5] (être) aussi impliqué que moi. Je ne

pourrai pas tout faire, surtout si je travaille en même temps. Il sera nécessaire non

seulement qu'il me _____[6] (soutenir*) indirectement, mais aussi qu'il

_____[7] (faire) sa part du travail. D'ailleurs, je tiens vraiment à ce que

nous _____[8] (élever†) nos enfants ensemble.

CHRISTINE: Oh oui. Il vaut mieux que vous _____[9] (être) tous les deux bien décidés

à tout partager.

MARTINE: C'est mon père qui nous pousse le plus pour les enfants. Si nous avons un garçon, il n'y a

aucun doute, il faudra que nous l'_____[10] (appeler) Charles, comme

mon père.

_____
*to support, conjugué comme **obtenir**
†conjugué comme **lever**

Les enjeux du présent et de l'avenir

CHAPITRE

14

Thèmes et grammaire

L'intégration sociale

Activités de compréhension

A. Les immigrés. Sarah et Rachid sont assis à la terrasse d'un café. Ils commencent à discuter des droits et des devoirs des immigrés. Répondez aux questions qui suivent.

NOUVEAU VOCABULAIRE

les Beurs	*children born in France of North African immigrants*	s'intégrer	*to become integrated*
		faire face à	*to confront*

Complétez les phrases.

1. Rachid est né à _____.

2. Rachid fait partie des _____, la deuxième génération des immigrés maghrébins.

3. À la maison, Rachid et sa famille parlent _____ et _____.

4. La religion de Rachid, c'est _____.

Quels sont les quatre droits que Sarah et Rachid jugent normaux pour les immigrés?

1. _____   3. _____

2. _____   4. _____

B. Vive la différence! M. Smith est en voyage en France. Il y a beaucoup de choses qui le déconcertent. Il se plaint au concierge de l'hôtel. Écoutez leur conversation, puis recréez la conversation en écrivant les réponses du concierge.

NOUVEAU VOCABULAIRE

de frustration en frustration	*from frustration to frustration*	une parfumerie	*perfume shop*
s'attendre à ce que	*to expect that*	bousculer	*to jostle*

M. SMITH: La plupart des gens ne parlent pas anglais.

LE CONCIERGE: _____

M. SMITH: Les gens ne savent pas faire la queue dans les magasins, au cinéma…

LE CONCIERGE: _____

M. SMITH: J'ai voulu acheter quelque chose à la pharmacie à midi et demi et c'était fermé!

LE CONCIERGE: _____

M. SMITH: Il y a beaucoup de gens qui… vous bousculent dans la rue.

LE CONCIERGE: _____

M. SMITH: Et je n'aime pas la cuisine.

LE CONCIERGE: _____

Activités écrites

A. Vocabulaire: Termes sociaux. Trouvez le terme correspondant à chaque définition.

1. _____ qui est d'un patriotisme excessif

2. _____ le contraire de l'inclusion sociale

3. _____ les relations qui existent parmi les gens qui partagent la même culture

4. _____ quelqu'un de langue française

5. _____ qui parle deux langues

6. _____ un groupe de gens uni par la même langue ou culture

7. _____ avoir du mal à décider entre plusieurs options

8. _____ les influences qui viennent d'un autre pays ou d'une autre culture

a. les liens culturels
b. bilingue
c. l'exclusion
d. être déchiré(e)
e. une ethnie
f. chauvin(e)
g. un francophone
h. les influences étrangères

★ Attention! Étudier Grammaire 14.1.

B. Émission sur l'immigration. Julien Leroux interroge des immigrés qui expliquent certains de leurs problèmes. Complétez leurs propos avec la forme appropriée du verbe **devoir** au conditionnel passé.

MODÈLE: Nous parlons notre langue chez nous. *J'aurais dû* vivre ailleurs avec des camarades qui parlent français.

THUY: Ma cousine se sent très isolée. Elle _____¹ faire un effort pour apprendre un peu de français.

MILOS: Moi, j'_____² prendre des cours de français dès le début. Je ne fais pas bonne impression quand j'ai une entrevue de travail.

JULIEN: Tu dis que tu _____³ prendre des cours au début, Milos. Est-ce que tu en prends maintenant?

MILOS: Oui. Et ça va beaucoup mieux…

JOSÉ: Un autre ennui, c'est l'argent. Les cousins chez nous sont fauchés. Ils _____⁴ économiser plus d'argent avant de venir.

WAFIK: Ah oui, l'argent! Nous _____⁵ vendre notre maison avant le départ, mais mes parents espéraient y retourner.

JULIEN: À votre avis, et je pose la question à tout le monde, est-ce que vous _____⁶ économiser plus d'argent avant de partir?

THUY: Ça dépend de la situation. Nous avions tellement hâte de fuir la guerre que nous avons eu de la chance d'emporter même des vêtements!

C. Composition: L'intégration sociale. Quels sont les plus grands obstacles à l'intégration sociale des immigrés, à votre avis? Qu'est-ce qu'ils devraient faire pour améliorer leur situation? Qu'est-ce que le pays d'accueil devrait faire pour faciliter leur intégration? Qu'est-ce qui se passe si les immigrés ne s'intègrent pas dans la nouvelle culture?

MODÈLE: À mon avis, les plus grands obstacles pour les immigrés sont le racisme et la pauvreté. Beaucoup de personnes ont peur des nouveaux arrivés…

_____

_____

_____

_____

_____

_____

_____

_____

L'héritage du passé

Activités de compréhension

A. Femmes d'hier et d'aujourd'hui. Claudine Colin vient d'apprendre qu'elle gagne moins d'argent qu'un collègue. Elle en discute avec sa meilleure amie Nicole. Complétez les phrases suivantes d'après la conversation.

NOUVEAU VOCABULAIRE

l'inégalité (*f.*)	*inequality*	domaines (*m.*)	*areas*
s'améliorer	*to improve*	connu(e)	*famous*
obtenu	*obtained*	avoir raison là-dessus	*to be right about that*
la loi sur la parité*	*law regarding gender equality*		

1. «Je sais, l'inégalité des salaires est _____.»

2. «La loi sur l'égalité professionnelle date quand même de _____.»

3. «Et… les femmes n'ont obtenu le droit de vote qu'à la fin de _____

   _____.»

4. «Oui, mais… les partis politiques doivent présenter un nombre _____ de

   candidats hommes et femmes.»

5. « …Il y a des femmes connues dans le monde de la _____, des

   sports et du cinéma.»

6. «Parce que les femmes sont plus _____ par les lois qu'avant.»

7. «Les femmes ont quand même plus de (d') _____ aujourd'hui.»

B. Tout aurait pu être différent. Aujourd'hui, Jean-Yves et Agnès parlent des problèmes qui les concernent le plus et ils essaient d'imaginer ce qu'on aurait pu faire pour ne pas les créer. Cochez (✓) les problèmes sociaux et environnementaux mentionnés par Agnès ou Jean-Yves.

NOUVEAU VOCABULAIRE

aurait pu faire	*could have done*	la montée de la violence	*increase in violence*
lancer une bombe	*to drop a bomb*		
le trou dans la couche d'ozone	*hole in the ozone layer*	autant	*as much*
c'est fou	*it's crazy*	se déprimer	*to make each other depressed*
plus tôt	*sooner*		

La loi sur la parité is a French law passed in 2000 and intended to create more equal representation of women in government.

1. _____ le trou dans la couche d'ozone   5. _____ le bruit

2. _____ la quantité de déchets dans les rues   6. _____ la contamination des eaux

3. _____ la pluie acide   7. _____ la vente des armes à feu

4. _____ les émissions toxiques des voitures   8. _____ l'IVG (l'avortement)

Activités écrites

A. **Vocabulaire: L'homme et la nature.** Les sujets suivants sont très discutés aujourd'hui. Rangez-les en trois groupes: questions sociales (**S**), questions écologiques (**É**) ou les deux (**S,É**).

1. _____ la vente des armes à feu   7. _____ la guerre

2. _____ l'IVG   8. _____ le chômage

3. _____ le sida   9. _____ les échappements d'hydrocarbures

4. _____ le tabagisme (tabac)   10. _____ la drogue

5. _____ le réchauffement de la planète   11. _____ l'extinction des espèces d'animaux

6. _____ la pauvreté   12. _____ les centrales nucléaires

- Lesquelles de ces questions avaient de l'importance il y a 100 ans?

  _____

  _____

- Lesquelles de ces questions ont le plus d'importance pour vous?

  _____

  _____

★ **Attention! Étudier Grammaire 14.2.**

B. **Qu'est-ce que vous auriez fait?** Est-ce que vous auriez fait la même chose que ces gens ou auriez-vous fait quelque chose d'autre? Pourquoi? Répondez avec le conditionnel passé.

    MODÈLE: Emmanuel et ses amis ont laissé leurs verres en plastique par terre au lieu de les emporter. →
    Moi, je ne les *aurais* pas *laissés* par terre. Je les *aurais emportés*. On peut recycler les verres en plastique.

1. Marise Colin a acheté de la laque à cheveux (*hair spray*) en bombe aérosol au lieu de choisir une bouteille à pompe.

  _____

  _____

2. Pendant une promenade en forêt, l'ami de Julien Leroux a jeté une cigarette allumée par terre.

  _____

  _____

(continued)

3. Sarah Thomas est sortie en laissant les lampes allumées au lieu de les éteindre.

_____

_____

4. Francis Lasalle a mis des coccinelles dans son jardin pour contrôler les insectes.

_____

_____

5. Claudine Colin a pris l'autobus pour aller au travail, au lieu de conduire.

_____

_____

6. La compagnie de Bernard Lasalle a arrêté de déverser des déchets toxiques dans le fleuve.

_____

_____

C. **Problèmes écologiques.** Qu'est-ce qu'on aurait pu faire pour éviter les problèmes suivants? Employez le conditionnel passé de **pouvoir** dans vos réponses.

VOCABULAIRE UTILE

contrôler les émissions toxiques	interdire…
enlever les déchets	utiliser les transports en commun
établir plus de centres de recyclage	

MODÈLE: On a de plus en plus de difficulté à se débarrasser des ordures. →
On *aurait pu* voter des lois qui encouragent le recyclage des déchets.

1. Les forêts et les poissons sont en danger à cause de la pluie acide.

_____

2. Les eaux et les plages sont parfois dangereusement polluées.

_____

3. Il y a des quartiers qui sont presque inhabitables à cause des déchets.

_____

4. On ne sait plus où mettre l'excès de déchets.

_____

5. Les habitants de certaines villes sont obligés de respirer un air sale et enfumé.

_____

D. **Composition: Exploration personnelle.** Écrivez un paragraphe dans lequel vous mentionnez certaines décisions que vous avez prises, puis imaginez comment d'autres décisions auraient changé votre vie.

MODÈLE: Si je n'avais pas décidé d'étudier dans cette université, j'aurais… Je n'aurais pas connu… J'aurais peut-être visité…

_____

_____

_____

_____

_____

_____

_____

_____

Les enjeux du XXIe siècle

Activités de compréhension

A. Le monde de demain. Francis Lasalle et son voisin et ami Édouard Vincent discutent des problèmes auxquels le pays est confronté aujourd'hui. Trouvez la bonne fin à chaque phrase.

NOUVEAU VOCABULAIRE

auxquels	*to which*	épouvantable	*terrible*
l'état (*m.*)	*condition*	à l'échelle planétaire	*on the scale of the planet*
élevé(e)	*high*	à moitié plein(e)	*half-full*
des débouchés (*m.*)	*job openings*		

1. _____ «Je te dis, Francis,…

2. _____ «Toi et moi, on a connu…

3. _____ «L'avenir est aux jeunes,…

4. _____ «Pas de débouchés après leurs études,…

5. _____ «C'est vrai, mais tous les pays…

6. _____ «Toi, tu es un optimiste,…

a. la Seconde Guerre mondiale.»
b. mais moi, je suis un réaliste.»
c. la couche d'ozone qui disparaît… »
d. en sont maintenant conscients… »
e. les nouvelles sont de plus en plus mauvaises.»
f. ils ont d'immenses possibilités devant eux.»

B. Le monde du XXIe siècle. Aujourd'hui, notre ami journaliste Julien Leroux demande aux gens ce qu'ils souhaitent le plus pour ce nouveau siècle. Cochez (✓) les souhaits de ceux qu'interviewe Julien.

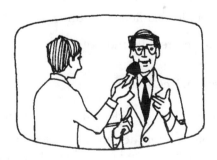

NOUVEAU VOCABULAIRE

à tout jamais	*forever*	équitable	*fair, even*
les SDF (sans domicile fixe)	*homeless*	la paix	*peace*
envisager	*to envision*		

1. _____ un remède contre le sida et le cancer

2. _____ le moyen de choisir le sexe d'un enfant

3. _____ le moyen de prédéterminer le quotient intellectuel d'un bébé

4. _____ la fin de la pollution de l'environnement

5. _____ une solution aux problèmes économiques

6. _____ la fin du chômage

7. _____ une société équitable

8. _____ la paix sur la terre

Activités écrites

A. **Vocabulaire: L'avenir de la vie en ville.** Complétez ces réflexions sur la qualité de la vie en ville en vous servant de la conjonction logique.

> MODÈLE: Les industries qui contribuent à la pollution urbaine n'arrêteront pas de le faire *à moins que* la pression publique ne les force à arrêter.

à moins que	jusqu'à ce que	sans que
afin que / pour que	pourvu que	
avant que	quoique / bien que	

1. Nous pourrons améliorer la qualité de l'air _____ les gens acceptent

   d'utiliser les transports en commun au lieu d'utiliser tout le temps la voiture.

2. Il faudra créer des emplois et des centres d'activités pour les jeunes, _____

   ils soient mieux intégrés à la vie de la communauté.

3. Nous devrons recycler autant que possible, _____ ce ne soit pas toujours

   facile à faire.

4. Les gens continueront à fumer dans les endroits publics _____ on crée

   des lois qui l'interdisent.

5. Aux États-Unis, l'exode vers les banlieues continuera _____ on trouve le

   moyen de rendre la vie au centre-ville plus agréable.

★ **Attention! Étudier Grammaire 14.3 et 14.4.**

B. **Qu'est-ce qui se passera?** Complétez ces réflexions sur l'avenir en employant le subjonctif.

> MODÈLE: Nous continuerons à avoir des ennuis écologiques jusqu'à ce que... →
> tout le monde *comprenne* que l'écologie de la planète est vraiment en danger.

1. Les optimistes croient qu'on trouvera le moyen d'arrêter la pollution avant que...

   _____

2. Il faudra enseigner les principes de l'écologie à l'école pour que...

   _____

3. Le monde deviendra de plus en plus surpeuplé à moins que...

_____

4. On continuera à faire des recherches sur le sida jusqu'à ce que...

_____

5. Il sera impossible de réduire la pauvreté sans que...

_____

6. La qualité de notre vie continuera à s'améliorer à condition que...

_____

7. Nous pourrons sauver les espèces en danger pourvu que...

_____

8. Il est essentiel d'arrêter le réchauffement de la planète afin que...

_____

C. **Problèmes sentimentaux.** Voici une lettre du «Courrier du cœur» dans un magazine de jeunes. Employez la forme correcte du verbe indiqué: indicatif (présent ou futur) ou subjonctif (présent).

Je n'ai pas de chance. Je suis sûre que mon petit ami

_____[1] (sortir) avec d'autres filles, bien qu'il me

dise que non. Il est clair qu'il _____[2] (avoir) envie

de me quitter. Je suis certaine qu'il _____[3] (trouver)

bientôt une nouvelle petite amie. Il est même probable qu'il

_____[4] (connaître) déjà une autre fille avec qui il

aimerait sortir. Et je suis sûre que moi, je ne _____[5]

(trouver) personne d'autre. Il est certain que je _____[6]

(s'ennuyer) toute seule chez moi.

Merci d'avance pour vos conseils.

Danielle

Chère Danielle,

Il est possible que vous _____[7] (se tromper), n'est-ce pas? Il n'est pas du tout

certain que votre petit ami _____[8] (avoir) envie de vous quitter. Il faut que

vous lui en parliez franchement. Il est possible qu'il _____[9] (sortir) avec

d'autres filles, mais je ne crois pas que ce _____[10] (être) une raison de

désespérer. De toute façon, il est impossible que vous et lui _____[11] (être)

vraiment heureux ensemble si vous ne pouvez pas avoir entièrement confiance en lui. Et même

s'il voulait vous quitter, je crois que vous _____[12] (avoir) l'occasion de sortir

avec d'autres garçons. Soyez plus optimiste! Ayez confiance en vous!

D. Optimiste ou pessimiste? Lisez les phrases suivantes et dites si vous êtes d'accord ou non en employant les expressions données. Expliquez vos réponses.

CERTITUDE (INDICATIF)

c'est certain/sûr/vrai/clair que	je crois/pense que
c'est probable que	je suis certain(e)/sûr(e) que

DOUTE/POSSIBILITÉ (SUBJONCTIF)

c'est impossible/impensable/possible que	je doute que
c'est peu probable que	je ne crois pas que
ce n'est pas possible/certain que	…

MODÈLE: En l'an 2100, les cigarettes n'existeront plus. →
Je doute qu'en l'an 2100 les cigarettes n'existent plus. L'industrie du tabac est trop puissante. (Oui, il est probable qu'en l'an 2100, les cigarettes n'existeront plus après toutes les campagnes contre les effets nocifs du tabac.)

1. Les différents groupes ethniques apprendront à vivre en harmonie aux États-Unis et en France.

   _____

   _____

2. Dans vingt ans, la moitié des membres du Congrès américain seront des femmes.

   _____

   _____

3. Pour aider les jeunes familles américaines, on établira des crèches gratuites financées par le gouvernement.

   _____

   _____

4. Avant 2050, l'Europe sera unie politiquement sous un seul chef d'État.

   _____

   _____

5. L'espagnol aura un jour le statut de deuxième langue officielle des États-Unis.

   _____

   _____

6. D'ici quinze ans, on découvrira des remèdes contre le sida et le cancer.

   _____

   _____

E. Composition: L'avenir est à nous. Même si nous ne pouvons pas résoudre les grands problèmes écologiques et sociaux d'aujourd'hui, il faut que nous fassions tous un effort pour améliorer notre monde. Énumérez six à huit choses qu'il est important de faire pour atteindre ce but. Pourquoi? Utilisez des expressions comme: **il faut que, il est important (essentiel...) que, il vaut mieux que, on voudrait que,** etc.

   MODÈLE: À mon avis, il faut que tout le monde s'engage à éliminer le racisme. Il est essentiel que les gens sachent…

_____

_____

_____

_____

_____

_____

_____

_____

_____

Intégration

À l'écoute!

D'où vient le mot *cabou*?
D'après Bernard Dadié, Côte-d'Ivoire

Le directeur,° à cause de sa silhouette toute ronde et de ses longues
moustaches, avait été surnommé° Cabou par les élèves. Ce mot n'avait pas de
sens, mais il sonnait° bien. Chaque fois qu'ils voyaient le directeur, les élèves
murmuraient: «Cabou, Cabou», le nez dans leur livre, sans lever la tête.

    Un jour, le directeur faisait une leçon sur les loupes.° Les élèves se
regardaient, souriaient.° Quelqu'un a murmuré le mot «Cabou» et tous les
élèves le répétaient parmi eux. Le directeur, un Français qui ne comprenait pas
le dialecte local, leur a demandé ce qu'ils appelaient «cabou». Un froid est
passé dans la salle de classe, car le directeur battait° fort.

    Assè, le plus malicieux° des élèves, s'est levé et a expliqué que le mot
«cabou» signifiait «loupe» dans le dialecte local. Le directeur a trouvé cela fort
intéressant et il a noté ce mot sur un carnet. Et voilà pourquoi, bien plus tard,
on pouvait entendre le directeur expliquer à ses collègues que les habitants de
Côte-d'Ivoire appellent la loupe «cabou».

principal
nicknamed
résonnait

instruments optiques
  grossissants
  /were smiling

frappait
mischievous

Indiquez si les phrases suivantes sont vraies (**V**) ou fausses (**F**).

1. _____ Les élèves trouvaient l'apparence du directeur amusante.

2. _____ «Cabou» veut dire «bizarre» dans le dialecte local.

3. _____ Le directeur parlait bien le dialecte local.

4. _____ Le directeur a pris la réponse d'Assè au sérieux.

5. _____ Le directeur comprenait bien ses élèves.

Quelle erreur colonialiste peut-on identifier dans ce conte?

_____

_____

À vos stylos! ✎

Situation: Votre correspondant au Sénégal voudrait savoir si vous êtes content(e) de la politique du gouvernement actuel dans votre pays.

Intention: Vous désirez expliquer sur quoi vous êtes d'accord avec le gouvernement actuel et sur quoi vous différez en donnant vos raisons.

Méthode: Avant d'écrire votre réponse, faites le bilan des bonnes et des mauvaises actions du gouvernement. Ensuite, considérez comment vous êtes arrivé(e) à votre classement de chaque sujet. Puis, rangez les sujets par ordre d'importance pour vous. Enfin, écrivez votre lettre.

MODÈLE: Cher Malik,
Du point de vue politique, les choses ne vont pas trop mal aux États-Unis (au Canada). Mais je ne suis pas du tout d'accord avec certains aspects de la politique étrangère…

_____

_____

_____

_____

_____

_____

_____

_____

_____

_____

🎧 Rencontres

Épisode 14: Mystère résolu

Avant l'écoute. D'après les informations de l'épisode précédent, indiquez si les phrases suivantes sont vraies (**V**) ou fausses (**F**).

1. _____ Steve s'est rétabli de sa maladie.

2. _____ Steve et Isabelle ont dû attendre quelques jours pour la réparation de leur voiture.

3. _____ Steve et Isabelle ont passé le reste de leurs vacances à Nîmes.

Situation: On est chez les Lefèvre à Toulouse. Annick et Jean-Claude reçoivent un coup de téléphone important.

NOUVEAU VOCABULAIRE

être sur la bonne piste	*to be on the right track*
le témoignage	*testimony*
une perruque	*a wig*
être à la recherche de	*to be looking for*
une bande	*gang*
un spot publicitaire	*advertisement*
de la pâtée	*food, chow (for animals)*
Nous vous devons bien cela!	*It's the least we can do for you!*

Après l'écoute. Indiquez si les phrases suivantes sont vraies (**V**) ou fausses (**F**).

1. _____ La police a retrouvé le portefeuille de Steve avec tous ses papiers.

L'homme à la veste rouge...

2. _____ a été arrêté comme complice dans un trafic de chiens.

3. _____ est un acteur qui joue le rôle d'une femme dans une pièce de théâtre.

4. _____ cherchait des chiens pour jouer dans une pièce de théâtre.

5. _____ a aidé à découvrir un trafic de chiens.

6. _____ Steve se rend compte qu'il a vu la ferme où les chiens étaient en captivité.

7. _____ La police a pu arrêter les trafiquants de chiens.

8. _____ Les Lefèvre refusent que Fido apparaisse dans une publicité.

Épilogue: Tout est bien qui finit bien! À la fin de leurs aventures, où en sont nos amis? Associez chaque description à la personne correspondante.

1. _____ Isabelle...
2. _____ Raphaël...
3. _____ Julie...
4. _____ Jean-Claude...
5. _____ Annick...
6. _____ Christelle...
7. _____ Steve...
8. _____ Les Lefèvre...
9. _____ Fido...

a. est retourné à New York.
b. continue sa carrière comme entraîneuse de basket.
c. a trouvé un stage de journaliste.
d. est devenu une star à la télé.
e. voudrait devenir entraîneur de basket.
f. pense ouvrir un restaurant.
g. voit Raphaël régulièrement.
h. fait la promotion d'un nouveau restaurant.
i. pensent voyager aux États-Unis.

La prononciation et l'orthographe

More on numbers (20–1,000) and liaison

A. **Numbers built on *vingt*.** The vowel sound in **vingt** is always nasalized, and the **n** and the **g** are never pronounced. Listen carefully: **vingt.** In addition, **vingt** has several peculiarities of pronunciation.

- In isolation or before a consonant, the final **t** of **vingt** is silent. Before a vowel sound, the **t** is pronounced.

  Écoutez et répétez: vingt / vingt livres / vingt_hommes

- The **t** is pronounced in the compounds 21 through 29.

  Écoutez et répétez: vingt_et un / vingt-deux / vingt-trois

- The number 80 in French is **quatre-vingts,** or "four twenties." Liaison occurs when **quatre-vingts** appears before a vowel sound, with the final **s** pronounced as [z].

  Écoutez et répétez: quatre-vingts / quatre-vingts_îles

- No **s** is added to **vingt** in the compounds 81 to 89, nor is the **t** of **vingt** ever pronounced in these compounds.

  Écoutez et répétez: quatre-vingt-un, quatre-vingt-deux

B. **The numbers built on *cent*. Cent** by itself has normal liaison: the **t** is pronounced only before a vowel sound. In compounds, the **t** is never pronounced.

Écoutez et répétez: cent / cent dollars / cent_ans / cent un / cent onze

C. **200 to 900.** The numbers **deux cents, trois cents,** etc., end in **s** and have normal liaison.

Écoutez et répétez: deux cents / deux cents femmes / deux cents_hommes

Note that the **s** of **cents** is dropped in compound numbers: **trois cent cinq.**

D. **Intégration.** Pronounce each of the following words and phrases, then listen to the recording for confirmation. Repeat the correct answer.

1. vingt églises
2. vingt fenêtres
3. vingt-deux écoles
4. trente et une femmes
5. quatre-vingts hommes
6. quatre-vingt-deux étrangers
7. quatre-vingt-dix
8. cent Européens
9. deux cent un
10. cinq cents habitants

Dictée

Une entreprise verte. Vous entendrez la dictée trois fois. La première fois, écoutez. La deuxième fois, écrivez ce que vous entendez. La troisième fois, écoutez pour vérifier ce que vous avez écrit.

_____

_____

_____

_____

_____

_____

_____

_____

_____

_____

Le verbe français

The French perfect tenses

You are already familiar with one of the French compound tenses, the **passé composé**. Recall that it is composed of the present tense of **avoir** or **être** followed by the past participle of the main verb. All of the French compound tenses have this pattern: a form of **avoir** or **être** followed by a past participle.

Stop the recording and take a few moments to review the **passé composé** in **Chapitre 5** of your *Cahier*.

A. **The *plus-que-parfait.*** The pluperfect is composed of the imperfect tense of **avoir** or **être** plus the past participle of the main verb. It usually corresponds to the English past perfect, *I had (sung).*

Écoutez et répétez:

finir			
j'	**avais** fini	nous	**avions** fini
tu	**avais** fini	vous	**aviez** fini
il/elle	**avait** fini	ils/elles	**avaient** fini

partir			
j'	**étais** parti(e)	nous	**étions** parti(e)s
tu	**étais** parti(e)	vous	**étiez** parti(e)(s)
il/elle	**était** parti(e)	ils/elles	**étaient** parti(e)s

Recall that the past participle of verbs conjugated with **être** (all reflexive verbs and some intransitive verbs) agrees with the subject in gender and number.

B. **The past conditional.** The past conditional or conditional perfect is composed of the conditional tense of **avoir** or **être** plus the past participle of a main verb. It generally corresponds to the English form *I would have (sung).*

Écoutez et répétez:

lire			
j'	**aurais** lu	nous	**aurions** lu
tu	**aurais** lu	vous	**auriez** lu
il/elle	**aurait** lu	ils/elles	**auraient** lu

	se lever		
je	me **serais** levé**(e)**	nous	nous **serions** levé**(e)s**
tu	te **serais** levé**(e)**	vous	vous **seriez** levé**(e)(s)**
il/elle	se **serait** levé**(e)**	ils/elles	se **seraient** levé**(e)s**

Vérifions!

Cover the preceding information with a piece of paper, then see whether you can complete the following chart. Check your work, then review any areas of uncertainty.

	chanter (PLUS-QUE-PARFAIT)	se laver (PLUS-QUE-PARFAIT)	finir (PAST CONDITIONAL)	sortir (PAST CONDITIONAL)
je (j')		m'étais lavé(e)		
tu				
elle	avait chanté			
nous				serions sorti(e)s
vous				
elles			auraient fini	

Intégration des verbes

Des vies différentes. Sarah et Jean-Yves imaginent comment les choses auraient pu se passer autrement dans leur vie. Complétez leur conversation avec le plus-que-parfait (PQP) ou le passé du conditionnel (PC) du verbe indiqué.

JEAN-YVES: Figure-toi, si tu n'_____ pas _____ [1] (PQP, apprendre) le français,

tu ne _____ jamais _____ [2] (PC, venir) en France.

SARAH: Oui, et j'ai choisi d'étudier le français parce que ma mère l'_____ [3] (PQP, étudier). Si elle _____ [4] (PQP, faire) de l'allemand, moi

aussi, j'_____ sans doute _____ [5] (PC, choisir) l'allemand.

JEAN-YVES: Et tu serais en Allemagne maintenant!

SARAH: Ou peut-être en Espagne ou au Mexique! Si je n'_____ pas _____ [6] (PQP, venir) en France, je n'_____ jamais _____ [7] (PC, avoir) le plaisir

de te rencontrer.

JEAN-YVES: Et tu _____ [8] (PC, continuer) à penser (comme presque tous les Américains)

que les Français sont froids et impolis et qu'ils n'aiment pas les Américains.

SARAH: Et toi, si tu ne m'_____ pas _____ [9] (PQP, connaître), tu

n'_____ pas _____ [10] (PC, savoir) à quel point les Américains

peuvent être charmants et intelligents.

JEAN-YVES: Et modestes aussi!

Rendez-vous cinéma

Contents

Épisode 1: **Nouveaux départs**   306
(après le Chapitre 1)
Scènes 1 à 3 (3:39 min.)

Épisode 2: **L'album photo**   307
(après le Chapitre 3)
Première partie: Le matin   308
Scènes 4 à 10 (5:53 min.)
Deuxième partie: Le déjeuner   310
Scènes 11 à 13 (2:13 min.)
Troisième partie: L'après-midi   311
Scènes 14 à 18 (3:55 min.)

Épisode 3: **Un mystérieux grand-père**   312
(après le Chapitre 5)
Première partie: Au studio de   313
télévision
Scènes 19 à 24 (4:42 min.)
Deuxième partie: Le dîner chez   314
la grand-mère
Scènes 25-31 (7:08 min.)
Troisième partie: Le jour suivant   316
Scènes 32-36 (3:35 min.)

Épisode 4: **La disparition d'Antoine**   317
(après le Chapitre 7)
Première partie: Au restaurant   317
Scènes 37 à 38 (2:01 min.)
Deuxième partie: L'histoire du   319
grand-père
Scènes 39 à 48 (9:14 min.)

Épisode 5: **Une piste à suivre**   320
(après le Chapitre 9)
Première partie: Les recherches   321
s'organisent
Scènes 49 à 56 (5:30 min.)
Deuxième partie: Camille persiste   322
dans ses recherches
Scènes 57 à 65 (11:56 min.)

Épisode 6: **La trahison**   324
(après le Chapitre 11)
Première partie: Voyage dans   324
les Cévennes
Scènes 66 à 69 (5:32 min.)
Deuxième partie: Le passé du   325
grand-père
Scènes 70 à 77 (9:06 min.)

Épisode 7: **La vérité**   327
(après le Chapitre 13)
Première partie: Paris–   327
Marseille–Casablanca
Scènes 78 à 89 (21:06 min.)
Deuxième partie: La vérité   329
libère Camille
Scènes 90 à 97 (6:36 min.)

Rendez-vous cinéma

Épisode 1

Nouveaux départs
(*après le Chapitre 1*)

Scènes 1 à 3 (3:39 min.)

En résumé

Rachid accompagne sa fille Yasmine à l'école pour la première fois à Paris.

LA BOÎTE À MOTS	
ma nouvelle école	*my new school*
la maîtresse	*teacher (elementary school)*
le déménagement	*move*
Bonne chance, Papa.	*Good luck, Daddy.*

Vous avez compris?

A. Choisissez la bonne réponse.

1. Que font les enfants?
   a. Ils chantent.
   b. Ils mangent.
   c. Ils dansent.

2. Pourquoi est-ce que Yasmine est nerveuse?
   a. Elle n'aime pas la maîtresse.
   b. Sa mère n'est pas présente.
   c. Elle n'aime pas chanter.

3. Quel est le projet de la classe aujourd'hui?
   a. Une promenade au jardin du Luxembourg.
   b. Une leçon de sciences naturelles au jardin des Plantes.
   c. Une visite de la tour Eiffel.

B. Comment sont les personnages du film? Écrivez les adjectifs et les mots appropriés. (**Conseil:** Regardez **La boîte à mots**.)

Prénom	Rôle	Description physique	Vêtements et couleurs
Yasmine	la petite fille	*Elle est brune aux cheveux longs.*	
Rachid	le père		
Isabelle	la maîtresse		

Zoom sur la culture: *Tu* ou *vous*?

Les Français utilisent les pronoms **tu** et **vous** quand ils se parlent. Dans quelles circonstances?

VOCABULAIRE UTILE

les amis   un adulte à un enfant
la famille   un enfant à un adulte
une situation formelle

Les personnes	tu / vous	le rapport entre les personnes
1. Rachid à sa fille	*tu*	*la famille*
2. Yasmine à son père	_____	_____
3. Rachid à la maîtresse	_____	_____
4. La maîtresse à Yasmine	_____	_____
5. Yasmine à la maîtresse	_____	_____

Épisode 2

L'album photo
(*après le Chapitre 3*)

En résumé

Rachid vient de laisser sa fille à l'école. Maintenant il va à son nouveau travail.

Première partie: Le matin

Scènes 4 à 10 (5:53 min.)

LA BOÎTE À MOTS

un réalisateur	*director*
une scripte	*script-girl*
sur l'écran	*on the (TV) screen*
doux et moelleux	*soft and tender*
Espérons.	*Let's hope so.*
si je me trompe	*if I make a mistake, if I am mistaken*
une panne d'électricité	*power outage*
artisanal(e) ≠ industriel(le)	*handmade ≠ commercial*
un vrai Français	*true Frenchman*
être de mauvaise humeur	*to be in a bad mood*
C'est pas vrai!	*It can't be true!*
être inquiet	*to be worried*
prendre un verre	*to have a drink*
un médaillon	*locket*
On se marie, toi et moi?	*Shall we get married, you and I?*

AUTRES MOTS UTILES

un(e) journaliste	*reporter*
plaisanter	*to tease, to joke*

Vous avez compris?

A. Choisissez la bonne réponse.

1. À votre avis, quel est le thème de l'émission d'aujourd'hui?
   a. La profession de boulanger se passe de père en fils.
   b. Il y a une grande différence entre le pain artisanal et le pain industriel.
   c. Il n'y a pas de différence entre le pain artisanal et le pain industriel.

2. Comment est la relation entre Camille et Bruno?
   a. Ils ont une bonne relation professionnelle.
   b. Il existe une certaine tension entre eux.
   c. Ils se détestent.

3. Que fait Camille quand Martine lui pose des questions sur le médaillon?
   a. Elle montre le médaillon à Martine.
   b. Elle explique l'histoire du médaillon.
   c. Elle refuse de répondre aux questions de Martine.

4. Bruno parle avec Hélène après l'émission. Qu'est-ce qu'il lui dit?
   a. «Tu voudrais déjeuner avec moi?»
   b. «Quelle belle voiture! Elle est formidable.»
   c. «On se marie, toi et moi?»

5. Que fait Rachid quand Bruno fait un compliment sur sa femme?
   a. Il est très content et parle de sa femme.
   b. Il reste silencieux et prend la photo sur le bureau.
   c. Il devient furieux.

B. Répondez aux questions.

1. Où est-ce que Rachid va travailler?

   _____

2. Quel est le rôle de chaque collègue? (**Conseil:** Regardez **La boîte à mots.**)

   MODÈLE: Martine est *productrice*.

   a. Roger est _____.

   b. Nicole est _____.

   c. Camille est _____.

   d. Bruno est _____.

3. D'où vient Hélène? _____

Zoom sur la culture: Les relations professionnelles

Quand ces personnages se parlent, est-ce qu'ils sont sérieux ou est-ce qu'ils plaisantent? Cochez (✓) les bonnes réponses. Dans un cas, les deux sont possibles.

A.

	Elle est sérieuse. / Il est sérieux.	Elle plaisante. / Il plaisante.
1. Camille à Bruno	☐	☐
2. Bruno à Camille	☐	☐
3. Hélène à Bruno	☐	☐
4. Bruno à Hélène	☐	☐
5. Bruno à Rachid	☐	☐
6. Rachid à Bruno	☐	☐
7. Camille à Rachid	☐	☐
8. Rachid à Camille	☐	☐

B. Comment sont les relations entre collègues au travail dans votre pays? Les mêmes qu'en France? plus (+) familières? plus sérieuses?

_____

_____

Deuxième partie: Le déjeuner

Scènes 11 à 13 (2:13 min.)

LA BOÎTE À MOTS

musulman	*Muslim*
Pas de cochon, pas d'alcool?	*No pork, no alcohol?*
le jambon	*ham*

AUTRES MOTS UTILES

s'embrasser sur les joues	*to kiss on the cheeks*
se serrer la main	*to shake hands*

Vous avez compris?

A. Choisissez la bonne réponse.

1. Quelle est la réaction du chef quand Rachid lui demande un hamburger?
   a. Il est content de lui préparer un hamburger.
   b. Il n'est pas particulièrement content.
   c. Il refuse de lui préparer un hamburger.

2. Quelle est la nationalité et la religion du père de Rachid?
   a. Il est français et il est chrétien.
   b. Il est français et il est musulman.
   c. Il est algérien et il est musulman.

3. Qu'est-ce que Rachid explique à Martine?
   a. Il n'a pas beaucoup d'expérience.
   b. Il adore Paris.
   c. Il est séparé de sa femme.

B. Répondez aux questions.

1. Pourquoi est-ce que Sonia n'aime pas Paris, d'après Rachid?

   _____

2. Qu'est-ce que Martine dit à Rachid?

   _____

3. Est-ce que Sonia parle au téléphone avec Rachid? Pourquoi?

   _____

Zoom sur la culture: Salutations

En France, les gens s'embrassent sur les joues ou se serrent la main au moment de se dire «bonjour» et «au revoir». Est-ce que les Américains font la même chose? Avec la même fréquence, plus (+) ou moins (−)? Avec qui?

_____

_____

_____

Troisième partie: L'après-midi

Scènes 14 à 18 (3:55 min.)

LA BOÎTE À MOTS

le quartier	*neighborhood*
attendre	*to wait for*
Vous vous embrassez?	*Are you going to kiss each other?*
un copain	*friend*
Quelle chance!	*What luck!*
les Cévennes	*mountainous area in Central France*
tu lui ressembles	*you look like her*
emprunter	*to borrow*
De quoi se mêle-t-il?	*Why doesn't he mind his own business?*

Vous avez compris?

A. Choisissez la bonne réponse.

1. Après le travail, que fait Rachid?
   a. Il passe au supermarché.
   b. Il dépose de l'argent à la banque.
   c. Il va chercher sa fille.

2. Juste au moment de partir de l'école, que se passe-t-il?
   a. Rachid présente Yasmine à Camille.
   b. Yasmine découvre que sa mère l'attend devant l'école.
   c. Sonia refuse de parler avec Rachid.

3. Où est-ce que Rachid rencontre Mado, la mère de Camille?
   a. Devant l'immeuble où habite Camille.
   b. Dans le métro.
   c. Dans un café.

B. Répondez aux questions.

1. Quel est le sujet du livre qui intéresse Rachid?

   _____

2. Pourquoi Rachid ne peut-il pas rester dîner avec Camille et Mado?

   _____

3. Quand est-ce que l'attitude de Mado envers Rachid change?

   _____

Zoom sur la culture: Observations

Regardez de nouveau les trois scènes et concentrez-vous sur les différences et les similitudes entre la culture française et la culture américaine. Cochez (✓) vos réponses et en classe comparez-les à celles des autres étudiants.

	Très différent	**Un peu différent**	**Pas différent**
1. le contact physique entre les personnes	☐	☐	☐
2. les vêtements des enfants	☐	☐	☐
3. les vêtements des adultes	☐	☐	☐
4. les relations entre les collègues au travail	☐	☐	☐
5. l'architecture des bâtiments	☐	☐	☐
6. l'appartement de Mado	☐	☐	☐
7. _____	☐	☐	☐

Épisode 3

Un mystérieux grand-père
(*après le Chapitre 5*)

En résumé

Vous avez vu les différents moments du «grand jour» de Rachid: il a amené sa fille à l'école, rencontré ses nouveaux collègues, revu Sonia, est allé chez la mère de Camille et est parti dîner chez sa femme. Maintenant voici la semaine de Camille.

Première partie: Au studio de télévision

Scènes 19 à 24 (4:42 min.)

LA BOÎTE À MOTS

la mode	*fashion*
le maquillage	*make-up*
un tailleur	*suit (jacket and a skirt) for women*
un rêve	*dream*
au meilleur marché	*at the best price*
coupé(e)	*cut*
vivant(e)	*alive*

AUTRES MOTS UTILES

agrandir	*to enlarge*
l'ordinateur (*m.*)	*computer*

Vous avez compris?

Choisissez la bonne réponse.

1. Que font Bruno et Camille avant de commencer l'émission d'aujourd'hui sur la mode?
   a. Bruno et Camille font des exercices physiques.
   b. Bruno chante et Camille se prépare.
   c. Bruno fait des exercices de prononciation et Camille est au maquillage.

2. Qu'est-ce que Rachid trouve dans le livre?
   a. Une photo coupée de la grand-mère le jour de son mariage.
   b. Une photo des grands-parents de Camille.
   c. Une carte postale des Cévennes.

3. Pourquoi Rachid pose-t-il beaucoup de questions?
   a. Il s'intéresse aux familles en général.
   b. Il a la curiosité d'un journaliste.
   c. Il a du temps et pas beaucoup de travail.

4. Quelle est la réaction de Camille?
   a. Elle répond à toutes ses questions.
   b. Elle accepte de lui donner des informations sur sa grand-mère.
   c. Elle refuse de lui répondre et lui suggère d'aller travailler.

5. Comment est-ce que Camille «retrouve» son grand-père?
   a. Elle cherche des informations sur Internet.
   b. Elle agrandit la photo sur l'ordinateur.
   c. Elle voit un documentaire à la télévision.

Zoom sur la culture: La mode

La mode est une véritable industrie en France et pour beaucoup de personnes une vraie passion. L'apparence physique compte beaucoup pour les Français. Répondez aux questions.

1. Est-ce que la mode est aussi importante pour les Américains? Pour vous? Pour vos ami(e)s?

   _____

   _____

2. Décrivez la mode pour les jeunes aux États-Unis (ou dans votre pays) aujourd'hui: les vêtements, les couleurs, les marques, etc.

   _____

   _____

Deuxième partie: Le dîner chez la grand-mère

Scènes 25–31 (7:08 min.)

LA BOÎTE À MOTS	
faire la fête	*to celebrate*
Qu'est-ce que je vous sers?	*What can I get for you?*
du premier choix	*of the best quality*
avoir l'air en forme	*to seem to be doing well*
C'est moche!	*It's ugly!*
On ne réveille pas les morts!	*You can't wake up the dead!*
De quoi te mêles-tu?	*Mind your own business!*
une gamine	*kid*
mériter une gifle	*to deserve a slap on the face*
AUTRES MOTS UTILES	
le boucher	*butcher*
se disputer	*to have an argument, to fight*

Vous avez compris?

A. Choisissez la bonne réponse.

1. Qu'est-ce que Camille achète au marché?
   a. Du bœuf, des pommes de terre et des carottes.
   b. Du bœuf, des carottes et du brocoli.
   c. Du poisson, du brocoli et des oranges.

2. Que lui demande le boucher pour sa femme?
   a. Un billet pour voir l'émission.
   b. Un autographe de Bruno.
   c. Un autographe de Camille.

3. Pourquoi *réellement* est-ce que Camille invite Louise à dîner?
   a. Elle a une surprise et elle veut lui poser des questions.
   b. Elle veut célébrer son anniversaire et sa promotion.
   c. Elle dîne avec elle toutes les semaines.

4. Quelle est la réaction de la grand-mère quand Camille lui montre la photo de son mari?
   a. Elle devient furieuse.
   b. Elle semble triste et perdue dans ses souvenirs.
   c. Elle est contente de finalement parler de son mari.

B. Répondez aux questions.

1. Pourquoi la grand-mère ne veut-elle pas raconter l'histoire du grand-père à Camille?

   _____

2. Quand, où et pour quelle occasion son mari a-t-il contacté Louise pour la dernière fois?

   _____

3. Pourquoi Mado et Camille se disputent-elles?

   _____

Zoom sur la culture: Attitudes

Répondez aux questions.

1. Les parents français ont beaucoup d'autorité sur leurs enfants. Donc, quel est le message de Mado quand elle dit à Camille: «Tu es une gamine»?

   _____

   _____

2. En France, on peut ne pas être d'accord, se critiquer et même se disputer, mais cela n'est jamais très sérieux. Est-ce que c'est la même chose chez vous?

   _____

   _____

3. Il est difficile pour les Français de parler de politique et de rester calmes. Quel est un sujet délicat ou difficile à discuter pour les Américains?

   _____

   _____

Troisième partie: Le jour suivant

Scènes 32–36 (3:35 min.)

LA BOÎTE À MOTS

un simple malaise	*a little dizziness, discomfort*
avoir besoin de repos	*to need a rest*
faire peur	*to scare*
mentir	*to lie*
être au plus mal	*to be extremely ill*
T'inquiète pas. (*fam.*)	*Don't worry.*
un resto (*fam.*)	*restaurant*
un régime	*diet*
un vrai repas	*real meal*

AUTRES MOTS UTILES

faire une visite à domicile	*to make a house call*

Vous avez compris?

A. Choisissez la bonne réponse.

1. Quel est le diagnostic du docteur?
   a. Louise a besoin de faire plus d'exercice.
   b. Louise a eu un malaise et elle doit se reposer.
   c. Louise va bien et elle peut partir en vacances.

2. Sur quoi est-ce que Louise insiste?
   a. Elle veut aller à l'hôpital.
   b. Elle veut rester chez elle.
   c. Elle veut aller habiter avec Mado.

3. Qu'est-ce que la grand-mère veut entendre?
   a. «La Marseillaise», l'hymne national français.
   b. Une chanson récente.
   c. Une vieille chanson «Mon amant de Saint-Jean».

4. Combien de temps reste-t-il à la grand-mère à vivre?
   a. Elle va bientôt mourir.
   b. Six mois au minimum.
   c. Un an au maximum.

5. Pourquoi Mado ne dit-elle pas la vérité à Camille?
   a. Elle a une très mauvaise relation avec sa fille.
   b. Elle ne veut pas inquiéter sa fille.
   c. Elle pense que le médecin est trop pessimiste.

B. Répondez aux questions.

1. Durant l'interview, Camille dit à Hélène qu'elle aime beaucoup la France. Quelles sont ses raisons?

   _____

2. Qu'est-ce que la grand-mère suggère à Camille?

   _____

3. Quel est le scoop de Bruno?

   _____

Zoom sur la culture: Les médecins en France

Comme vous l'avez vu dans cette partie de l'épisode, les docteurs font des visites à domicile quand les personnes jeunes ou âgées sont malades. Les personnes peuvent mourir chez elles sans être forcées d'aller à l'hôpital. C'est considéré plus humain. Est-ce la norme dans votre pays? Expliquez.

_____

_____

Épisode 4

La disparition d'Antoine
(*après le Chapitre 7*)

En résumé

Camille était très heureuse quand sa grand-mère lui a proposé de faire un voyage dans les Cévennes. Elle va peut-être finalement découvrir la vérité sur son grand-père. Pour célébrer la bonne nouvelle, Bruno l'a invitée à dîner au restaurant.

Première partie: Au restaurant

Scènes 37 à 38 (2:01 min.)

LA BOÎTE À MOTS	
un dragueur (*fam.*)	*man who tries to pick up women*
avoir envie de	*to feel like*
comme d'habitude	*as usual*
étonnant	*astonishing*
évidemment	*obviously*
brûler	*to burn*
Nom d'un chien! (*fam.*)	*For goodness sake!*

Vous avez compris?

A. Choisissez la bonne réponse.

1. Avec qui Bruno vient-il au restaurant depuis quelques mois?
   a. Avec des collègues.
   b. Avec des membres de sa famille.
   c. Avec sa fiancée.

2. Quand Bruno demande à Camille si elle est une «bonne fille pour sa maman», c'est une manière *indirecte* de demander…
   a. si Camille a une bonne relation avec sa mère.
   b. si Camille habite avec sa mère.
   c. si Camille sort avec d'autres hommes.

3. Comment est la relation de Camille avec son père?
   a. Elle ne l'a pas revu depuis dix ans environ.
   b. Elle le voit à chaque fois qu'elle va à Londres.
   c. Elle a une très bonne relation avec lui.

B. Répondez aux questions.

1. Quel est le scoop de la propriétaire du restaurant à propos de Camille et Bruno? Êtes-vous surpris(e)?

   _____

2. Imaginez pourquoi ils se sont séparés.

   _____

   _____

Zoom sur la culture: La cuisine

La cuisine est considérée comme un art en France, et les grands chefs comme Paul Bocuse, Alain Ducasse, Georges Blanc, etc. sont respectés comme de vrais artistes et admirés comme des célébrités. Est-ce vrai aux États-Unis ou dans votre pays?

_____

_____

_____

Deuxième partie: L'histoire du grand-père

Scènes 39 à 48 (9:14 min.)

LA BOÎTE À MOTS

Je me régale déjà!	*My mouth is already watering!*
il a disparu	*he has disappeared*
avoir une bonne tête	*to seem like a nice person*
un prisonnier	*prisoner*
trahir	*to betray*
un atelier d'ébéniste	*woodworking shop*
les affaires marchent bien	*business is good*
venir au monde	*to be born*
deux de ses ouvriers sont morts au combat	*two of his assistants died in combat*
juif	*Jewish*
Que Dieu te protège!	*May God be with you!*
ses yeux brillaient	*her eyes were shining*
son cœur ne battait plus	*her heart was no longer beating*
un enterrement	*funeral*
déchirer	*to tear up*

Vous avez compris?

A. Choisissez la bonne réponse.

1. Pourquoi est-ce que Camille hésite à dire la vérité sur son grand-père?
   a. Il est parti réellement avec une autre femme.
   b. Il a trahi la France.
   c. Il est mort en prison.

2. Quelle était la situation d'Antoine en 1938?
   a. Il avait 20 ans et il habitait dans le sud de la France.
   b. Il était encore célibataire et faisait des études à la Sorbonne.
   c. Il était marié, travaillait comme ébéniste et avait des employés.

3. Quels étaient les deux événements importants pour Antoine et Louise en 1939?
   a. Ils se sont mariés et ont quitté Paris.
   b. Leur fille est née et la guerre a été déclarée contre les Allemands.
   c. Leur fille est née et ils sont partis dans les Cévennes.

4. En 1940, comment Louise a-t-elle convaincu Antoine de quitter Paris?
   a. Elle lui a donné le médaillon.
   b. Elle lui a promis de partir avec lui.
   c. Elle lui a dit de partir parce que c'était juste.

B. Répondez aux questions.

1. Pourquoi est-ce que Samuel Lévy et sa femme avaient décidé de quitter la France? Dans quel pays Samuel allait-il retrouver sa femme?

   _____

   _____

2. Comment Bruno pense-t-il pouvoir aider Camille?

   _____

3. Quelle est la chanson que la grand-mère a demandé à son enterrement et pourquoi?

   _____

   _____

4. De quoi Camille voulait-elle discuter avec sa grand-mère?

   _____

Zoom sur la culture: La Deuxième Guerre mondiale

Dans ce segment, Bruno et Camille ont parlé des dates et des événements importants de la Deuxième Guerre mondiale, et vous avez aussi vu les photos en noir et blanc des deux personnages les plus importants de cette époque: le général Pétain et le général de Gaulle. En utilisant vos propres connaissances et les informations présentées dans le film, associez les personnages, les dates et les événements dans la Colonne A avec leur description dans la Colonne B.

Colonne A

1. _____ septembre 1939
2. _____ le général Pétain
3. _____ le général de Gaulle
4. _____ juin 1944
5. _____ de juin à décembre 1944
6. _____ le 8 mai 1945

Colonne B

a. Fin de la Deuxième Guerre mondiale.
b. Il organise la Résistance en 1942 de Londres.
c. En juin 1940, il signe un armistice avec l'Allemagne, forme le gouvernement «libre» de Vichy et collabore avec les Allemands.
d. Le grand débarquement des Alliés (anglais et américains) en Normandie.
e. La France et l'Angleterre déclarent la guerre à l'Allemagne.
f. La libération de la France.

Épisode 5

Une piste à suivre
(après le Chapitre 9)

En résumé

Pendant le dîner au restaurant, Bruno et Camille ont beaucoup parlé de leur vie, mais surtout du mystérieux grand-père de Camille. Bruno lui a proposé son aide.

Première partie: Les recherches s'organisent

Scènes 49 à 56 (5:30 min.)

LA BOÎTE À MOTS	
se renseigner	*to get information*
interroger	*to ask questions*
à propos de quoi?	*about what?*
un fantôme	*ghost*
actuellement	*nowadays, these days*
un laissez-passer	*security pass*
un indice	*clue*

Vous avez compris?

A. Répondez aux questions.

1. Quelles sont les différentes formules de condoléances utilisées respectivement par Martine, Bruno et Hélène quand ils parlent à Camille?

   a. Martine: _____

   b. Bruno: _____

   c. Hélène: _____

2. Qui va faire les choses suivantes pour aider Camille?

   a. faire un reportage sur les Cévennes _____

   b. contacter son ami historien _____

   c. consulter les Archives Nationales _____

   d. montrer le document du laissez-passer à Camille _____

3. Donnez trois informations sur l'ami historien de Bruno.

   _____

   _____

   _____

B. Choisissez la bonne réponse.

1. Quand beaucoup d'archives ont-elles été détruites et par qui?
   a. À la fin de la guerre par les Allemands et les collaborateurs.
   b. Pendant la guerre par les Allemands.
   c. Avant la guerre par l'armée.

2. Pourquoi est-ce que le laissez-passer d'Antoine était-il spécial?
   a. Il pouvait voyager dans la zone libre.
   b. Il pouvait voyager dans la zone occupée par les Allemands.
   c. Il pouvait aller où il voulait en France.

(continued)

3. Qui avait signé ce document?
    a. Un officier supérieur français.
    b. Un officier supérieur allemand.
    c. Un officier allemand et un officier français.

Zoom sur la culture: La notion de l'amitié

Les Français ont en général moins d'amis que les Américains mais pour les Français, l'amitié repré-sente quelque chose de très fort et durable (*lasting*). Remarquez comment ses amis veulent immédiate-ment aider Camille. Elle n'a même pas besoin de leur demander. Dans la même situation, demanderiez-vous de l'aide à vos amis? Sans hésitation? Pourquoi?

_____

_____

_____

Deuxième partie: Camille
persiste dans ses recherches

Scènes 57 à 65 (11:56 min.)

LA BOÎTE À MOTS	
louer une voiture	*to rent a car*
le montage	*editing room*
un coffret	*box*
la serrure est verouillée	*it's locked*
découper	*to cut out*
le pourri	*rotten person*
un collabo (*fam.*)	*person who collaborated with the Germans*
des ciseaux (*m.*)	*scissors*
tuer	*to kill*
avoir une piste	*to have a lead*
la vedette de l'émission	*star of the show*
être mal	*to not feel up to par*
perdre la tête	*to lose one's mind*
tomber amoureux/ amoureuse	*to fall in love*
avoir des soucis	*to have worries*
Ça fait trop cinéma.	*It's too much like a movie.*

Vous avez compris?

Répondez aux questions.

1. Qu'est-ce que Camille et Mado trouvent dans le coffret de la grand-mère?

    _____

2. Que s'était-il passé de traumatisant un jour à l'école quand Mado était enfant?

    _____

    _____

3. Qu'est-ce qu'elle avait fait en rentrant chez elle? En quoi le geste était-il symbolique?

    _____

    _____

4. Pourquoi Camille dit-elle qu'elle a une piste maintenant, après que Rachid lui dit qu'il a rencontré Jeanne Leblanc?

    _____

    _____

5. Quels sont les arguments que Martine donne à Camille pendant leur discussion pour la persuader de rester?

    _____

    _____

6. Quel est l'argument majeur de Camille?

    _____

Zoom sur la culture: Un dîner maghrébin

Pour le dîner, Rachid et Sonia servent un couscous, un plat traditionnel d'Afrique du Nord. En quoi ce dîner est-il différent d'un dîner traditionnel français? (le repas, la table, les plats, la musique…). Expliquez.

_____

_____

_____

_____

_____

Épisode 6

La trahison
(*après le Chapitre 11*)

En résumé

Tous ses amis ont aidé Camille dans ses recherches. Son grand-père semble avoir été un traître, et après la mort de sa grand-mère, elle décide de découvrir finalement la vérité.

Première partie: Voyage dans les Cévennes

Scènes 66 à 69 (5:32 min.)

LA BOÎTE À MOTS	
tu me manques	*I miss you*
une remplaçante	*replacement*
être embêté(e)	*to be troubled, upset*
un licenciement	*firing (from a job)*
mettre à la porte (*fam.*)	*to fire (job)*
Méfie-toi!	*Be careful!*
je m'en fiche (*fam.*)	*I don't care*
ce mec (*fam.*)	*this guy*
j'ai hérité de la ferme	*I inherited the farm*
un résistant	*Resistance fighter, a person who fought against the Germans during WWII*

Vous avez compris?

Répondez aux questions.

1. Pourquoi est-ce que Bruno est très embêté? Que se passe-t-il au travail?

   _____

2. Qu'est-ce que Bruno dit à Camille pour lui montrer qu'il l'aime beaucoup?

   _____

   _____

3. Au café, qu'est-ce que Camille apprend sur les différents membres de la famille Leblanc en parlant à Éric?

   a. Éric _____

   b. les parents _____

c. la grand-mère _____

d. le grand-père _____

4. Quand et où Camille doit-elle rencontrer la grand-mère d'Éric?

_____

Zoom sur la culture: Villages en France

Au centre du village se trouve la place, souvent avec une église et toujours un café. Les gens s'y réunissent pour bavarder et jouer à la pétanque. C'est le cœur de la vie sociale. Quelles sont les différentes activités des personnes dans le café? Que trouve-t-on au centre d'une petite ville dans votre pays? Quels magasins, quels édifices (*buildings*)?

_____

_____

_____

_____

Deuxième partie: Le passé du grand-père

Scènes 70 à 77 (9:06 min.)

LA BOÎTE À MOTS	
son bonheur	*his happiness*
accueillir	*to welcome*
s'inquiéter	*to worry*
un pont	*a bridge*
les voies de chemin de fer	*railroad tracks*
frapper	*to hit, to strike*
monter des opérations	*to organize attacks*
retarder	*to delay, to slow down*
entreposer des armes	*to stash weapons*
saisir	*to seize*
réunir	*to gather together*
tout s'est précipité	*everything happened fast*
grièvement blessé(e)	*badly hurt*
il a réussi à se traîner	*he managed to drag himself*
soigner	*to take care of, to nurse*
une ruse	*a trick*
le chagrin	*pain, hurt*
AUTRES MOTS UTILES	
mettre en confiance	*to gain someone's trust*

Vous avez compris?

A. Répondez aux questions.

1. Quand Jeanne Leblanc ne veut pas lui parler, que donne Camille à Éric pour arriver à la convaincre?

   _____

2. Comment est-ce que Camille arrive à mettre Jeanne en confiance?

   _____

3. Donnez trois informations sur Antoine que Camille apprend de Jeanne Leblanc.

   _____

   _____

   _____

4. Que faisaient Antoine et ses quatre copains résistants pour lutter contre les Allemands?

   _____

   _____

5. Selon Jeanne, qui a provoqué le malheur et pourquoi?

   _____

6. Quelle est l'information qu'Éric donne à Camille de la part de sa grand-mère?

   _____

B. Indiquez si les phrases suivantes sont vraies (**V**) ou fausses (**F**).

1. _____ Les résistants voulaient saisir des armes dans un train.

2. _____ Fergus leur a dit que c'était trop dangereux.

3. _____ C'était un soir de printemps, il faisait frais.

4. _____ Antoine devait arriver avec un camion et il était en retard.

5. _____ Les Allemands ont blessé Pierre Leblanc.

6. _____ Pierre a dit qu'Antoine portait un uniforme nazi.

7. _____ Pierre est mort au matin dans les bras de sa femme.

8. _____ Antoine a écrit une lettre aux Leblanc pour s'excuser.

Zoom sur la culture: L'exode rural

Il y a très peu de jeunes dans le village de Saint-Jean-de-Causse. C'est un phénomène typique aujourd-hui dans les villages français parce que la majorité des jeunes ne veulent plus s'occuper des fermes. Ils préfèrent «partir à la ville» chercher d'autres opportunités. Est-ce que la situation est la même dans votre pays? Dans quelles régions en particulier? Pourquoi la vie de fermier est-elle si difficile et leur travail dévalué?

_____

_____

_____

_____

_____

Épisode 7

La vérité
(après le Chapitre 13)

En résumé

Camille a finalement pu parler avec Jeanne Leblanc et elle a appris dans quelles conditions son grand-père était mort et pourquoi il avait été considéré comme un traître. Elle continue ses recherches pour découvrir la vérité.

Première partie: Paris–Marseille–Casablanca

Scènes 78 à 89 (21:06 min.)

LA BOÎTE À MOTS	
les indices (*m.*) d'audience	*ratings*
démissionner	*to quit, to resign*
un caprice	*caprice, whim*
une animatrice	*radio broadcaster*
être de passage	*to visit for a short time*
de provenance incertaine	*of uncertain origin*
se vêtir dignement	*to dress modestly*
un foulard	*scarf*
un décolleté	*low-cut clothing*
remplir de chagrin et de honte	*to feel full of sadness and shame*
la Gestapo	*German police*
tromper	*to fool*
un piège	*trap*
crever (*fam.*)	*to die*
lancer des représailles	*to launch reprisals*
une campagne de désinformation	*campaign of misinformation*
fusiller	*to shoot*
se remettre	*to recover*
la colère au cœur	*deeply angry*

Vous avez compris?

Répondez aux questions.

1. Quel est le problème avec les indices d'audience depuis que Camille est partie?

   _____

2. Selon le président, pourquoi l'attitude de Camille est-elle intolérable?

   _____

   _____

3. Quels sont les arguments de la productrice pour défendre Camille?

   _____

   _____

4. À Marseille, que fait Camille pour trouver des informations sur Fergus?

   _____

   _____

5. À Casablanca, comment est-ce que Camille arrive à convaincre l'homme de la laisser parler à Fergus?

   _____

   _____

6. Camille doit s'habiller *dignement*. Qu'est-ce que cela veut dire?

   _____

   _____

7. D'après Fergus, que s'était-il passé quand Antoine et lui étaient arrivés à la gare?

   _____

   _____

8. Les Allemands avaient profité de l'événement à la gare pour dire et faire quoi?

   _____

   _____

9. À la Libération, qu'est-ce que Fergus a essayé de faire et pourquoi a-t-il quitté la France?

   _____

   _____

10. Qu'est-ce que le fils de Fergus donne à Camille et pourquoi?

    _____

Zoom sur la culture: Le Maroc

Le Maroc est un pays musulman très moderne et aussi très traditionnel. L'arabe est la langue officielle mais le français reste une des langues administratives. Le Maroc fait partie du Maghreb avec l'Algérie et la Tunisie. Notez quatre détails que vous avez remarqués sur cette culture maghrébine.

1. _____
2. _____
3. _____
4. _____

Deuxième partie: La vérité libère Camille

Scènes 90 à 97 (6:36 min.)

LA BOÎTE À MOTS

lever les yeux au ciel	*to roll one's eyes*
pousser des soupirs	*to sigh*
être renvoyé(e)	*to get fired*
être libéré(e) d'un poids	*to feel lighter*
Ne t'affole pas!	*Don't get upset!*
C'est dingue! (*fam.*)	*It's crazy!*
C'est un amour. (*fam.*)	*He is a sweetheart.*
avoir un caractère de cochon (*fam.*)	*to have a bad temperament*
décerner	*to award*

Vous avez compris?

A. Répondez aux questions.

1. Qu'est-ce que Camille ne fera plus avec sa mère maintenant qu'elle a appris la vérité sur sa famille?

   _____

2. Qu'est-ce que Bruno dit à Camille qui la met en colère et pourquoi se fâche-t-elle?

   _____

3. Avec l'aide de David, que veut-elle obtenir pour son grand-père?

   _____

4. Selon Camille, de quoi est-ce qu'il ne faut pas avoir peur?

   _____

5. Quel est le cadeau que Mado donne à sa fille?

   _____

B. Récapitulez comment Camille est arrivée à trouver la vérité sur son grand-père. Quels étaient tous les indices sur la piste du «chemin du retour»?

_____

_____

_____

_____

_____

_____

_____

_____

_____

Zoom sur la culture: Comparaisons culturelles

Dans ce film, quelles sont trois choses qui, selon vous, représentent bien la culture française, et qui vous semblent très différentes de la vôtre? Expliquez-les. En classe, comparez vos commentaires à ceux des autres étudiants.

1. _____

_____

2. _____

_____

3. _____

_____

Answer Key

Key   ▲ = Answers vary.

PREMIÈRE ÉTAPE

Thèmes et grammaire

LA COMMUNICATION EN CLASSE   **Activités de compréhension**   6, 5, 8, 7, 4, 1, 2, 3   **Activités écrites**   1. Ouvrez le livre. Lisez. 2. Parlez. 3. Prenez un stylo. Écrivez. 4. Regardez. Lisez. 5. Prenez un livre.

QUI EST-CE? LES CAMARADES DE CLASSE   **Activités de compréhension**   1. b 2. c 3. a   **Activités écrites**   1. Elle s'appelle 2. Je m'appelle 3. Il s'appelle

COMMENT SONT-ILS? LA DESCRIPTION DES PERSONNES   **Activités de compréhension** 1. Charles Colin 2. Claudine Colin 3. Marie 4. Édouard Vincent   **Activités écrites**   ▲ 1. Il est vieux. et brun. Il n'est pas jeune. 2. Elle est blonde, grande et mince. Elle n'est pas petite. 3. Elle est petite et vieille. Elle n'est pas mince.

LES VÊTEMENTS ET LES COULEURS   **Activités de compréhension**   **A.** 1   **B.** 1. V 2. V 3. F 4. F 5. V   **Activités écrites**   1. noir 2. bleue, blancs 3. vertes, marron 4. rouge/verte/jaune, orange 5. jaune 6. noire/grise, blanc

LES NOMBRES (0–34)   **Activités de compréhension**   *Answer provided at bottom of page 7.*   **Activités écrites**   **A.** 1. cinq 2. douze 3. sept 4. trente 5. seize 6. vingt 7. quinze 8. deux 9. vingt et un 10. huit   **B.** 1. sept 2. cinq 3. huit 4. douze 5. deux 6. quinze 7. vingt et un 8. seize 9. vingt 10. trente

RENCONTRES   **Activités de compréhension**   **A.** 1. vous 2. tu 3. tu 4. vous 5. tu 6. tu   **B. Conversation 1.** b   **Conversation 2.** a   **Conversation 3.** c   **Activités écrites**   1. Comment allez-vous? 2. Enchanté. 3. Comment ça va? 4. Au revoir. 5. Je suis un peu fatiguée.

Intégration

JEU

```
J  A  W  R  P  G  D  D  V  Q  H
L  O  Y  C  H  A  P  E  A  U  R
G  M  N  H  H  F  S  W  T  W  D
O  O  I  E  Z  T  I  P  Q  S  F
E  S  I  M  E  H  C  H  K  P  I
K  E  T  I  C  O  S  T  U  M  E
A  R  S  S  V  C  E  D  F  P  O
E  U  S  I  B  Q  N  Z  U  A  O
O  S  L  E  O  D  O  J  A  N  E
J  S  N  R  T  F  S  T  E  T  A
Z  U  V  U  T  S  U  U  T  A  A
M  A  P  B  E  B  O  R  N  L  V
M  H  L  E  S  R  L  H  A  O  T
L  C  Y  B  O  I  B  L  M  N  S
```

DEUXIÈME ÉTAPE

Thèmes et grammaire

QU'EST-CE QU'IL Y A DANS LA SALLE DE CLASSE? **Activités de compréhension** 1. F 2. V 3. V 4. F **Activités écrites** **A.** ▲ 1. Oui, il y a un grand bureau. (Non, il n'y a pas de…) 2. Oui, il y a des chaises confortables. (Non, il n'y a pas de…) 3. Oui, il y a une horloge. (Non, il n'y a pas d'…) 4. Oui, il y a une encyclopédie. (Non, il n'y a pas d'…) 5. Oui, il y a des stylos. (Non, il n'y a pas de…) **B.** 1. Qu'est-ce que c'est? (Comment s'appelle cet objet?) 2. Qui est-ce? (Comment s'appelle cette personne?) 3. Qui est-ce? (Comment s'appelle cette personne?) 4. Est-ce que c'est… 5. Qui est-ce? (Comment s'appelle cette personne?) 6. Qu'est-ce que c'est? (Comment s'appelle cet objet?)

LA DATE ET L'ALPHABET **Activités de compréhension** **A.** 1. f 2. a 3. e 4. b 5. c 6. d **B.** ROUET **Activités écrites** 1. août/septembre, mai/juin 2. février 3. mars 4. juillet 5. décembre 6. ▲

LES NOMBRES DE 40–100 ET L'HEURE **Activités de compréhension** 1. sept heures dix 2. neuf heures vingt 3. dix heures moins le quart 4. onze heures, treize heures et dix-huit heures 5. toutes les heures **Activités écrites** **A.** 1. C'est le zéro quatre, vingt et un, soixante-quinze, zéro neuf, dix-neuf. 2. C'est le zéro quatre, quatre-vingt-onze, soixante-trois, zéro neuf, zéro zéro. 3. C'est le zéro quatre, trente-sept, vingt, trente-cinq, quinze. 4. C'est le dix-sept. 5. C'est le zéro quatre, quarante-deux, dix-huit, quatre-vingt-treize, quatre-vingt-treize. **B.** 1. Il est huit heures et quart (huit heures quinze). 2. Il est midi (minuit). 3. Il est onze heures vingt-six. 4. Il est une heure dix. 5. Il est onze heures moins dix. **C.** 1. Qui est qui? est à sept heures et quart du soir. 2. Arithmétique appliquée est à six heures moins vingt-cinq du soir. 3. Momies du peuple des nuages est à dix heures du soir. 4. Tutti frutti est à six heures vingt-cinq du soir. 5. Spot cardiaque est à cinq heures cinq du soir. 6. Le journal de la nuit est à minuit moins vingt. 7. La météo est à sept heures moins deux du soir.

LES COURS **Activités de compréhension** 1. V 2. V 3. F 4. V 5. F **Activités écrites** **A.** ▲ **B.** 1. Oui, j'ai un ordinateur portable. (Non, je n'ai pas d'…) 2. Oui, j'ai une télévision. (Non, je n'ai pas de…) 3. Oui, j'ai des camarades (un[e] camarade) de chambre. (Non, je n'ai pas de…) 4. Oui, j'ai un bureau. (Non, je n'ai pas de…) 5. Oui, j'ai une bicyclette. (Non, je n'ai pas de…) 6. Oui, j'ai une voiture. (Non, je n'ai pas de…) **C.** 1. ai 2. ont 3. a 4. a 5. avons 6. ont 7. avez 8. as

LA DESCRIPTION DES AUTRES **Activités de compréhension** **A.** 1. Louis 2. Daniel 3. Barbara 4. Jacqueline **B.** 1. F 2. V 3. F 4. V 5. F

C.

Activités écrites **A.** ▲ **B.** ▲

Le verbe français

VÉRIFIONS!

manger	*mangé*	offrir	*offert*
finir	*fini*	mettre	*mis*
vendre	*vendu*	faire	*fait*
avoir	*eu*	recevoir	*reçu*
être	*été*	vouloir	*voulu*
venir	*venu*	ouvrir	*ouvert*
devoir	*dû*	prendre	*pris*
dire	*dit*	boire	*bu*

INTÉGRATION DES VERBES   1. as passé 2. ai été 3. as fini 4. a (pas) eu 5. ai pu 6. as (aussi) pris 7. avons fait 8. as fait 9. ai vu 10. ai écrit 11. ai lu 12. suis restée 13. avons reçu

CHAPITRE 6

Thèmes et grammaire

LES ACTIVITÉS DE L'ENFANCE   **Activités de compréhension**   1. b 2. c 3. a 4. d 5. e   **Activités écrites**   **A.** 1. E 2. A 3. E 4. A 5. E 6. A 7. E 8. E   **B.** 1. tondions 2. jouaient 3. mangions 4. faisaient 5. savions, allions 6. avais; bâtissais 7. lisait 8. faisiez, aviez 9. aimais, étais   **C.** 1. Oui, soixante et onze pour cent aimaient aller à l'école. 2. Vingt et un pour cent n'aimaient pas faire des courses avec leurs parents. 3. La plupart préféraient aller à l'école. 4. Ils préféraient jouer avec leurs copains. 5. Probablement, ils jouaient tout seul le moins. 6. ▲   **D.** 1. lis; lis 2. lisent 3. écrivez; écrivons 4. dit; dit; disent; dites 5. avez lu; ai lu; a, écrit; avez dit   **E.** ▲

LA JEUNESSE   **Activités de compréhension**   1. F 2. V 3. V 4. V 5. F   **Activités écrites**   **A.** 1. e, rire 2. a, est douée 3. f, sèche les cours 4. d, rêve 5. b, fait le pitre 6. c, se passionne   **B.** ▲   **C.** 1. où 2. que 3. qui 4. qui 5. que 6. où 7. que   **D.** ▲

LES RAPPORTS AVEC LES AUTRES   **Activités de compréhension**   1. JY 2. S 3. S 4. JY 5. S 6. JY   **Activités écrites**   **A.** 1. c 2. h 3. g 4. a 5. e 6. b 7. f 8. d   **B.** ▲ 1. vous; me, qu'ils n'étaient pas du tout contents. 2. leur; leur, presque toujours. 3. Lui; lui, beaucoup de choses. 4. vous; nous, des devoirs tous les jours. 5. vous; nous, seulement le samedi soir. 6. lui; lui, tous les jours.   **C.** ▲   **D.** ▲ 1. Ils se disputaient et ils s'entendaient mal. 2. Il se fâchait. 3. Ils se disputaient. Le jeune homme avait peur de son patron. 4. Elle s'inquiétait de ses finances. 5. Il ne s'entendait pas bien avec elle. Ils se battaient. 6. Elle avait peur et elle s'inquiétait.

SOUVENIRS ET ÉVÉNEMENTS DU PASSÉ   **Activités de compréhension**   **A.** 1. M, F 2. M 3. F 4. F 5. M, F 6. M 7. F 8. M   **B.** 1. e 2. b 3. c 4. a 5. d 6. e 7. a   **Activités écrites**   **A.** 1. e 2. d 3. c 4. h 5. f 6. a 7. b 8. g   **B.** 1. voit 2. croyons 3. croit 4. vois 5. voyons 6. croyez   **C.** ▲   **D.** ▲

Intégration

À L'ÉCOUTE!   a. 2 b. 3 c. 5 d. 1 e. 4.

RENCONTRES   **Épisode 6**   **Avant l'écoute**   1. V 2. V 3. F   **Après l'écoute**   1. g 2. a, e 3. c 4. b, f, j 5. h 6. i 7. d

La prononciation et l'orthographe

DICTÉE   J'aimais bien l'hiver. J'étais toujours impatient de voir la première neige qui tombait généralement au mois de novembre. C'était très beau, surtout quand il neigeait le soir. Avec toute la famille, on allait faire une promenade pour admirer la neige toute fraîche. Avant de rentrer, on bâtissait un igloo ou un château de neige, mais ce que j'aimais le mieux, c'était le chocolat chaud que maman nous faisait quand on rentrait.

Le verbe français

VÉRIFIONS!

	chanter	choisir	rendre	placer	nager	dire	être
Paul	*chantait*	*choisissait*	*rendait*	*plaçait*	*nageait*	*disait*	*était*
vous	*chantiez*	*choisissiez*	*rendiez*	*placiez*	*nagiez*	*disiez*	*étiez*
Ali et moi	*chantions*	*choisissions*	*rendions*	*placions*	*nagions*	*disions*	*étions*
les profs	*chantaient*	*choisissaient*	*rendaient*	*plaçaient*	*nageaient*	*disaient*	*étaient*
tu	*chantais*	*choisissais*	*rendais*	*plaçais*	*nageais*	*disais*	*étais*
je (j')	*chantais*	*choisissais*	*rendais*	*plaçais*	*nageais*	*disais*	*étais*

INTÉGRATION DES VERBES 1. envoyait 2. aimais 3. étais 4. fallait 5. disais 6. préférais 7. restais 8. était 9. faisait 10. avais 11. adorais 12. bougeait 13. était 14. pouvais

CHAPITRE 7

Thèmes et grammaire

LES ALIMENTS ET LES BOISSONS **Activités de compréhension** 1. F 2. V 3. F 4. F 5. V 6. V 7. F **Activités écrites** **A.** 1. a 2. c 3. c, d 4. c 5. c, d 6. c **B.** 1. des, de 2. du 3. de la; de 4. un, du, du, des 5. le, de la 6. de, du, de 7. de, la 8. des 9. la **C.** ▲ 1. buvez; Je bois de l'eau. 2. boivent; Ils boivent du lait. 3. boit; Il boit du vin. 4. buvons; Oui, nous buvons beaucoup de bière. 5. buvez; Nous buvons du vin et de la bière. **D.** 1. V 2. F, en fin de journée 3. F, un bol de lait (de yaourt), des céréales, trois tranches de pain avec du beurre, du miel ou de la confiture et un fruit frais 4. F, 120g. 5. V **E.** ▲

ON FAIT LES PROVISIONS **Activités de compréhension** **A.** 1. sélection, prix, qualité 2. frais 3. 2,80; 7,50; 3,25; 4,50; 12,90 **B.** 1. V 2. F 3. V 4. V 5. F **Activités écrites** **A.** 1. Les cerises sont des fruits. On peut en acheter chez le marchand de fruits. 2. Le beurre est un produit laitier. On peut en acheter dans une épicerie. 3. Les pommes de terre sont des légumes. On peut en acheter chez le marchand de légumes. 4. Le bœuf est de la viande. On peut en acheter dans une boucherie. 5. Le vin est une boisson. On peut en acheter chez le marchand de vins. 6. Les saucisses sont de la viande. On peut en acheter dans une charcuterie. 7. Les pêches sont des fruits. On peut en acheter chez le marchand de fruits. 8. Le saumon est du poisson. On peut en acheter à la poissonnerie. 9. Le homard est un fruit de mer. On peut en acheter à la poissonnerie. **B.** ▲ **C.** 1. Non, ils en ont consommé plus en 2002. 2. Non, ils en ont bu beaucoup en 2002. 3. Non, ils en ont utilisé plus en 1970. 4. Non, ils en ont mangé moins en 2002. (Non, ils en ont mangé plus en 1990.) 5. Non, ils en ont acheté moins en 1970. **D.** 1. Tout 2. tous 3. toute 4. tous 5. tout 6. toute 7. toutes 8. tout

L'ART DE LA CUISINE **Activités de compréhension** **A.** 1. b 2. c 3. c 4. a 5. b 6. chinois **B.** 1. b, c, f 2. a, c, d, f **Activités écrites** **A.** 1. f 2. d 3. g 4. c 5. a 6. b 7. i 8. h 9. j 10. e **B.** 1. Qu'est-ce qui / C'est une crème caramel 2. quoi / du poulet ou du poisson 3. Qu'est-ce qu' / des œufs, du jus de citron et de l'huile 4. Que / une bouillabaisse 5. quoi / du poisson et des fruits de mer 6. Qui / un cuisinier 7. Quels / des blancs d'œufs et du fromage **C.** ▲

AU RESTAURANT **Activités de compréhension** **A. Les entrées:** le pâté de campagne, le potage de légumes **Les plats:** la sole meunière, le gigot. **Les desserts:** la tarte aux pommes, les profiteroles au chocolat **B.** 1. F 2. F 3. V 4. F 5. V **Activités écrites** **A.** 1. Le maître d'hôtel 2. Le sommelier 3. commande 4. un bifteck saignant 5. la serveuse 6. l'addition 7. le service 8. le pourboire **B.** 2. ...terminer un plat. 3. ...est en train de servir le dîner. 4. M. et Mme Martin sont en train de porter un toast. 5. M. Martin est en train de prendre du fromage. 6. Ils sont en train de manger le dessert. 7. Ils sont en train de prendre le café. **C.** 1. Avant de mettre les couverts, Julien a mis une belle nappe sur la table.

2. Après avoir allumé des bougies, il a éteint toutes les lumières. 3. Avant de servir le vin, il l'a goûté. 4. Après avoir passé les plats et le pain, il a dit «bon appétit». 5. Avant de servir le dessert, il a fait du café. 6. Après avoir offert une liqueur à ses invités, il a porté un toast en l'honneur de Bénédicte. 7. Après être sorti brièvement de la salle à manger, il est revenu avec un cadeau qu'il a offert à Bénédicte. **D.** 1. F; On peut danser au Circus. 2. V 3. V 4. F; On ne peut pas dîner le dimanche à la Pêcherie ni chez Dimitri. 5. V 6. V 7. V 8. F; On peut manger de la bouillabaisse à la Pêcherie. **E. ▲**

Intégration

À L'ÉCOUTE! 1. F 2. V 3. F 4. F 5. V

RENCONTRES **Épisode 7** **Avant l'écoute** 1. F 2. F 3. V 4. F **Après l'écoute** 1. JC 2. C 3. R 4. A 5. C 6. R 7. A 8. JC 9. A 10. S

La prononciation et l'orthographe

DICTÉE J'aime la gastronomie et je vais assez souvent au restaurant. Malheureusement, je ne peux pas toujours me permettre d'aller dans des restaurants deux ou trois étoiles. En général, je vais dans une pizzeria ou dans un restaurant asiatique avec mes amis. Il est impossible de dire ce que je prends d'habitude dans un restaurant, parce que chaque fois, je veux essayer quelque chose d'autre.

Le verbe français

VÉRIFIONS!

	écrire	lire	dire	promettre	reconnaître
je (j')	*écris*	*lis*	*dis*	*promets*	*reconnais*
Louis et Albert	*écrivent*	*lisent*	*disent*	*promettent*	*reconnaissent*
nous	*écrivons*	*lisons*	*disons*	*promettons*	*reconnaissons*
tu	*écris*	*lis*	*dis*	*promets*	*reconnais*
Bernard	*écrit*	*lit*	*dit*	*promet*	*reconnaît*
vous	*écrivez*	*lisez*	*dites*	*promettez*	*reconnaissez*

INTÉGRATION DES VERBES 1. dis 2. disent 3. permet 4. permettent 5. promets 6. promettent 7. lit 8. lisent 9. reconnaissent 10. admets

CHAPITRE 8

Thèmes et grammaire

EN FRANCE ET AILLEURS **Activités de compréhension** **A.** 1. d 2. b 3. e 4. a 5. e 6. a 7. c **B.** 1. V 2. F 3. F 4. V 5. V 6. F **Activités écrites** **A. ▲** 1. …il y a des rivières, des glaciers et des forêts. 2. …il y a du sable et des dunes. 3. …il y a des falaises, des plages, du sable et des baies. 4. …il y a des rivières, des îles et des cascades. 5. …il y a des falaises, des fleuves, des plages, du sable, des dunes et des cascades. **B.** 1. On les trouve en Égypte. 2. …en Australie. 3. …au Québec. 4. …au Brésil. 5. …en France. 6. …en Chine. 7. …au Népal. **C.** 1. Il venait de Chine. Il parlait chinois. 2. Il venait d'Espagne. Il parlait espagnol. 3. Elle venait de France. Elle parlait français. 4. Il venait d'Allemagne. Il parlait allemand. 5. Ils venaient du Japon. Ils parlaient japonais. 6. Elles venaient des États-Unis. Elles parlaient anglais. 7. Il venait d'Italie. Il parlait italien. 8. Il venait du Mexique. Il parlait espagnol. **D. ▲**

LA GÉOGRAPHIE ET LE CLIMAT **Activités de compréhension** **A.** 1. g 2. i 3. e 4. b 5. c, f 6. a 7. d, h
B. 1. naturelle 2. inondations 3. incendies 4. fréquentes 5. météo, nouvelles 6. rassembler, monter 7. évacuer
8. sauveteurs 9. tornades **Activités écrites** **A.** 1. couvert, nuages 2. tempêtes de neige 3. tonnerre 4. sec
5. humidité 6. tornade 7. foudre **B.** 1. vivons 2. vit 3. vivent 4. vis 5. vivez 6. ont vécu 7. ai vécu
8. avez vécu **C.** ▲ 1. Je la lis sur Internet. 2. Je la trouve effrayante. Oui, j'aime les regarder. Non, je
ne le fais pas souvent. 3. Non, il ne faut pas les ouvrir. Je ne sais pas pourquoi. 4. Oui, on doit leur
permettre de sortir. 5. Oui, je leur téléphone.

QUESTIONS ÉCOLOGIQUES **Activités de compréhension** **A.** 1. Il vient d'entendre un reportage sur
l'environnement. 2. Il a pensé au petit lac où sa grand-mère habite. 3. Il utilise toujours son scooter, il
jette ses boîtes en aluminium et il gaspille l'eau. 4. Il a décidé de recycler le papier, le verre et l'aluminium. 5. Il vient de jeter une bouteille en verre à la poubelle. **B.** 1. e 2. d 3. b 4. g 5. j **Activités
écrites** **A.** 1. b 2. c 3. e 4. g 5. f 6. d 7. a **B.** 1. devrait 2. devrions 3. devrais 4. devraient 5. devrais
6. devriez **C.** 1. stationnaient 2. pouvaient 3. tombaient 4. avaient 5. voyait **D.** ▲ **E.** 1. faisait, est
parti 2. était, sont arrivés 3. faisait, ont commencé 4. déjeunaient, est tombé 5. neigeait, sont arrivés

Intégration

À L'ÉCOUTE! a. 3 b. 2 c. 4 d. 5 e. 1

RENCONTRES **Épisode 8** **Avant l'écoute** 1. F 2. F 3. V 4. V **Après l'écoute** 5, 3, 1, 7, 2, 8, 4, 6

La prononciation et l'orthographe

1. h non-aspiré 2. h non-aspiré 3. h non-aspiré 4. h aspiré 5. h aspiré 6. h non-aspiré 7. h aspiré 8. h aspiré

DICTÉE Après dix jours, la grève des trains est finalement terminée. La SNCF annonce que le retour
au trafic normal se fera d'une manière très progressive. On estime qu'il faudra un minimum de deux
jours pour revenir à une situation normale. En province, il y aura probablement encore quelques pertur-
bations dans certaines localités. Par contre, en région parisienne, la reprise se passera plus rapidement.

Le verbe français

VÉRIFIONS!

	pouvoir	vouloir	devoir	recevoir	boire
je	*peux*	*veux*	*dois*	*reçois*	*bois*
nous	*pouvons*	*voulons*	*devons*	*recevons*	*buvons*
Claudine	*peut*	*veut*	*doit*	*reçoit*	*boit*

	venir	voir	croire	savoir	prendre
vous	*venez*	*voyez*	*croyez*	*savez*	*prenez*
tu	*viens*	*vois*	*crois*	*sais*	*prends*
les enfants	*viennent*	*voient*	*croient*	*savent*	*prennent*

INTÉGRATION DES VERBES 1. comprends 2. veulent 3. souviens 4. reçoit 5. pouvez 6. devient
7. devons 8. savent 9. dois 10. comprenons 11. peuvent 12. crois

CHAPITRE 9

Thèmes et grammaire

L'ENSEIGNEMENT ET LA FORMATION PROFESSIONNELLE **Activités de compréhension**
A. 1. 1257 2. latin 3. cafés, restaurants, bibliothèques 4. l'avenue 5. village **B.** 1. V 2. F 3. F 4. V 5. V
Activités écrites **A.** 1. bac 2. s'inscrire 3. des frais d'inscription 4. assister 5. sèchent 6. bûcher

7. recevoir 8. licence 9. Master 10. un stage   **B. ▲** 1. C'est vrai. Ils s'y intéressent parce que... 2. Ce n'est pas vrai. Ils n'y prennent pas plaisir parce que... 3. C'est vrai. Ils y participent parce que... 4. Ce n'est pas vrai. Ils y assistent. 5. C'est vrai. Ils y réussissent parce que... 6. Ce n'est pas vrai. Ils n'y pensent pas parce que...   **C. ▲** 1. Oui, je parle français avec eux. (Non, je ne parle pas...) 2. Ils sont plus/moins sérieux que moi. 3. Il/Elle s'appelle... Je n'habite pas avec lui/elle. 4. Je les fais avec lui/elle. 5. Je déjeune avec/sans eux. 6. J'aime sortir et bavarder avec eux.

LE TRAVAIL ET LES MÉTIERS   **Activités de compréhension   A.** 1. F 2. V 3. F 4. V 5. F   **B. celui à gauche:** 150 euros: parle deux langues, tape à la machine; **celui à droite:** 300 euros: parle trois langues, se sert de l'ordinateur; **celui au centre:** 1.200 euros: les deux autres l'appellent patron   **Activités écrites   A.** 1. d; Ce sont des chirurgiens/chirurgiennes. 2. a; Ce sont des avocat(e)s. 3. c; Ce sont des coiffeurs/coiffeuses. 4. b; Ce sont des cuisiniers/cuisinières. 5. e; Ce sont des fonctionnaires. 6. f; Ce sont des P.D.G.   **B.** 1. C'est; Il est; Gérard Depardieu 2. Ce sont; Elles sont; Julia Roberts et Cameron Diaz 3. C'est; Elle est; Naomi Judd 4. C'est; Il est; Stephen Hawking 5. C'est; Il est; Martin Luther King 6. C'est; Il est; Astérix   **C. ▲   D. ▲   E. ▲** 1. ...agent de police... 2. ...serveur... 3. ...pisteur secouriste en montagne... 4. ...médecin aux urgences à l'hôpital...

L'AVENIR   **Activités de compréhension   A.** 1. Clarisse—agent de voyages; Marise—pharmacienne; Charles—P.D.G. (président d'une grosse société); Emmanuel—journaliste (au *Figaro*); Joël—aventurier ou agent secret; Camille—actrice; Marie-Christine—écrivain; Nathalie—professeur d'université (de sciences politiques)   **B.** 1. d 2. a 3. g 4. e 5. b 6. c 7. f   **Activités écrites   A.** 1. c 2. j 3. h 4. e 5. b 6. d 7. i 8. a 9. g 10. f   **B.** 1. sauront 2. découvrirons 3. aura 4. verrons 5. pourra 6. serez 7. sera 8. ferons   **C.** a. 6; pourront b. 3; deviendrai c. 5; pourrai; seront d. 1; m'inscrirai; ferai e. 4; deviendrai; pourront f. 2; verra; aurai g. 7; serai; prendrai   **D. ▲** 1. Je chercherai... / Je continuerai... 2. Je voyagerai... / J'irai... 3. J'aurai... / J'achèterai... 4. Je choisirai... 5. Je me marierai... / J'aurai...   **E. ▲**

Intégration

À L'ÉCOUTE! 1. F 2. V 3. V 4. V 5. F

RENCONTRES   **Épisode 9 Avant l'écoute** 1. F 2. V   **Après l'écoute** 1. V 2. F 3. F 4. V 5. F 6. V 7. V 8. V 9. V 10. V

La prononciation et l'orthographe

DICTÉE L'année dernière, je suis allée avec deux amis passer deux mois au Canada et aux États-Unis. Je me souviens très bien du voyage de retour en France. D'abord, une amie a perdu son passeport. Ensuite, notre avion n'est pas parti et nous avons dû prendre un autre vol. Cela a été la catastrophe!

Le verbe français

VÉRIFIONS!

	chanter	réussir	vendre	employer	prendre	avoir	être
je (j')	*chanterai*	*réussirai*	*vendrai*	*emploierai*	*prendrai*	*aurai*	*serai*
les Colin	*chanteront*	*réussiront*	*vendront*	*emploieront*	*prendront*	*auront*	*seront*
Marie	*chantera*	*réussira*	*vendra*	*emploiera*	*prendra*	*aura*	*sera*
vous	*chanterez*	*réussirez*	*vendrez*	*emploierez*	*prendrez*	*aurez*	*serez*
nous	*chanterons*	*réussirons*	*vendrons*	*emploierons*	*prendrons*	*aurons*	*serons*
tu	*chanteras*	*réussiras*	*vendras*	*emploieras*	*prendras*	*auras*	*seras*

INTÉGRATION DES VERBES 1. distinguera 2. sera 3. sera 4. aura 5. sera 6. comprendra 7. aura 8. servira 9. désirera 10. pourra 11. réussira 12. aura 13. accomplira 14. seront

CHAPITRE 10

Thèmes et grammaire

VOYAGES À L'ÉTRANGER **Activités de compréhension** **A.** 1. V 2. F 3. F 4. V 5. V 6. V **B.** 2, 3, 4, 6 **Activités écrites** **A.** 1. un vol 2. queue 3. enregistrer 4. emporter 5. la salle d'attente 6. une déclaration de douane 7. douanier 8. déclarer 9. fouiller 10. se débrouiller **B.** 1. oublies 2. finisses 3. emportiez 4. obéisses 5. achetions 6. mette **C.** 1. sois 2. prenions 3. boive 4. allions 5. aies 6. fasses 7. ayons 8. fassiez 9. prennes 10. ayez **D.** ▲

EN VOITURE! **Activités de compréhension** **A.** 1. F 2. V 3. V 4. F 5. V **B.** 1, 3, 4, 5, 8 **Activités écrites** **A.** 1. Les freins 2. essence 3. faire le plein 4. crevé 5. le pare-brise 6. louer 7. le capot 8. le coffre 9. les phares 10. une contravention **B.** ▲ **C.** 1ère partie: 1. c 2. i 3. g 4. b 5. d 6. e 7. j 8. a 9. f 10. h 2ème partie: 1. h 2. i 3. a 4. d 5. f 6. c 7. b 8. e **D.** ▲

COMMENT SE DÉBROUILLER **Activités de compréhension** **A.** 1. b 2. b 3. a 4. a **B.** 1. V 2. F 3. V 4. V 5. F 6. V 7. F **Activités écrites** **A.** 1. g 2. h 3. d 4. b 5. f 6. i 7. a 8. c 9. e **B.** 1. Oui, on le lui montre. 2. Non, on ne lui en donne pas. 3. Non, on ne le leur dit pas. 4. Non, on ne leur en laisse pas. 5. Oui, on la lui dit. 6. Non, on ne lui en donne pas. 7. Non, on ne le leur dit pas. 8. Oui, il faut les lui donner. **C.** ▲

LES ACHATS, LES PRODUITS ET LES MATIÈRES **Activités de compréhension** 1. Il lui conseille de ne pas oublier qu'il faut marchander. 2. Au début le masque coûte 475 dirhams. 3. À la fin elle paie 375 dirhams. 4. Il demande 300 dirhams. **Activités écrites** **A.** 1. e 2. f 3. h 4. a 5. g 6. b 7. c 8. d **B.** ▲ **C.** ▲ 1. Lesquels de ces biscuits… / Ceux… 2. Laquelle de ces eaux de cologne… / Celle… 3. Lequel de ces papiers à lettres… / Celui… 4. Laquelle de ces pizza… / Celle… **D.** 1. La Russie a la meilleure vodka et le meilleur caviar. 2. La Suisse a les meilleurs bonbons au chocolat et les meilleures montres. 3. Le Japon a les meilleurs ordinateurs et le meilleur équipement électronique. 4. La France a le meilleur vin et les meilleures pâtisseries. 5. L'Allemagne a la meilleure bière et les meilleures saucisses. **E.** ▲

Intégration

À L'ÉCOUTE! a. 2 b. 4 c. 1 d. 5 e. 6 f. 3

RENCONTRES **Épisode 10** **Avant l'écoute** 1. F 2. V 3. F 4. F 5. V **Après l'écoute** a. 9 b. 2 c. 10 d. 3 e. 5 f. 1 g. 6 h. 4 i. 8 j. 7

La prononciation et l'orthographe

DICTÉE La saison du ski approche et la SNCF est prête. Il est inutile que vous preniez des risques sur les routes dangereuses. Vous n'avez qu'à prendre le train pour aller dans votre station de ski préférée. À partir du mois prochain, neuf trains supplémentaires par jour vont vous assurer un voyage confortable et sans souci. Profitez de nos réductions pour les enfants, les familles nombreuses, les étudiants et les personnes du troisième âge.

Le verbe français

VÉRIFIONS!

	chanter	réfléchir	attendre	dire	connaître	écrire
je (j')	chante	réfléchisse	attende	dise	connaisse	écrive
tu	chantes	réfléchisses	attendes	dises	connaisses	écrives
Emmanuel	chante	réfléchisse	attende	dise	connaisse	écrive
nous	chantions	réfléchissions	attendions	disions	connaissions	écrivions
vous	chantiez	réfléchissiez	attendiez	disiez	connaissiez	écriviez
les sœurs	chantent	réfléchissent	attendent	disent	connaissent	écrivent

INTÉGRATION DES VERBES 1. emporte 2. parte 3. dise 4. établissions 5. lise 6. réfléchisse 7. dorme 8. attendions 9. connaisse 10. mangions 11. écrives

CHAPITRE 11

Thèmes et grammaire

L'UNIVERS DE L'ÉLECTRONIQUE **Activités de compréhension** **A. Avantages:** c'est amusant, on peut parler avec le monde entier, on peut faire des recherches sans sortir; **Inconvénients:** on y passe trop de temps, ça enlève le plaisir de recevoir des lettres, on n'a pas le plaisir de parler aux gens en personne **B.** 1. F 2. F 3. V 4. V 5. V 6. F **C.** 1. 0800.32.12.48 2. DVD, imprimantes, lecteurs CD, logiciels, ordinateurs, lecteurs MP3 3. 48 (quarante-huit) **Activités écrites** **A.** 1. i 2. e 3. j 4. f 5. c 6. a 7. g 8. b 9. h 10. d **B.** 1. écririons 2. se servirait 3. se parleraient 4. auraient 5. connaîtrait 6. lirais, verrais 7. ferait, ne pourrait pas 8. serais **C.** 1. V 2. V 3. F 4. V 5. V 6. F 7. F 8. F 9. V **D.** ▲

ON SE DISTRAIT, ON S'INFORME **Activités de compréhension** **A.** 1, 5, 8 **B.** 1. Victor: regarder la Coupe du Monde à la télé; Claudine: regarder un film d'aventures; Joël: regarder les dessins animés; Clarisse: voir le nouveau clip de Patrick Bruel; Charles: jouer à son nouveau jeu d'ordinateur; Emmanuel: lire une revue et surfer sur Internet; Marise: aller voir un DVD chez Dominique 2. Ils décident de jouer à Trivial Pursuit. **Activités écrites** **A.** 1. e 2. i 3. b 4. d 5. f 6. g 7. a 8. h 9. c **B.** ▲ **C.** 1. oui, ce qui 2. non, ce qu' 3. non, ce qui 4. oui, ce qu' 5. non, ce que 6. oui, ce qu' **D.** ▲

LES PIÈGES DE L'INFOROUTE **Activités de compréhension** **A.** 2, 3, 4, 5 **B.** 1. F 2. V 3. F 4. V 5. F 6. V **Activités écrites** **A.** 1. vérifiez l'identité 2. les logiciels 3. le serveur 4. les enfants 5. un logiciel antivirus 6. la permission 7. les courriels 8. une barrière de sécurité 9. Les fichiers joints 10. protégées **B.** 1. Parlez- leur après avoir vérifié leur identité. 2. Ignorez-les. 3. Allez les voir au lieu de lire les critiques. 4. Achetez-en; ils sont plus durables. 5. Sur Internet, vérifiez-la avant d'utiliser votre carte de crédit. 6. Envoyez-la seulement à quelqu'un que vous connaissez bien. 7. Protégez-le. 8. Lisez-les avant de prendre un médicament. 9. Réfléchissez-y avant de dépenser beaucoup d'argent. **C.** ▲ 1. Si les gens lisaient le contenu des produits, ils en achèteraient moins. 2. Si la publicité n'existait pas, nous verrions des émissions sans interruption. 3. Si les gens refusaient d'acheter des produits qui contribuent à la détérioration de l'environnement, il y aurait plus de produits bio. 4. Si les lois pour la protection du consommateur n'existaient pas, nous aurions plus de produits dangereux. 5. Si les produits duraient très (plus) longtemps, nous en achèterions moins.

Intégration

À L'ÉCOUTE! a. 5 b. 1 c. 4 d. 6 e. 2 f. 3

RENCONTRES **Épisode 11** **Avant l'écoute** 1. c 2. b 3. d 4. f 5. e **Après l'écoute** 1. c 2. f 3. d 4. e 5. h 6. b 7. a 8. g

La prononciation et l'orthographe

DICTÉE Le Sicob vous présente cette année une industrie informatique complètement renouvelée: des produits plus sophistiqués mais aussi plus faciles à utiliser, des logiciels plus performants et moins coûteux. Venez nous voir. Vous pourrez essayer, comparer et choisir le matériel qui correspond le mieux à vos besoins. Rendez-vous le 7 avril prochain. Nous vous y attendons.

Le verbe français

VÉRIFIONS! (*The imperative*)

	parler	aller	manger	finir	vendre	être	avoir
(tu)	*parle*	*va*	*mange*	*finis*	*vends*	*sois*	*aie*
(nous)	*parlons*	*allons*	*mangeons*	*finissons*	*vendons*	*soyons*	*ayons*
(vous)	*parlez*	*allez*	*mangez*	*finissez*	*vendez*	*soyez*	*ayez*

VÉRIFIONS! (*The conditional*)

	chanter	réussir	attendre	devoir	venir	être
je (j')	*chanterais*	*réussirais*	*attendrais*	*devrais*	*viendrais*	*serais*
tu	*chanterais*	*réussirais*	*attendrais*	*devrais*	*viendrais*	*serais*
il/elle/on	*chanterait*	*réussirait*	*attendrait*	*devrait*	*viendrait*	*serait*
nous	*chanterions*	*réussirions*	*attendrions*	*devrions*	*viendrions*	*serions*
vous	*chanteriez*	*réussiriez*	*attendriez*	*devriez*	*viendriez*	*seriez*
ils/elles	*chanteraient*	*réussiraient*	*attendraient*	*devraient*	*viendraient*	*seraient*

INTÉGRATION DES VERBES 1. pourrait 2. ferais 3. grillerais 4. trouverais 5. aurait 6. serait 7. aurions 8. embêterait 9. allumerais 10. lirais 11. irais

CHAPITRE 12

Thèmes et grammaire

LA SANTÉ **Activités de compréhension A.** 1. a 2. a 3. c 4. b 5. esprit, corps **B.** 1. F 2. V 3. V 4. F 5. V **Activités écrites A.** 1. f 2. b 3. d 4. e 5. g 6. c 7. h 8. a **B.** 1. dorme 2. fasse 3. mangions 4. sorte 5. travailles 6. venions 7. sachiez 8. prenne 9. perde 10. écrivions **C.** ▲ 1. Les médecins ne recommandent pas qu'on perde trois kilos en une semaine. 2. Les médecins ne recommandent pas qu'on boive beaucoup d'alcool. 3. Les médecins recommandent qu'on se détende pendant la journée. 4. Les médecins recommandent qu'on choisisse des plats qui ne contiennent pas trop de matières grasses. 5. Les médecins recommandent qu'on n'omette pas de prendre le petit déjeuner. 6. Les médecins recommandent qu'on sache ce qui constitue un régime équilibré. **D.** 1. C'est faux. C'est une barre délicieuse. 2. C'est faux. Il est composé de céréales, protéines, fibres, vitamines et minéraux. 3. C'est vrai. 4. C'est vrai. 5. C'est faux. Les machines substituent la répétition à l'effort. 6. C'est vrai. **E.** ▲

LES MALADIES ET LES TRAITEMENTS **Activités de compréhension** Les symptômes: 1. b 2. a 3. c 4. d L'heure du rendez-vous: 1. d 2. c 3. a 4. b **Activités écrites A.** 1. d 2. e 3. f 4. c 5. b 6. g 7. a **B.** ▲ **C.** 1. attrapais 2. ai, eu 3. ai attrapé 4. avais 5. sentais 6. ai pu 7. avons su 8. est passé 9. ai pleuré 10. avais 11. étais 12. ai dû 13. ai eu 14. suis, cassé 15. ai, dû **D.** ▲

LES ACCIDENTS ET LES URGENCES **Activités de compréhension** voulait suivre «les grands»: Sarah; un casse-cou: Jean-Yves; victime d'un accident classique: Agnès; s'est cassé le bras: Jean-Yves; a avalé une arête: Agnès; s'est presque noyé(e): Sarah **Activités écrites A.** 1. h 2. g 3. c 4. e 5. b 6. f 7. d 8. i 9. a **B.** 1. je viens de les prendre 2. nous venons de les faire 3. je viens de le lire 4. nous venons de le regarder 5. je viens d'en prendre **C.** ▲ 1. Médor, le chien de Joël, a été heurté par une voiture. Il poursuivait un chat qui traversait la rue. Il y avait une voiture qui s'approchait. 2. Francis est tombé dans la rivière. Il pêchait dans la rivière et le courant était plus fort qu'il croyait. 3. Christine a eu un accident de voiture. Elle conduisait et la circulation était très intense. L'homme qui conduisait la voiture derrière elle ne faisait pas attention. Il écoutait la radio. **D.** 1. étais 2. voulait 3. savais 4. ai dit 5. avais 6. sommes partis 7. sommes arrivés 8. était 9. étions 10. nageait 11. avais 12. sautais 13. buvais 14. ai eu 15. ai pensé 16. continuais 17. me suis demandée (me demandais) 18. sommes arrivés 19. me suis couchée 20. ai pleuré 21. me suis promis **E. Partie 1:** a. 2 b. 1 c. 8 d. 6 e. 3 f. 7 g. 4 h. 10 i. 9 j. 5 **Partie 2:** ▲

Intégration

À L'ÉCOUTE!   1. P 2. G 3. P 4. G 5. P 6. G

RENCONTRES   **Épisode 12**   **Avant l'écoute**   1. F 2. V 3. V 4. V   **Après l'écoute**   1. b 2. a 3. a 4. c
5. b 6. c 7. c 8. b

La prononciation et l'orthographe

DICTÉE   La première activité d'hiver au Canada, c'est le patinage. Et pour de bonnes raisons.
D'abord, c'est une excellente activité sociale, que vous pouvez pratiquer avec des amis ou avec des
membres de votre famille. De plus, c'est une bonne façon de réduire le stress. Le patinage fait
travailler tous les groupes musculaires, stimule le cœur et les poumons, accélère la circulation du sang.
Patinez pour le plaisir et pour la forme.

Le verbe français

VÉRIFIONS!

	manger	**obéir**	**répondre**	**avoir**	**être**	**savoir**
present participle	*mangeant*	*obéissant*	*répondant*	*ayant*	*étant*	*sachant*

INTÉGRATION DES VERBES   1. jouant 2. descendant 3. arrivant 4. faisant 5. allant 6. courant
7. pleurant 8. voyant

CHAPITRE 13

Thèmes et grammaire

L'AMOUR, L'AMITIÉ ET LA FAMILLE   **Activités de compréhension**   **A.** 1. F 2. V 3. V 4. F 5. V 6. V
B. 1. mariés 2. grands-parents 3. seul 4. idéale 5. fichiers 6. 01.43.20.05.88 7. solitude 8. bonheur
9. Internet   **Activités écrites**   **A.** 1. e 2. f 3. a 4. c 5. d 6. b   **B.** 1. Nous nous regardons. 2. Ils s'admirent.
3. Vous vous mentez. 4. Vous vous téléphonez. 5. Nous ne nous mentons pas. 6. Ils se disent bonjour.
7. Ils ne se comprennent pas.   **C.** ▲ 1. Nous nous voyons… 2. Nous (ne) nous disputons (pas)…
3. Nous… pour nous aider. 4. Nous nous faisons des confidences… 5. Nous nous prêtons…
D. 1. élégamment 2. couramment 3. follement 4. constamment 5. sérieusement 6. brusquement
7. Malheureusement 8. seulement   **E.** 1. sérieusement 2. brusquement 3. nerveusement
4. élégamment 5. tardivement 6. discrètement   **F.** ▲

LA VIE DE FAMILLE   **Activités de compréhension**   **A.** 1, 4, 6   **B.** 1. f 2. a 3. e 4. b 5. c 6. d
Activités écrites   **A.** 1. d 2. g 3. e 4. a 5. f 6. b 7. h 8. c   **B.** 1. lises 2. puisse 3. puisse 4. détruise
5. pensiez 6. veuille 7. qu'il y ait 8. vienne   **C.** ▲ 1. LA DAME: Il est déplorable qu'une femme
choisisse de travailler au lieu de rester à la maison. VOUS: … 2. LA DAME: Il est honteux qu'un couple
décide de ne pas avoir d'enfants. VOUS: … 3. LA DAME: Il est absurde qu'un homme de son âge se
remarie. VOUS: … 4. LA DAME: C'est étonnant qu'un homme refuse une promotion. VOUS: … 5. LA DAME:
Je suis étonnée qu'un couple n'envoie pas leurs enfants à l'école. VOUS: … 6. LA DAME: Je suis triste
qu'une femme mette sa mère malade dans une maison de retraite. VOUS: …   **D.** 1. Ils ont le plus peur
de se perdre dans la rue, de mourir et qu'il y ait la guerre. 2. ▲ Ils ont le moins peur d'être en voiture, de la maitresse ou du maître et des gens qu'ils ne connaissent pas. 3. ▲

VALEURS ET DÉCISIONS   **Activités de compréhension**   **A.** 2, 4, 5, 8   **B.** 1. V 2. V 3. V 4. V 5. F 6. F
Activités écrites   **A.** 1. e 2. d 3. a 4. c 5. b   **B.** ▲ 1. …avait abandonné ses études et s'était mariée
très jeune. 2. Son père avait abandonné ses études et était devenu apprenti. 3. Ses parents avaient
divorcé. 4. Leurs parents avaient eu une famille nombreuse. 5. Ses parents l'avaient privé de dîner
quand il était désobéissant. 6. Le père de Georges avait exigé que sa femme reste à la maison avec
leurs enfants. 7. Sa mère avait gardé sa propre mère chez elle. 8. Ses parents ne lui avaient pas permis
de regarder les dessins animés.   **C.** 1. la tienne 2. les nôtres 3. les miennes, les leurs, les siennes 4. les
vôtres 5. la leur 6. la vôtre   **D.** ▲

Intégration

À L'ÉCOUTE! 1. F 2. F 3. F 4. F 5. V 6. V

RENCONTRES **Épisode 13** **Avant l'écoute** 1. F 2. F 3. V 4. V **Après l'écoute** 1. V 2. F 3. F 4. V 5. V 6. F 7. F 8. F

La prononciation et l'orthographe

DICTÉE Nous ne sommes que quatre. J'ai un petit frère de neuf ans, Matthieu. Nous sommes très différents tous les deux. Matthieu ressemble plutôt à mon père, et moi à ma mère. Bien que ma mère travaille beaucoup, nous ne nous sentons pas abandonnés: elle arrive à combiner son travail et son rôle de mère. Bien sûr, parfois je m'occupe de Matthieu, mais c'est normal. De toute façon, cela ne perturbe ni mon travail scolaire ni mes loisirs ni mes relations avec mes amis.

Le verbe français

VÉRIFIONS!

	venir	aller	vouloir	pouvoir	faire	être	avoir
je (j')	*vienne*	*aille*	*veuille*	*puisse*	*fasse*	*sois*	*aie*
tu	*viennes*	*ailles*	*veuilles*	*puisses*	*fasses*	*sois*	*aies*
il/elle/on	*vienne*	*aille*	*veuille*	*puisse*	*fasse*	*soit*	*ait*
ils/elles	*viennent*	*aillent*	*veuillent*	*puissent*	*fassent*	*soient*	*aient*
nous	*venions*	*allions*	*voulions*	*puissions*	*fassions*	*soyons*	*ayons*
vous	*veniez*	*alliez*	*vouliez*	*puissiez*	*fassiez*	*soyez*	*ayez*

INTÉGRATION DES VERBES 1. ayons 2. veuilles 3. sois 4. puisse 5. soit 6. soutienne 7. fasse 8. élevions 9. soyez 10. appelions

CHAPITRE 14

Thèmes et grammaire

L'INTÉGRATION SOCIALE **Activités de compréhension** **A.** *Part 1:* 1. Paris 2. Beurs 3. arabe, français 4. l'Islam *Part 2:* 1. le droit de voter 2. le droit de recevoir une éducation 3. le droit de trouver du travail 4. le droit de ne pas avoir à faire face au racisme **B.** ▲

M. SMITH:	La plupart des gens ne parle pas anglais.
LE CONCIERGE:	Ce n'est pas un problème, vous parlez bien français.
M. SMITH:	Les gens ne savent pas faire la queue dans les magasins, au cinéma…
LE CONCIERGE:	C'est vrai, mais vous êtes finalement passé. Alors, ça n'a pas beaucoup d'importance.
M. SMITH:	J'ai voulu acheter quelque chose à la pharmacie à midi et demi et c'était fermé!
LE CONCIERGE:	C'est normal, en France on rentre déjeuner tranquillement chez soi entre midi et deux heures.
M. SMITH:	Il y a beaucoup de gens qui… vous bousculent dans la rue.
LE CONCIERGE:	C'est un peu typique de toutes les grandes villes du monde.
M. SMITH:	Et je n'aime pas la cuisine.
LE CONCIERGE:	Vous n'avez pas eu de chance dans votre choix de restaurants.

Activités écrites **A.** 1. f 2. c 3. a 4. g 5. b 6. e 7. d 8. h **B.** 1. aurait dû 2. aurais dû 3. aurais dû 4. auraient dû 5. aurions dû 6. auriez dû **C.** ▲

L'HÉRITAGE DU PASSÉ **Activités de compréhension** **A.** 1. injuste 2. 1983 3. la Deuxième Guerre mondiale 4. plus égal 5. littérature 6. protégées 7. possibilités **B.** 1, 3, 6, 7 **Activités écrites** **A.** ▲ 1. S 2. S 3. S 4. S 5. S, É 6. S 7. S, É 8. S 9. É 10. S 11. É 12. S, É **B.** ▲ **C.** ▲ **D.** ▲

LES ENJEUX DU XXIe SIÈCLE **Activités de compréhension** **A.** 1. e 2. a 3. f 4. c 5. d 6. b **B.** 1, 5, 6, 7, 8 **Activités écrites** **A.** 1. pourvu que 2. afin qu' / pour qu' 3. quoique / bien que 4. à moins qu' / jusqu'à ce qu' 5. à moins qu' / jusqu'à ce qu' **B.** ▲ **C.** 1. sort 2. a 3. trouvera 4. connaît 5. trouverai 6. m'ennuierai 7. vous trompiez 8. ait 9. sorte 10. soit 11. soyez 12. aurez **D.** ▲ **E.** ▲

Intégration

À L'ÉCOUTE! 1. V 2. F 3. F 4. V 5. F

RENCONTRES **Épisode 14** **Avant l'écoute** 1. V 2. V 3. F **Après l'écoute** 1. V 2. F 3. V 4. F 5. V 6. V 7. V 8. F **Épilogue** 1. c 2. e 3. g 4. f 5. b 6. h 7. a 8. i 9. d

La prononciation et l'orthographe

DICTÉE Peut-on combiner la lutte pour l'environnement et la réussite dans les affaires? Anita Roddick, patronne de la société anglaise The Body Shop, donne la preuve que les entreprises vertes existent. Le premier but de Roddick était de changer l'industrie de la beauté qui exploite la femme et les animaux. Les produits de beauté de cette compagnie sont des produits naturels non testés sur les animaux. Mais en plus, Roddick lutte pour la protection de la forêt tropicale.

Le verbe français

VÉRIFIONS!

	chanter	se laver	finir	sortir
	(PLUS-QUE-PARFAIT)	(PLUS-QUE-PARFAIT)	(PAST CONDITIONAL)	(PAST CONDITIONAL)
je (j')	*avais chanté*	*m'étais lavé(e)*	*aurais fini*	*serais sorti(e)*
tu	*avais chanté*	*t'étais lavé(e)*	*aurais fini*	*serais sorti(e)*
elle	*avait chanté*	*s'était lavée*	*aurait fini*	*serait sortie*
nous	*avions chanté*	*nous étions lavé(e)s*	*aurions fini*	*serions sorti(e)s*
vous	*aviez chanté*	*vous étiez lavé(e)(s)*	*auriez fini*	*seriez sorti(e)(s)*
elles	*avaient chanté*	*s'étaient lavées*	*auraient fini*	*seraient sorties*

INTÉGRATION DES VERBES 1. avais… appris 2. serais… venue 3. avait étudié 4. avait fait 5. aurais… choisi 6. étais… venue 7. aurais… eu 8. aurais continué 9. avais… connue 10. aurais… su

RENDEZ-VOUS CINÉMA

Épisode 1 **Vous avez compris?** **A.** 1. a. 2. b. 3. b. **B.** ▲ **Yasmine:** Elle porte un manteau jaune. **Rachid:** Il est grand et brun. Il porte un blouson noir et un pantalon noir. **Isabelle:** Elle est grande et blonde. Elle porte un manteau beige **Zoom sur la culture** 2. tu, la famille 3. vous, une situation formelle 4. tu, un adulte à un enfant 5. vous, un enfant à un adulte

Épisode 2: Première partie **Vous avez compris?** **A.** 1. b. 2. b. 3. c. 4. c. 5. b. **B.** 1. au studio de télévision Canal 7 / à Canal 7 2. a. réalisateur b. scripte c. journaliste d. journaliste 3. Elle vient du Québec (de Montréal). **Zoom sur la culture** **A.** 1. Elle plaisante. 2. Il est sérieux. Il plaisante. 3. Elle plaisante. 4. Il plaisante. 5. Il est sérieux. 6. Il est sérieux. 7. Elle est sérieuse. 8. Il est sérieux. **B.** ▲ En France les relations entre collègues de travail sont généralement les mêmes qu'aux États-Unis.

Épisode 2: Deuxième partie **Vous avez compris?** **A.** 1. b 2. c 3. c **B.** 1. Elle a froid et elle n'a pas sa famille. 2. Elle lui dit de téléphoner à sa femme. 3. Non, elle ne veut pas lui parler parce qu'elle est fâchée/triste et qu'ils sont séparés. **Zoom sur la cultur** Aux États-Unis en général, c'est seulement avec les membres de la famille qu'on s'embrasse. Avec les amis, on se serre la main ou, plus souvent, on se serre dans les bras.

Épisode 2: Troisième partie **Vous avez compris?** **A.** 1. c 2. a 3. a **B.** 1. C'est un livre sur les Cévennes. 2. Il va dîner avec sa femme et sa fille. 3. Son attitude change quand il pose beaucoup de questions sur sa famille.

Épisode 3: Première partie   Vous avez compris?   1. c 2. a 3. b. 4. c 5. b

Épisode 3: Deuxième partie   Vous avez compris?   A. 1. a 2. c 3. a 4. b   **B.** 1. Il est mort et la guerre, c'est moche. 2. Il a contacté Louise pour la dernière fois en 1943 des Cévennes pour l'anniversaire de Mado. 3. Mado est furieuse parce que Camille a montré une photo du grand-père à sa mère.

Épisode 3: Troisième partie   Vous avez compris?   A. 1. b 2. b 3. c 4. a 5. b   **B.** 1. On y vit bien et elle a son travail, sa maison et sa famille en France. 2. Louise suggère qu'elles fassent un voyage ensemble dans les Cévennes. 3. Camille va arrêter son régime pour faire un vrai repas.

Épisode 4: Première partie   Vous avez compris?   A. 1. b 2. c 3. a   **B.** 1. Ils ont été fiancés et maintenant ils semblent être de nouveau ensemble. 2. ▲

Épisode 4: Deuxième partie   Vous avez compris?   A. 1. b 2. c 3. b 4. c   **B.** 1. Ils étaient juifs et Hitler voulaient exterminer les Juifs. Ils sont partis / Ils sont allés en Amérique. 2. Il a un ami historien. 3. Elle a demandé «Mon amant de Saint-Jean», sa chanson préférée. 4. Elle voulait discuter de l'histoire de son grand-père pendant la guerre.   **Zoom sur la culture**   1. e 2. c 3. b 4. d 5. f 6. a

Épisode 5: Première partie   Vous avez compris?   A. 1. a. Je suis désolée pour ta grand-mère. b. On est avec toi! c. Je suis de tout cœur avec toi. Je peux faire quelque chose pour toi? N'hésite pas à m'appeler. 3. a. Rachid b. Bruno c. Hélène d. David 4. ▲. Il est professeur à l'université. / Il s'appelle David Girard. / Il est un peu étrange, bizarre, solitaire.   **B.** 1. a 2. c 3. b

Épisode 5: Deuxième partie   Vous avez compris? 1. Elles trouvent les bijoux de jeune fille de Louise, une lettre, une carte, l'adresse d'Antoine à Saint-Jean-de-Causse et une photo intacte de Louise et Antoine. 2. Les enfants l'avaient appelée la fille du traître, du pourri, du «collabo». 3. Elle avait coupé toutes les photos de son père, elle l'avait «tué» 4. Elle sait que son grand-père avait habité chez Jeanne et Pierre Leblanc en 1943. 5. Elle dit: «Tu es la vedette de l'émission; tu as des responsabilités; tu dois respecter ton contrat.» 6. Camille dit: «Ce voyage pour moi, c'est une question de vie ou de mort.»

Épisode 6: Première partie   Vous avez compris? 1. Il y a des rumeurs du licenciement possible de Camille. 2. Il lui dit: «Tu me manques! Tu es prudente sur la route? Tu attaches bien ta ceinture de sécurité?; Je t'embrasse très fort.» 3. a. Il a hérité de la ferme de ses parents. b. Ils sont morts dans un accident de voiture. c. Sa grand-mère ne parle jamais de la guerre. d. Son grand-père était un résistant et les Allemands l'ont tué. 4. Camille doit rencontrer Jeanne vers huit heures le lendemain matin, chez la grand-mère.

Épisode 6: Deuxième partie   Vous avez compris?   A. 1. Camille lui donne la lettre de son grand-père. 2. Camille explique qu'elle veut connaître la vérité, pour elle-même (pas pour écrire un article). 3. Il est arrivé à Saint-Jean-de-Causse en 1943. / Il voulait faire de la résistance. / Il était sympathique. / Il s'inquiétait pour sa femme et sa fille. 4. Ils détruisaient les ponts et les voies de chemin de fer. 5. Antoine était impatient; il voulait frapper plus fort; il voulait monter des opérations plus importantes. 6. Éric dit que Roland Fergus avait un garage à Marseille avant la guerre. **B.** 1. V 2. F 3. F 4. V 5. V 6. F 7. V 8. F

Épisode 7. Première partie   Vous avez compris? 1. Ils ont perdu presque trois points. 2. Elle n'avait pas le droit de déserter son poste. Ils l'ont découverte, formée et rendue célèbre, elle leur doit quelque chose. 3. L'émission a gagné un public nouveau, plus jeune, et si Camille part, Martine partira aussi avec son équipe. 4. Elle demande des informations dans un bar et à des musiciens de raï. Elle visite une exposition de photos sur la guerre. 5. Elle dit qu'elle est la petite fille d'Antoine Leclair. 6. Elle doit porter un foulard, pas de robe courte ni de décolleté. 7. Les Allemands tuaient les résistants. Ils avaient été trahis. 8. Ils avaient dit qu'Antoine et Fergus travaillaient pour eux et qu'Antoine avait été tué par la Résistance. Ils avaient fusillé vingt-cinq hommes. 9. Il a voulu rétablir la vérité mais sans succès, alors il a quitté la France la colère au cœur. 10. Il lui donne des documents qui datent de la guerre pour qu'elle puisse rétablir la vérité et rendre justice à son père.

Épisode 7: Deuxième partie   Vous avez compris?   A. 1. Elle ne sera plus impatiente, nerveuse, ne poussera plus de soupirs et ne lèvera plus les yeux au ciel. 2. Bruno dit: «C'est la vie.» à propos de la mort d'Antoine, le grande-père de Camille. Elle se fâche parce qu'il banalise l'histoire. 3. Elle veut la médaille de la Résistance pour son grand-père et Fergus. 4. Il ne faut pas avoir peur de l'amour. 5. Elle lui donne le médaillon avec la photo de la grand-mère et du grand-père.